인적자원개발을 위한
코칭리더십

양진영 · 김종훈 · 박선미

도서출판 두남

머리말

현재 인류가 직면하고 있는 사회를 Industry 4.0 즉, 제4차 산업혁명시대라고 말한다. 인터넷 기반의 지식정보 혁명시대를 넘어 초연결(hyperconnectivity)과 초지능(superintelligence)의 특징으로 기존 시대와는 비교가 안될 만큼 빠른 속도와 더 넓은 영역으로 영향을 미치고 있다. 이와 같은 혁신적인 변화에 발맞추어 IT분야와 인공지능(AI), 빅데이터 활용, 3D 프린팅, 로봇공학 등과 같은 새로운 분야와 신기술의 융합 및 개발에 많은 관심이 쏠리고 있다. 이러한 커다란 변혁의 시대에서 긍정적인 영향과 기대도 있지만, 부정적인 목소리도 존재하고 있다. 인간이 주도했던 역할은 인공지능과 로봇으로 대체되고 양적인 지식과 기술을 지닌 사람을 뛰어난 인재라고 말할 수 없는 시대가 올 것이다.

이러한 변혁의 시대에 발맞춰 인적자원개발의 올바른 방향성은 무엇인가? 바로 생각하는 힘을 키워주는 것이다. 비판적 사고력과 창의적 문제해결능력, 대인관계, 인성 등과 같은 인간 본질적인 소양과 역량을 증진시켜야 할 것이다. 이러한 역량에 초점을 두고 성장시킬 수 있는 컨텐츠는 '코칭리더십'이다. 인간 자체의 본질에 초점을 두고 인간이 지니고 있는 고유한 역량, 자기존재 가치와 잠재력을 극대화하여 미래를 향해 나아가도록 한다. 코칭을 통해 비판적 사고력과 스스로 문제를 해결하도록 지원하는 것, 관점의 전환과 상황에 대한 올바른 인식을 돕는 코칭은 보다 성숙한 단계의 인적자원을 개발하게 한다.

본서는 총 PART 3, 12장으로 구성되었다. PART 1에서는 코칭에 대한 전반적인 이해를 돕고 코칭의 본질과 개념을 자신의 삶에 적용할 수 있도록 기술하였다.

1장에서는 코칭의 역사를 기술하였는데, 어떠한 개념을 이해할 때 발생 근원을 찾는 것은 매우 흥미롭고 의미 있는 일이다. 역사를 올바로 이해하는 것은 정체성을 정립하는 것으로 연결되기 때문이다.

2장에서는 코칭의 성장배경을 기술하였다. 현재 코칭은 다양한 부문에서 활용되고 있으며 많은 관심 속에서 점진적인 성장을 보이고 있다. 이처럼 코칭이 실제 활용되고 발전할 수 있었던 사회 · 문화적인 배경을 이해하는 것은 매우 중요하며 이를 통해 코칭산업의 확장과 미래의 새로운 패러다임으로 도약할 수 있는 통찰을 가져다줄 것이다.

3장은 코칭의 정의와 특성을 기술하였다. 코칭을 탐구했던 학자들의 정의를 학습하고 코칭과 유사한 전문 영역 간의 특성을 비교하여 코칭의 본질을 이해하도록 하였다.

4장은 코칭의 구조와 기능을 기술하였다. 코칭은 구조적인 대화의 프로세스를 가지고 있으며, 이를 탐구함으로써 고객의 유익을 위해 가장 효과적인 코칭대화를 할 수 있도록 하였다.

PART 2는 인간을 깊이 이해하는 데 집중하여 기술하였다. 인적자원을 개발하고 관리하는 것에 가장 기초는 인간에 대한 이해가 되어야 할 것이다. 인간의 이해가 필요한 이유는 존재 중심의 관점에서 인적자원개발을 할 수 있기 때문이다. 현재의 시대는 자본주의 경쟁체제 하에 인간 존재에 대한 중요성이 소멸되고 있는 실정이다. 인간을 물질 창출을 위한 도구 또는 수단으로 여기며, 활용가치를 높이기 위해 인적자원개발을 추구하게 된다. 이러한 폐해를 끊어내고 존재 중심의 인적자원개발을 실현해야 할 것이다. 내가 가지고 있는 탁월성과 강점, 가치, 재능 등에 온전히 집중하여 개발하도록 유도하고 개발된 자원은 자신의 직무를 수행하는 데 실현되도록 시스템을 갖추어야 한다. 이러한 의미에서 인적자원개발을 위한 리더십은 인간을 올바로 이해할 수 있어야 할 것이다.

5장은 인간을 바라보는 관점을 기술하였다. 고대로부터 인간의 본질을 탐구하였고, 그들은 인간을 어떤 관점으로 이해하였는가? 살펴볼 것이다.

6장은 인간발달과 생애주기를 기술하였다. 인간의 본질을 이해하는 관점에서 인간은 태어나면서부터 죽음에 이르기까지 어떤 발달과정을 경험하는지 이해할 필요가 있다. 또한 전 생애적 관점으로 볼 때 인간의 발달은 연속적이며 끊임없이 추구되어야 한다. 따라서 본 장을 통해 현재를 살아가는 자신에 대한 발달과정과 삶의 경험을 통찰하고 인적자원개발을 위한 새로운 도전과 지혜를 얻을 수 있을 것이다.

7장은 성격의 이해를 기술하였다. 인간을 이해한다는 것은 어떠한 성격과 인성을 형성하였는지를 분별하는 것이다. 이에 본 장에서는 성격이론가들의 성격이론을 학습하고, 성격형성에 대한 다양한 관점을 학습할 것이다.

8장은 인간행동의 이해를 기술하였다. 심리학을 흔히 '행동과학'이라고 하는데, 이는 인간의 행동은 심리적 작용에 의한 현상이기 때문이다. 따라서 인간의 행동을 이해하는 것은 행동 이면에 숨은 심리, 마음과 정신을 이해하는 것으로 연결될 것이다. 인적자원을 개발하고 리더십을 발휘한다는 것은 궁극적으로 행동변화를 이끌어내야 하고 행동에 대한 깊은 이해가 반드시 필요한 것이다.

PART 3은 리더십에 대한 내용을 기술하였다. PART 1과 PART 2에서는 리더십을 위한 재료였다면, PART 3은 리더십을 실제 실현하는 실제라고 볼 수 있다.

9장은 리더십의 개념을 기술하였다. 리더십에 대한 학자들의 정의와 속성을 통해 본질적인 의미를 탐색하였다.

10장은 리더십 이론을 기술하였다. 리더십을 탐구하던 학자들의 과거 이론들을 살펴보며 당시 사회적 배경 속에서 리더십의 역할과 책임, 특별히 강조되는 리더십 역량은 무엇인지 통찰할 수 있을 것이다.

11장은 코칭리더십에 대해 기술하였다. 10장에서 기술한 리더십 이론의 연장으로서 코칭리더십은 1980년대 이후 등장한 새로운 리더십 이론들 중 하나이다. 상대를 중심에 두는 코칭의 역량과 기술을 통해 올바른 리더십을 발휘하여 인적자원개발에 긍정적인 효과를 가져다줄 수 있을 것이다.

12장은 코칭리더십의 연구동향과 효과성을 기술하였다. 경영현장에 코칭의 도입과 활용이 매우 증가하였고, 점차 다양한 분야에서 코칭을 접목하여 인적자원개발을 유도하고 있다. 따라서 본 장에서 실제 코칭이 활용되고 있는 분야(부문)에 대한 실증적인 연구와 데이터를 수집하여 분석하였고, 현장에서 코칭의 활용이 인간의 성장과 조직에 어떠한 영향 관계가 있었는지, 그리고 어떠한 변수에 영향을 미치는지를 살펴보고자 한다.

본서는 인간 이해를 기반으로 인적자원개발을 도모하기 위해 편찬되었다. 많이 부족한 것이 사실이지만 지속적인 연구를 통해 보다 체계적이고 완성도 있는 개정판이 출판되길 소망하는 바이다. 본서가 경영학을 비롯한 교육, 보건의료, 사회복지 등 인간을 다루는 학문 분야에 활용되어 많은 이들에게 새로운 통찰과 도전을 주고 그들의 삶을 풍요롭게 하길 기대하는 바이다.

이 책을 집필하는 데 동참해주신 서경대학교 김종훈 교수님, 서울장신대학교 박선미 교수님께 감사를 드리며, 이 분들의 교육을 통해 많은 사람들이 긍정적인 변화를 경험하고 도움을 받길 기대하는 바이다.

끝으로 이 책이 세상 밖으로 나올 수 있도록 지지해주고 물심양면 도와주신 도서출판 두남 전두표 사장님과 직원 여러분들께 진심으로 감사를 드린다.

2024. 9.

대표 저자

양진영

차 례

PART 1 코칭의 이해

PART 2 인간 이해

PART 3 리더십

PART

1

코칭의 이해

제1장

코칭의 역사

세계의 역사 흐름 속에서 20세기의 가장 큰 특징을 설명한다면, '제국주의'일 것이다. 크고 작은 전쟁들이 끊이지 않았고, 특히 제1, 2차 세계대전은 전 세계의 수많은 국가들이 이념에 따라 양분되어 비참한 전쟁이 벌어졌다. 발전된 과학을 활용하여 막강한 군사력을 키우고 경제, 정치, 군사적 지배권을 다른 국가로 확장시키기 위해 침략을 일삼았다. 이러한 제국주의 이념을 강화시키며 패권을 다퉜던 대표적인 나라가 독일과 일본이다. 그리고 한때 수많은 나라를 굴복시키며 엄청난 영토를 확장시키기도 하였지만, 결국 연합군에 의해 무너지게 되었다.

독일과 일본은 20세기 흐름 속에서 동일한 패턴의 행위를 가졌으며 제국주의와 침략이라는 공통된 역사를 가지고 있다. 그런데 제 2차 세계대전이 끝난지 70여 년이 지난 오늘날 전범국가로서의 두 나라는 전혀 다른 행보를 보이고 있다. 독일의 다름슈타트(Darmstadt)라는 도시 중앙역사에는 의미심장한 팻말이 걸려 있다.

"Das Geheimniss der Versoehnung heisst Erinnerung"

"진정한 화해의 열쇠는 기억함으로부터"라는 뜻이다. 독일은 과거 제국주의 이념을 가지고 수많은 나라를 침략하고 지배했으며, 죄 없는 사람들을 희생시켰다. 그러나 부끄러운 자신들의 역사를 덮기보다는 오히려 기억하고 진정한 반성과 성찰을 통해 화해를 하기 위해 노력하고 있는 것이다. 반면에 일본은 독일과 같은 씻을 수 없는 과오를 저질렀음에도 불구하고 최소한의 진실을 인정하는 태도도 찾아볼 수 없을뿐더러 아직도 제국주의의 잔재를 이어가며 잘못된 야망을 드러내고 있다.

출처 : https://www.sedaily.com/NewsView/264PS3G161

제국주의의 상징, 욱일기

같은 역사를 가지고 있음에도 전혀 다른 행보를 보이는 이유는 무엇일까? 그것은 바로 역사에 관한 올바른 인식과 교육이 제대로 이루어지지 않았기 때문일 것이다. 일본은 자신들의 잘못을 인정하기 보다는 진실을 감추고 왜곡시키고 있으며, 잘못된 역사 왜곡을 통해 오히려 원폭 피해자라는 인식을 후손들에게 심어주고 있다. 따라서 일본인들의 잘못된 행동과 태도에는 왜곡된 역사를 학습하고 믿기 때문이다. 따라서 일본의 왜곡된 역사의 학습과 믿음은 잘못된 행동과 태도로 귀결되고 있는 것이다.

이처럼 '역사'는 사람들의 가치관, 신념, 믿음, 생각, 행동, 미래에 대한 방향성에 막대한 영향을 미치며 '역사'는 곧 정체성에 비유할 수도 있는 것이다.

따라서 코칭이라는 개념을 온전히 이해하는 것과 올바른 마음과 태도를 가지고 활용하는 것, 그리고 코칭을 학문적으로 올바로 정립하는 것에 대해 반드시 '코칭의 역사'를 학습하는 것이 매우 중요하다고 볼 수 있다.

코칭의 역사는 다음과 같은 세 가지 관점으로 이해할 수 있다.

1. 코칭의 어원
2. 사람과 사람 간의 상호작용
3. 코칭의 본질적 뿌리

첫 번째 관점은 코칭의 어원이다. '코치'라는 용어가 처음 등장한 것은 16세기로 추정된다. 헝가리의 작은 도시 Kocs(코치)에서 당시 운송수단이었던 '마차'에서 유래되었으며, 코치는 '마차 또는 운반'이라는 의미로 사용되었다. 당시 마차의 쓰임과 역할은 유럽 전역으로 퍼져 나갔고, 표기명은 각 나라의 언어에 따라 변형되었다.

헝가리에서는 도시의 이름을 붙여 'Kocsi' 라고 불리었고, 프랑스에서는 'coche', 독일에서는 'Kutsche', 폴란드에서는 'kocz', 이탈리아에서는 'cocchio'라고 표기했으며, 영국식 발음으로는 코치(Coach)라고 불리었는데 이 용어가 오늘날 코치의 정식명칭으로 정착되어 사용되고 있다(이희경, 2005).

'coach'라는 용어의 국가별 표기명

국가별 표기명	
헝가리	Kocsi
프랑스	coche
독일	Kutsche
폴란드	kocz
이탈리아	cocchio
영국	Coach

네 개의 바퀴달린 마차(코칭의 어원)

현재까지도 영국은 운송수단인 버스나 택시를 코치(Coach)라고 부르고 있다. 이와 같이 코치(Coach)는 운송 수단으로서의 역할과 기능을 뜻하는 명칭이며, "고객이 현재 있는 곳에서 원하는 지점까지 갈 수 있도록 함께 한다"는 철학적 의미를 담고 있다.

코칭은 고객이 현재(현실) 지점에서 원하는 미래(목적)를 향해 스스로 나아가도록 자발성을 촉진하고 지원하는 대화이므로 코치는 고객의 현재 상황을 온전히 인식(파악)할 수 있도록 지원해야 하고, 고객이 진정 원하는 목표가 무엇인지, 그리고 무엇을 기대하는지 정확히 인식하도록 도와야 한다. 그리고 고객과의 상호 수평적인 관계를 통해 고객의 현재에서 미래(목적지)까지 갈 수 있도록 협력 해야 하는 것이다. 이러한 코칭의 본질적 의미와 고객에 대한 코치의 역할은 16세기 처음 등장한 마차의 유래에서 비롯되었다고 볼 수 있으며, 마차의 물리적 기능을 뜻하는 '코치'라는 명칭에 철학적인 의미를 부여하여 코칭의 어원으로 삼은 것은 현대적 코칭의 본질을 잘 나타내 주고 있는 것이다.

두 번째 관점은 사람과 사람 간의 상호작용이다. 이 관점은 코칭의 역사를 이해하는데 가장 핵심적인 관점으로서 '코치'라는 용어가 16세기 처음 등장한 이래로 공식적으로 상용화되어 사용되었으며, 현대적 코칭의 대상과 형식이 점차 구조화되기 시작했다 라는 점에서 의미 있다고 볼 수 있다. 16세기 당시 마차에서 유래한 '코치'는 운송수단을 지칭하는 표현이었지만 '코치'의 용어가 상용화되어 사용된 기점부터 현재까지 코칭은 교육, 경영, 인문 · 사회과학 등 다양한 분야에 활용되었다. 즉, 코칭의 대상은 사람이고 코칭의 목적은 변화와 성장을 추구하는 것인데 사람과 사람 간의 상호작용을 통해 변화와 성장을 촉진하게 되는 것이다. 그리고 사람과 사람 간의 상호작용은 점차 구조화된 대화의 형식으로 갖춰지기 시작한 것이다.

이러한 관점으로 볼 때 코칭은 단순히 물리적인 기능이나 역할이 아닌 존재와 존재의 연결을 통해 진정한 변화를 목적으로 수행된 행위라고 할 수 있으며, 이 기점으로 코칭이 출현되고 발전하는 계기가 되었다고 할 수 있다.

따라서 본 교재는 "사람과 사람 간의 상호작용"이라는 관점을 중심으로 코칭의 역사를 살펴보도록 할 것이다.

영어 어원사전에 의하면 '코치'는 개인교사를 지칭하는 구어체로 사용되었다. 1830년대 옥스퍼드대학에서 학생들의 시험 지도를 해주던 개인교사를 '코치'라고 불렀던 것이다. 교육적 의미에서 코칭의 개념은 시험을 통해 교사가 학생을 어떤 수준에서 다른 수준으로 향상시키는 개념에서 비롯되었으며 학생들을 지도하는 개인교사를 '코치'라고 지칭하였다. 이후 '코치'는 1861년에 스포츠계에서도 처음 등장하였고, 1888년 보트경기에서 선수들을 지도하거나 팀 전략을 지시하는 사람을 지칭하며 사용하였다(Evered and Selman, 1989). 이후 코치는 선수들의 잠재력과 팀의 경기력을 향상시키고 역량을 발휘하기 위하여 중요한 역할을 감당하는 사람으로 인식되었으며, 현재도 스포츠 운동 종목에서 코치라는 직책으로 선수들을 지도하고 육성하도록 돕고 있다(양진영, 2021).

1926년 Griffith는 권위 있는 스포츠 심리학자로서 '코칭의 심리학'이란 책을 통해 코칭을 스포츠심리 분야에 적용하였고, 40여편의 논문을 발표하였다(Grant, 2007).

1930년대 코칭의 초기 선구자들은 심리학 분야의 전문가들이었다. 자신들의 심리학 이론과 도구들을 기반으로 코칭에 많은 영향을 주었다. 이 시기부터 경영 부문에 코칭이 활용되기 시작하였고, 진정한 코칭의 출현이라고 할 수 있다. 또한 경영 부문과 관련된 연구들이 수행되었는데, 인적자원관리, 경영자 코칭, 코칭과 성과향상에 관한 논문들이 발표되었다(Grant, 2004). 1940년대 말에는 관리자 대상의 코치육성 프로그램이 처음 등장하였으며, 이를 통해 코칭문화를 확립시키고 관리자의 대인관계 역량을 강화하는데 초점을 맞추게 되었다. 또한 1950년대 까지 개인성공과 비즈니스 실무, 동기부여 등의 다양한 코칭서적이 출간되었다. 당시 코칭과 같은 맥락으로 나이팅게일은 기회인식, 자기관리, 자기이해, 의미 있는 목표설정에 관한 메시지를 통해 인간의 변화와 성장에 기여하였다.

1960년대에는 'post-modern'이라는 새로운 시대가 열리게 되었는데 사회경제적 · 문화적으로 커다란 변화가 시작되었다. 제 2차 세계대전이 종식되고 인본주의 운동이 탄력을 받게 되면서 인간 개인의 가치를 존중하는 인본주의 사상과 인간 잠재력 회복운동의 출현하게 되었다. 이것은 인간의 변화와 개발, 의식성장에 큰 동기부여가 되었고, 이러한 변화의 물결 속에서 코칭이 확산되었다. 또한 인본주의 운동은 경영 부문에도 큰 영향을 주었는데, 과거 전통적 패러다임인 '통제-명령-처방'이라는 수직적 구조를 탈피한 수평적 조직구조의 문화가 형성 되었다. 이러한 조직구조의 개편으로 인해 감수성 훈련과 조직개발에 중점을 두는 비즈니스 코칭이 시작되었다.

1970년대는 경영자 중심 그리고 비즈니스 코칭이 활발하게 성장하는 시기였다. 주로 리더십 개발을 위한 프로그램이 발전하였고, 관리자를 대상으로 한 코칭서적들이 출판하게 되었다. 1971년 로빈과 스티븐스의 '코칭, 학습 그리고 행동', 1978년 포니스의 '성과향상을 위한 코칭', 셀먼의 '코칭: 관리를 넘어서' 등 경영부문에서 실적향상에 초점이 맞춰진 서적들이 출판되었다. 1974년 티모시 골웨이의 '테니스 이너게임'이 발표되면서 코칭의 활용과 방법론에 대한 새로운 관심이 집중되었다. 이너게임은 로저스와 매슬로우의 심리학적 이론을 근거로 인본주의와 초개인 심리학의 이론을 스포츠에 적용한 것이다(Block, 2014)

'테니스 이너게임'은 라켓이나 베트의 스윙법, 상체의 자세 등의 신체적 기술을 설명하는 외면적 게임에만 집중하는 패러다임에서 벗어나 주의력 상실, 불안, 자기폄하, 자기의심 등의 장애물을 뛰어 넘는 마음속으로 펼치는 내적경기이다. 골웨이의 이너게임은 정신적인 것으로서 자신의 내면을 관찰하고 그 순간에 집중하여 마음을 다스리고 내적파워를 강화시키는 것에 초점을 두었다. 다시 말해 실전에서 훌륭하게 수행하지 못하게 하는 정신적인 습관들을 극복하는 것이며, 외적능력과 내적능력의 조화와 균형을 이루어 내는 것이다.

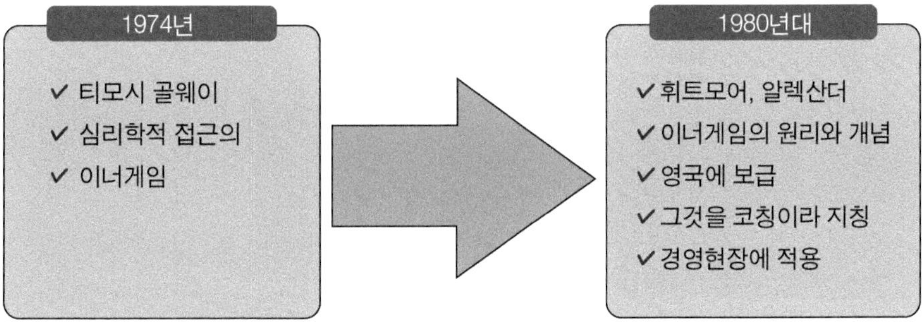

티모시 골웨이의 영향력

이후 심리학적 접근의 이너게임은 비즈니스 코칭에 적용되었다. 1980년대 골웨이로부터 교육을 받은 휘트모어와 알렉산더는 영국으로 건너가 이너게임의 원리와 개념을 경영 부문에 도입하였으며 행동주의 심리학 기반의 코칭모델인 'GROW' 코칭모델을 개발하였다.

1980년대에는 비즈니스 코칭, 경영자 코칭, 라이프코칭 등의 다양한 분야에서 적용·발전 되는 시기였다. 먼저 비즈니스 부문에서의 코칭은 휘트모어와 알렉산더가 티모시 골웨이가 고안한 '테니스 이너게임'의 원리와 개념을 '코칭'이라 명명하고 경영현장에 적용하였다. 또한 경영자 및 관리자를 중심으로 효과적인 리더십 개발을 위한 코칭서적들이 다수 출간되었다. 실제 코치들이 활용할 수 있는 코칭도구와 절차, 기술들을 다루었으며 코칭의 주된 목적은 성공적인 성과향상과 사업실적에 초점을 맞추었다. 또한 이 시기에는 경영현장에서의 코칭 효과성에 관한 실증연구가 수행되었고, 경영부문의 박사학위논문 및 학술연구가 활발히 진행되었다.

1980년대의 가장 큰 특징은 코칭이 널리 보급되는 통로가 열리게 된 것이다. 개인 대상 또는 비즈니스를 위한 코칭서비스를 제공하는 회사들이 설립되었고, 코칭교육을 위한 학교가 설립됨에 따라 전문성 있는 코칭훈련이 시작되었다.

이 시기에 라이프코칭이 탄생하였다. 당시 재무설계 담당자였던 토마스 레나드(Thomas J. Leonard)의 활동과 공헌은 현대적 코칭이 출현하게 되는 결과로 이어졌고, 코칭의 대중화, 국제화하는데 크게 기여하였다.

> 레나드는 자신의 재무 고객들과의 대화를 나누는 과정에서 고객들이 재무적인 이슈 이외에 생활전면에 대한 도움을 받기를 원한다는 것을 파악하게 되었고 자연스럽게 고객을 응대하면서 그들의 요구와 필요에 맞춰 코칭을 추가로 제공하게 되었다. 레나드는 고객들의 인생을 설계하는 코치가 되었고 코칭사업을 시작하게 되었다. 레나드는 코치로서의 역할과 삶을 통해 코치의 중요성을 인식하게 되었으며 개인과 조직, 기업의 성장을 돕기 위해 1992년 코치양성전문기관(코치 U)을 설립하였다.
>
> 코치 U의 교과과정은 3년이었으며 코칭입문, 개인코칭, 비즈니스코칭으로 구성되었다.
>
> 이후 코치 U는 1995년 국제코치연맹(ICF)의 시작이 되었다.

1990년대에 들어와서 코칭은 토마스 레나드의 공헌과 세계경제의 커다란 변화로 인해 이전보다 빠르게 성장하였고 코칭에 관한 실증연구와 문헌들이 증가했다. Block(2014)에 의하면 1980년대의 실적에 비해 약 3배 정도 증가했으며, 대부분 경영학 부문과 심리학 부문에서 다루어졌다. 경영 부문에서 코칭 확산에 기여했던 휘트모어는 1992년 '성과를 위한 코칭'을 출간하면서 경영현장에 활용할 수 있는 실제적인 코칭도구와 기술을 소개하였고 그의 서서에서 'GROW'코칭모델을 대중화시켰다.

이 시기의 특징을 꼽는다면, 코칭문화가 조성된 시기라고 볼 수 있다. 코칭문헌의 증가, 전문적인 활동(교육에 의한), 다양한 코칭프로그램 개발, 코칭서적 출간, 전문협회 창설 등의 다양한 형태로 코칭문화가 조성되었고 코칭의 성장을 위한 발판이 만들어진 것으로 이해할 수 있다.

- 1992년코치훈련연구소(CTI)
- 코치 U
- 1993년국제전문 · 개인코치협회(IAPPC)
- 1995년전문 · 개인코치협회(PPCA)
- 국제코치연맹(ICF)
- 1996년전문코치 · 맨토협회(PCMA)
- 1997년ICF와 PPCA 합병
- 전국비즈니스코치협회(NABC)

2000년대의 코칭은 다양한 형태로 성장하고 저변이 확대되었다. 특히 1990년대 코칭문화의 조성과 전문코치를 양성하는 교육기관 및 전문협회의 출범은 코칭발전의 새로운 동력이 되었다. 이 시기의 가장 큰 특징은, 첫째 코칭에 대한 연구성과이다. Brock(2014)의 조사에 의하면 2000년부터 2009년까지 9년동안 425편의 논문이 발표되었는데, 이는 1937년부터 1999년까지 62년 동안 발표된 논문보다 무려 4배 이상 많았다. 또한 대학 논문 이외에도 경영학 부문, 심리학 부문, 조직개발 부문 등의 학술지에도 광범위하게 발표되었다.

둘째는 코칭교육에 관한 확산이다. 2000년대에는 전문협회의 증대와 함께 여러 코칭관련 학회가 출범되었고, 다양한 훈련기관들이 설립되었다. 이러한 조직들은 코칭 컨퍼런스와 코칭관련 다양한 행사를 지속적으로 개최하였고 코칭관련 교육과 연구는 훨씬 탄력을 받게 되었다. 또한 대학 교육기관에서 제공하는 학문적인 코치훈련 프로그램과 정식 학위과정이 개설되기 시작하였다. 미국의 경영자코칭을 위한 대학원연합 설립, 뉴욕대학, 존 F. 케네디대학, 택사스대학 등에서 코칭학위를 제공하고 있으며 영국에서는 런던시티대학, 이스트

런던대학, 애쉬리지 경영대학원, 옥스퍼드브룩스대학, 포츠머스대학 등에서 학위를 수여하고 있다.

최근 국내 대학 교육기관에서도 코칭관련 학과가 지속적으로 개설되고 있다. 주로 경영학과를 중심으로, 교육학과, 심리학과에서 개설되고 있다.

세 번째 관점은 코칭의 본질적 뿌리이다. 이것은 코칭이라는 개념이 생기기 이전에 행해졌던 상대를 위한 인간의 친숙한 행위이며, 오늘날 고객을 대하는 코치의 모습과 매우 흡사한 행위를 의미한다. 즉, 코칭의 진정한 본질을 담아내는 행위나 형식을 의미하며, 코칭은 본질적으로 각 개인의 진정 원하는 목적을 달성하도록 지원하는 것과 새로운 통찰을 가져다주는 것을 말한다. 이러한 코칭의 본질적 행위나 형식은 '코치'라는 용어가 상용화 되던 1830년대보다 훨씬 이전에도 존재했던 것이다. 오늘날 코칭처럼 구조화되고 이론과 기술을 적용한 형태로 실행되진 않았지만, 그들의 삶 속에서 사람 간의 상호작용을 통해 코칭의 본질적 의미를 실천하는 예는 고대 이전으로 거슬러 올라갈 수 있다. 그리고 그들의 삶과 행위는 진정한 '코칭의 뿌리'라고 볼 수 있다.

- BC 470~BC 399년
- 직업 : 철학자
- 국적 : 그리스 아테네
- 석공인 아버지+산파인 어머니 사이에서 태어남
- 한 명의 부인과 세 명의 자녀를 둠
- 소피스트와 같은 시대에 활동함
- 사명 : 보편적으로 좋고 옳은 가치와 규범이 존재한다.
  아테네 사람들 무지를 깨우쳐 주는 것이 사명.
- 신성모독과 청년들을 현혹이라는 죄목으로 사형에 처해 짐

BC 4세기경 철학자 소크라테스의 삶은 코칭의 행위를 그대로 보여주고 있다. 소크라테스의 사명은 아테네 청년들의 무지를 깨우쳐 주는 것이었다. 무지를 깨우치기 위해선 자각이 중요한데, 자각을 일 깨우기 위해 필요한 것이 Logos(이성, 논리)라고 하였다. 이것은 인간과 자아의 핵심이 되고, 진리탐구의 구심점이 된다고 여겼다. 그리고 '산파술'이라는 대화법을 통해서 진리를 깨닫게 하고 자기를 아는 것을 강조하였다. '산파술'이라는 대화법은 질문과 대답의 과정에서 참된 지식을 추구하는 핵심기술이라고 할 수 있다. 소크라테스는 질문을 통해 상대방의 논리 안으로 들어가 모순을 찾아내고 질문을 통해서 상대방이 스스로 자각할 수 있도록 하였다. 또한 질문은 상대방의 논리에 관한 개념을 명료화시켜주고, 문제의 본질을 깨닫게 하며, 무엇이 옳은지 그리고 무엇이 좋은 것인지에 대한 새로운 통찰을 주게 하였다.

이러한 소크라테스의 삶과 행위는 오늘날 코칭의 본질과 속성을 그대로 보여준다고 할 수 있다. 특히 산파술(대화법)은 코칭대화법과 매우 유사한데, 고객이 잘못 인식하고 있는 모순점을 스스로 자각할 수 있도록 하는 코칭질문의 기능과 같다고 할 수 있다. 또한 산파의 중요한 역할은 아이를 낳도록 도와주는 것인데, 아테네 청년들이 참된 진리를 깨닫도록 도와주는 역할이었다. 이것은 오늘날 코치의 역할과 정확히 일치한다고 볼 수 있는데, 코치는 고객으로 하여금 올바른 인식을 하도록 돕고 새로운 통찰과 함께 구체적인 계획과 행동을 할 수 있도록 지원하는 역할이다. 또한 질문(대화)을 통해 고객 스스로 진리(답)를 찾아 가도록 돕는 역할은 소크라테스의 '산파'와 코칭의 '코치'는 정확히 일치한다고 볼 수 있다.

이처럼 코칭이 출현하고 상용화되기 훨씬 이전부터 코칭의 본질적 의미를 담아내는 행위와 형식을 그들의 삶 속에서 시도했던 사람들의 역사는 얼마든지 찾아 볼 수 있다. 그들의 행위와 삶의 태도는 코칭을 실행하는 것이었고, 코칭철학을 그대로 실현하고 있었다. 따라서 코칭은 개념과 이론이 정립되기 이전, 곧 인간의 모든 삶의 영역에서 존재하고 있었고 인류 역사의 뿌리와 함께 했다고 볼 수 있다.

소크라테스의 행위와 코칭 행위의 비교

	소크라테스 행위	코칭 행위
방식	산파술(대화법)	코칭대화법
스킬	질문, 경청, 피드백	질문, 경청, 피드백
역할	1. 상대방의 모순을 발견하도록 함	1. 고객의 모순점을 인지하도록 지원
	2. 상대방의 논리에 관한 개념을 명료화하는데 도움을 줌	2. 고객이 말한 것에 대해 명확히 하고, 완전한 의미를 알아내기 위해 지원
	3. 산파의 역할(참된 진리를 알도록 조력함)	3. 알아차림이나 통찰을 불러일으키도록 지원

핵심내용 정리하기

1. 역사를 학습해야 하는 중요한 이유를 설명하라.

2. 코칭의 역사를 세 가지 관점으로 설명하라.

3. 코칭을 행위나 형식적인 측면에서 살펴보면 코칭의 본질은 무엇인가?

제2장

코칭의 성장배경

코칭은 16세기 그 용어가 만들어진 이래로 눈부신 발전을 거듭하고 있다. 코칭의 철학을 구현하며 인간의 성장과 발전, 그리고 조직과 사회에 이바지할 수 있는 다양한 코칭모델과 프로그램들이 개발되어 현장에 활용되고 있다. 또한 1900년대 미국을 중심으로 확산된 코칭산업은 영국을 비롯한 유럽 각국, 이외에도 캐나다, 호주와 뉴질랜드, 칠레와 아르헨티나와 같은 라틴아메리카, 아시아권에서는 한국, 일본, 홍콩, 중국에서 크게 확산되고 있다.

살펴본 바와 같이 코칭은 인류의 역사와 함께 타인을 돕고 성장을 위해 헌신적 삶을 실현하는 사람들로부터 시작되었고, 그 용어가 공식적으로 상용화된 이후 1세기 동안 눈부신 발전을 하게 되었다. 이처럼 코칭이 근본적으로 발전하게 된 배경에는 1세기 동안의 세계역사와 흐름 속에서 당시의 시대상이 반영된 결과라고 볼 수 있다. 당시 시대적 배경 속에서 코칭은 사람들의 의식과 삶에서 필요를 채워주었고, 위기를 극복하는 강력한 도구가 되기도 했다. 1900년도에서 2000년도 사이에 발생한 커다란 변혁 속에서 코칭은 어떻게 성장하게 되었는지 살펴보도록 한다.

20세기 중반 미국을 중심으로 커다란 사회문화적 변화가 있었다. 바로 포스트모더니즘이다. 포스트모더니즘은 근대시대의 모더니즘으로부터의 이탈운동이자, 모더니즘에 대한 불신과 반발로 시작되었다(안성진, 2007). 모더니즘은 17세기 계몽주의 시대부터 제 2차 세계대전 시기를 아우르며, 합리적 이성주의 시대라고 설명할 수 있다. 그 특징으로는 종교나 외적인 힘보다는 인간의 경험과 이성에 대한 신뢰, 과학에 기반한 자연주의, 객관성 중시 그리고 합리적 · 논리적 사고를 중시하였고, 실증주의의 영향으로 사회현상에 대해서 보다 객관적이고 과학적으로 해석하려는 경향이 뚜렷한 시대였다. 또한 절대적 가치나 기준을 확립하고 정해진 질서와 규칙 안에서 통제 받는 사회구조를 형성했다(이미아, 2014). 또한 인간중심적 가치를 지향하여 오직 인간의 이익과 행복을 위해 자연을 무분별하게 이용하였다. 상위계층의 속한 집단은 지식은 곧 권력으로 인식하였기에 지식의 확산을 통제하며 그들의 권위적 이성은 지배구조 속에서 억압과 배제, 그리고 철저한 검열의 구조를 만들었다(공병혜, 2004).

그러나 제 1차, 2차 세계대전을 겪으면서 모던시대가 지향하던 인간중심적 세계관과 합리적 이성주의는 인간의 존엄성을 무너뜨리고 환경파괴라는 비참한 비극을 초래하였다. 모던시대의 가치가 긍정적인 결과로 연결되지 않았음을 깨닫게 되고, 그에 대한 반성이자 반작용으로 시작된 것이 포스트모더니즘이다. 포스트모더니즘은 당시 사회문제를 야기했던 모더니즘의 정신과 문화를 비판하며 기성적 가치와 이념을 철저히 해체해 나가게 된다. 그리고 이 시기에 형성된 가치와 문화들은 코칭을 자연스럽게 받아들이게 하였으며, 사람들의 필요를 채우는 데 기여하게 된다. 이러한 배경은 코칭 성장의 원동력이라고 볼 수 있다.

포스트모더니즘의 핵심적인 특징은 조직보다 개인(자신)에 중점을 두고 개인의 생각과 개성, 자율성을 강조하였으며 개인의 성장과 변화에 많은 관심을 가지기 시작하였다. 이러한 특징은 모더니즘의 거대담론을 배격하는 것으로서 보편적인 진리와 객관적인 기준을 통용화하고 세계관을 통일시키는 것을 비판하면서 개인의 다양성을 추구하고 경험과 삶에 보다 초점을 맞추는 가치를 표방하게 된 것이다. 또한 포스트모더니즘 시대의 일어났던 반문화 운동은 1960년대 히피운동과 베트남전쟁 반대운동에까지 영향을 주게 된다. 히피운동은 산업혁명 이후 발달된 공업화, 산업화에 따라 기성세대가 물질문명을 추구하는 것에 대한 반대운동이다. 히피운동의 정신은 보다 자기자신에 초점을 두었다. 자기존재의 가치와 삶의 의미, 자유로운 감성, 개성의 표현을 추구하며 폭력과 억압에 저항하는 것이 특징이다. 이러한 모더니즘의 반문화 기류에서 탄생한 것이 인간 잠재력 회복운동과 감수성훈련이다. 인간 잠재력 회복운동의 핵심은 인간의 의식과 변화, 잠재력개발이었으며 최대 관심사는 삶의 의미와 행복, 성공적인 삶, 성장과 발전, 삶의 목적 발견에 있었다. 결론적으로 사회적 문화와 환경은 심리학 기반의 코칭이 성장의 욕구와 의미탐색에 열망을 갖던 사람들에게 필요를 채워주는 도구가 될 수 있었던 것이다.

포스트모더니즘 시대의 사상가들은 모더니즘의 인간중심주의에 대한 비판과 성찰을 촉구했다. 인간중심주의는 인간의 존재를 우선시하기 때문에 인간의 욕구와 필요를 위해선 자연은 단순히 도구에 불과했다. 자연을 다스리고 관리하는 개념이 아닌 오직 정복하고 적극 개발하여 자신들의 이익과 풍요를 누리는데 활용하였다. 뿐만 아니라 제 1차, 2차 세계대전을 치르면서 인간의 이성과 과학이 인간의 욕망을 부추기고 세계를 혼란에 빠트렸다. 이러한 시대적 상황에 맞춰 인본주의 운동이 일어났다. 매슬로우, 로저스 등을 중심으로 확산된 인본주의는 인간다운 삶을 실현하고자 하는 가치를 표방하며 자신의 내적 잠재력과 자기실현을 추구하였고, 개인적 성취, 행복보다는 주관적 경험을 강조하게 되었다(Skiffington and Zeus, 2003). 인본주의 학자들이 인간의 내면에는 건전하고 창조적 가능성을 가지고 있다고 주장한다. 이러한 학자들의 입장은 훗날 코칭의 철학적 토대가 되었으며 인본주의 심리학에 근거한 코칭대화모델이 개발되어 코칭현장에 활용되고 있다(Stober, 2006). 인본주의 운동의 영향으로 자기개발과 자아실현에 관심이 커졌고, 인본주의 심리학 이론들을 접목한 코칭이 크게 발전하게 되었다.

모던 시대와 포스트모던 시대의 특징 비교

모던 시대	포스트모던 시대
과학적(논리적, 객관적, 분석적)	인본주의적(인간적 유대, 주관적, 공동체, 협동적)
공업제조사회	서비스 및 정보사회
대규모 도시사회	이동사회(다원화 및 세계화사회)
진보적 사고방식(희생을 통해 진보 성취)	사회적 책임(진보를 위해 희생하는 것에 저항)
믿을 수 있는 사회구조(종교, 가족, 학교, 그리고 사회적 가치와 규범에 맞는 행동을 위한 신뢰할 수 있는 정보 제도)	부서진 사회구조(사회적 가치와 규범에 맞는 행동을 전달하기 위한 전통적 제도가 작동하지 않음)
종교(조직화 되고, 직접적임)	영성(집단세계의식, 가치, 몰입)
선형적 진행(옳고 그름)	복잡성(선택, 선택권, 다양한 규범, 요구사항 인정)
국수주의적(폐쇄성, 균일성, 위계적)	세계화(세계적, 다문화, 다양성)
기계화	기술(정보 접근 제공, 사회적 네트워킹)
예측할 수 있는 변화 속도(질서정연)	증가하는 변화 속도(불확실성, 애매모호함, 혼동, 가속화된 삶의 양식)
분리(분명한 경계, 차이, 예를 들어 일과 가정생활의 사회적 분리)	재통합(경계와 차이 붕괴, 가상 업무와 재택근무)
경쟁적인 생존늘 위한 투쟁, 직업윤리	분투하고 진취적인 문화(성공, 이미지, 성장, 사회적 지위)
경제적 부의 추구	의미, 행복, 목적의 추구
안정성	압박(성과, 만족, 성장, 변화, 개선)
정보의 통제	접근 가능한 정보(대중매체와 전자통신)
물리적 · 사회적 연결	가상의 매체 연결(인터넷과 미디어)
관료주의	풀 뿌리(일반 사람들의 의사결정 참여, 참여문화)
위계적, 권위, 명령, 통제	협력, 참여, 영향력

출처 : 네비스(1997: 110~130), 코칭의 역사, 비키브록, 코쿱북스, p.64, 재인용

코칭이 성장하게 된 배경에는 사회문화적 현상 이외에도 경제적 상황이라는 측면도 존재한다. 1929년 10월 24일 뉴욕 주가가 폭락하면서 시작된 경제 대공항은 세계 각국의 모든 자본주의 국가들의 경제를 마비시켰다. 기업이 도산하고 실업자가 크게 발생하게 되었다. 1933년 당시 미국의 실업자는 전체 근로자

의 무려 25%, 영국은 22%의 실업률을 맞이했다. 이후 루즈벨트 대통령의 뉴딜 정책으로 정부의 적극적 개입으로 대공항의 위기를 극복하게 되었다. 또한 기업의 경영위기를 극복하기 위해 학계에서는 생산성 향상, 리더십 이론 등의 다양한 연구가 수행되었으며 경영 부문에 처음으로 코칭이 도입되었다. 당시 경영현장에서 코칭은 경영자코칭, 인적자원관리에 관한 것이었다. 이후 1940년대에는 관리자 대상의 코칭프로그램이 개발되었다. 코칭은 새로운 대안과 전략을 세우는 대화 프로세스이며 현실에 발을 딛고 미래를 보게 하는 특성을 가지므로 기업들은 당시의 위기를 극복하고 보다 성장과 발전을 위해 코칭을 활용한 것이다.

이후 1980년대에는 경영자코칭과 비즈니스코칭이 활성화되었는데, 코칭의 주된 목적은 리더십 훈련, 기업의 생존과 관계된 성공적인 성과창출이었다. 당시 미국 경제는 1973년과 1978년 두 번의 석유파동을 겪으면서 극심한 경제침체를 경험하였고, 수많은 실업자가 속출하였다(김남두, 2000). 당시 기업의 중간관리자는 경영자와 피고용인 사이의 매개자 역할이었지만, 생존의 위기 속에서 대규모 인력감축으로 중간관리자는 거의 사라지게 되었고, 평사원들의 멘토 역할도 사라지게 된 것이다. 이러한 위기를 극복하기 위해 고용된 직종이 상담사였다. 당시 상담사의 역할은 일괄적인 교육프로그램 제공, 사원 및 조직 내의 관계에 관한 문제를 다루는 것이었다. 추후 조직구성원의 자발성 촉진을 위해 참여적 경영을 시도하였다. 이것은 구성원들의 자기 직무에 대해 주인의식 고취와 의사결정 참여를 강조하여 생산성을 향상시키려는 의도였으며 조직몰입이나 성과창출을 도모하기 위해 직무재설계, 직무재창조, 임파워먼트와 같은 개념을 활용한 방안들이 경영현장에 도입되었다. 결국 세계경제의 흐름 속에서 기업들은 사업실적을 올리고 성과창출과 비용절감을 위해 코칭이 활발하게 활용되었고, 인적자원개발에 중점을 맞춘 코칭이 조직 내에서 발전한 것이다.

이처럼 포스트모더니즘은 삶의 양식과 패턴을 바꾸고, 새로운 관점과 가치관의 큰 변화를 일으키기 되었다. 또한 정보통신의 발달, 복잡 다양한 세계화는 경제적 부의 상승으로 연결되었고 보다 삶의 질이 향상되었는데, 이로 인해 인간의 의식도 점차 성장하게 되었다. 생존단계를 넘어 인정과 존중, 더 나아가 사회적 성공에 대한 욕구로 확장되었고 삶의 의미 발견, 행복, 자기실현의 욕구가 점차 커짐에 따라 자기개발과 성장에 초점을 맞추고 사람들의 기대와 열정을 충족시키는데 코칭이 활용되었다(양진영 · 박종우, 2020).

핵심내용 정리하기

1. 코칭이 성장하게 된 사회문화적 관점을 설명하라.

2. 코칭이 성장하게 된 사회경제적 관점을 설명하라.

3. 모던시대와 포스트모던시대는 어떤 차이가 있는가?

제3장

코칭의 정의와 특성

앞 장에서 코칭을 이해하는데 있어서 근원이 되는 역사와 성장하게 된 배경을 살펴보았다. 이번 단원에서는 코칭을 무엇이라 설명할 수 있는가? 라는 코칭에 대한 정의, 그리고 코칭의 개념을 좀 더 깊이 이해하기 위해서 코칭이 가지고 있는 고유한 특성을 살펴보고자 한다.

3.1 코칭의 정의

코칭(Coaching)은 'to coach'라는 동사에서 파생되었고, 그 어원은 '코치'라는 용어가 등장한 1500년대로 추정된다. 헝가리의 작은 도시 코치(Kocs)에서 운송수단으로 사용하던 '마차'에서 유래한 것으로 '중요한 사람을 태우고 원하는 곳까지 데려다준다'는 의미에서 파생되었다.

'마차'에서 유래된 코칭의 현대적 의미는 고객의 현재 지점에서 원하는 목적지까지 데려다주는 것이다. 목표지향의 긍정적인 변화를 이끌어 내는 방법론으로서 현재에서 미래로 나아가도록 돕는 대화이자 기술이다. 이런 코칭의 개념을 보다 명확하게 이해하고 정의하기 위해선 코칭과 유사한 개념들과 어떤 차이가 있는지 확인해 볼 필요가 있다. '마차'와 같이 운송수단인 '기차'가 대표적인 예가 될 것이다. 마차(coach)에서 코칭(coaching)이 파생되었듯이, 기차(train)는 훈련(training)을 파생하였다. 훈련(training)이라는 것은 정해진 목표를 향해 액션(행동)을 취해야 하는 특징을 가지고 있다. 이는 목표지향의 코칭과 동일한 특성을 지닌다고 할 수 있다. 그러나 마차와 기차는 상반되는 특성도 가지고 있다. 출발지점에서 목표지점 까지 나아가는 형태와 방식에서 확실한 차이를 나타내고 있다. 이를테면 기차는 미리 예정된 경로로만 거쳐야 하고 약속되어진 역까지 도달하는데 일정한 속도로 가야만 한다. 반면에 마차는 승객의 요청에 따라 목적지 자체를 변경할 수 있고, 도로상태(환경적인 요소)나 개별상황(말이나 승객의 컨디션)에 따라 나아가는 방향, 진행속도, 심지어 경로까지도 변경할 수 있다. 결론적으로 훈련(training)이 정해진 원칙과 패턴대로 진행하는 것이라면 코칭은 고객의 상항과 현실, 환경적 요소 등을 고려한 상대중심적 서비스라고 볼 수 있다(윤선영, 2019; 조경주, 2019).

이처럼 고객중심(상대중심)의 코칭은 고객의 상황이나, 현실, 상태, 환경적인 요소에 따라 유연하게 대처할 수 있어야 하고 역동적인 특성을 가지고 있다. 이러한 특성 때문에 고객의 유형, 목적, 대상 등에 따라 다양한 코칭대화모델과 코칭프로그램이 개발되고 있으며 고객에게 온전히 집중하여 고객의 긍정적인 변화를 추구한다. 이에 고객의 감정, 의식, 현재상태, 그리고 대화 중에 새롭게 발견되는 통찰들은 자신이 그동안 경험하지 못한 것을 경험하게 하고, 한번도 생각해 보지 못한 것을 생각해 보는 특별한 경험을 할 수 있게 한다(Yang et al., 2021). 따라서 코칭서비스는 교육이나 훈련에 비해 매우 역동적이고 고객의 상태에 따라 코칭프로세스나 방식, 일정, 방법론, 속도 등을 상황에 맞게 유연할 수 있어야 한다. 2019년도 10월에 개정된 ICF(국제코치연맹)의 8가지 핵심역량에서 '코치 존재감'을 다음과 같이 설명하고 있다. '코칭과정에서 코치는 개방적이고 유연하며 중심이 잡힌 자신감 있는 태도로 완전히 깨어서 고객과 함께 한다.' 또한 2019년도 10월 이전(개정 전) 11가지 핵심역량에서는 Coaching

Presence를 설명할 때 'dancing in the moment'라는 표현을 사용하였다. 그 의미는 코치가 고객의 파트너가 되어 함께하는 모든 순간순간을 고객에 맞춰 춤을 추듯 자연스럽고 유연하게 해야 함을 강조하는 것이다. 코치와 고객은 존재와 존재가 연결되어 고객이 흘러가는 대로 느끼는 대로, 있는 그대로를 인정하고 함께 춤을 추듯이 유연하게 동행 하는 것이다.

그러므로 고객에 맞춰 유연하게 진행해야 되는 코칭의 독특성 때문에 모든 코칭서비스를 대표할 수 있는 하나의 정의로 명명하기 어려울 것이고, '하나의 정의'로 코칭을 구현한다면 코칭의 본질과 다양성을 제한한다는 한계에 부딪치게 될 것이다.

현재 코칭에 대한 정의는 코칭전문가와 전문기관(학회 및 협회), 연구 분야, 학자들마다 다양한 견해를 보이고 있으며 코칭을 보는 관점이나 목적, 코칭의 대상 및 분야에 따라 다양하게 정의되고 있다(이주영, 2020; 성낙청, 2016).

'정의'란 사전적으로 어떤 개념에 대해 의미를 규정하는 것이며, 어떤 사물이나 말의 뜻을 명확하게 정하여 밝히는 것을 말한다. 또한 어떤 개념을 정의 내릴 때에는, 정의를 내리는 대상이 분명해야 하고 대상의 대한 내용을 밝혀 말할 수 있어야 한다. 가령 '메뚜기는 곤충이다.'라는 문장에서 정의를 내리는 대상은 메뚜기이고, 정의를 내리는 부분 즉, 대상에 대한 내용은 곤충이 되는 것이다. 이처럼 코칭을 정의내리기에 앞서 코칭의 대상이 분명해야 하고 대상에 대한 내용을 명확히 밝혀야 할 것이다. 그리고 정의를 내리는 대상과 대상에 대한 내용이 정확히 연결되어야 한다.

따라서 "코칭은 무엇이다."라는 코칭의 정의를 내리기 위해선 두 가지 조건이 포함되어야 한다.

첫째는 코칭에 대한 대상자가 분명해야 한다. 성장하려는 주체(주어)가 대상자가 되며, 그 주체(대싱자)는 사람이 될 수도 있고 조직(집단)이 될 수도 있을 것이다.

둘째는 정의 내리는 대상의 내용이 코칭의 속성(본질)을 충분히 포함 할 수 있어야 하고, 정의 내리는 대상과 상호 정확하게 연결되어야 한다. 여기서 코칭의 속성(본질)은 코칭의 어원에서 언급한 바와 같이 고객이 원하는 목적지까지 데려다 주는 것을 의미한다. 그러므로 코칭 대상에 대한 내용은 궁극적으로 코칭의 목표(목적)를 담아낼 수 있도록 표현되어야 한다.

다음은 다양한 관점으로 코칭을 연구한 학자 및 전문가들의 "코칭 정의"를 살펴볼 것이다. 또한 ICF(국제코치연맹)와 KCA(한국코치협회) 그리고 코칭학회에서 정의하는 "코칭 정의"를 살펴보도록 한다.

경영자이면서 경영학자인 Stowell(1986)은 코칭을 리더십의 관점으로 연구하였고, 코칭의 대상을 개인으로 보았다. 코칭을 '상대방과의 대화를 통하여 방향제시, 역량개발, 수행평가, 관계 등의 구체적인 행동 프로세스'라고 정의하였다. Stowell은 경영학자의 시각으로 코칭을 바라보고 있으며, 코칭리더십이라는 개념을 만들었다. 그리고 조직의 팀리더를 코치와 동일시하며 그 역할을 강조하였다. 코칭은 조직구성원 즉, 개인을 대상으로 하는 리더의 행동으로 설명할 수 있다. Gallwey(2001)는 코칭에 대하여 '조직성과를 향상시키기 위해 경직된 개인의 잠재력을 끌어내 주고 그들 스스로 습득할 수 있도록 돕는 행동'으로 정의하고 있다. Gallwey의 정의는 코칭의 대상은 개인이지만 코칭의 목적은 조직성과 향상이라는 것을 볼 수 있다. 다시 말하면 조직의 목표달성과 성과를 높이기 위해서 구성원의 잠재력을 개발시켜주는 데 중점을 두고 있다는 것이다. Whitmore(2002)는 '코치가 고객 스스로 잠재력을 발견, 개발하고 역량을 발휘하여 자아실현을 하도록 돕는 구체적인 도구와 스킬'이라고 정의하였다. 이는 코칭의 대상과 목적이 개인(사람)에게 초점을 두고 있으며, 코칭은 개인의 성장을 위한 도구나 스킬 즉, 학습지원과 역량개발의 관점으로 보았다.

Crane(2002)은 '코칭은 고객에게 개인적, 대인관계의 잠재력을 발휘하고 하고자하는 일에 대해 용기를 갖고 실현하게 도와주는 것'이라고 정의하였다. 코칭의 대상은 개인이며 관점은 학습지원 및 역량개발이라고 볼 수 있다. Aldag and Kuzuhara(2002)은 '존중과 열린 마음으로 적극적으로 경청함으로서 서로의 생각, 가치관, 관점을 이해하고 목표의 공유를 통하여 피드백하고 상호 지원할 수 있도록 하는 프로세스'라고 정의하였다. Aldag and Kuzuhara는 코칭을 정의할 때, 경청과 피드백을 중요하게 생각하고 있다. 즉, 커뮤니케이션 및 파트너십의 관점으로 코칭을 바라보고 있으며 코칭의 대상은 개인으로 설정하고 있다. 따라서 Aldag and Kuzuhara은 코칭을 고객과의 상호작용으로 보고 있는 것이다. Edwards(2003)는 '코치이가 학습을 통해 잠재력과 가능성을 스스로 발휘하도록 조력하는 것'이라고 정의하였다. 코칭의 대상을 개인(코치이)으로 보고 코치의 역할은 고객의 학습지원과 잠재력을 개발하도록 조력하는 것으로서 코칭의 목적이 고객의 학습을 지원하고 역량개발에 초점을 두고 있다. Hunt and Weintraub(2006)는 조직의 리더와 구성원 간의 관계에서 리더십 관점으로 코칭을 바라보고 있다. 구성원이라는 개인에게 긍정적인 반응을 이끌어 내고 적절한 피드백을 통해 성과에 영향을 미치는 것을 코칭으로 보았다. Grant(2007)는 '상호 협력적인 목표설정, 브레인스토밍과 행동계획을 통해 자기 주도적 학습을 개발하는 결과 지향적 활동'이라고 정의하였다. 이는 코칭의 대상은 개인으로 보았고, 행동에 대한 결과에 방점을 두었다고 볼 수 있다. 도미향(2008)은 '개인이 성장과 변화를 위해 미래를 계획하며 잠재능력을 극대화시켜 삶을 주도적으로 이끄는 파트너십'이라고 정의하였는데, 코칭의 대상은 개인이며 궁극적으로 삶을 주도적으로 살아가도록 잠재능력을 극대화시키는 것으로 볼 수 있고, 코칭을 이해하는 관점은 커뮤니케이션을 기반한 파트너십으로 보고 있다. 박윤희(2010)는 '고객의 발전가능성에 집중하고 고객 스스로 문제를 해결하여 성장할 수 있도록 지원하고 지속적인 피드백을 통한 과정 중심적이고 목표 지향적, 그리고 행동지향적인 협력과정'이라고 정의하였다. 코칭의 대상을 개인으로 보고 있으며, 고객의 성장과 발전을 도모하는 과정에서 고객이 스스로 문제를 해결하고 행동지향적인 태도를 가질 수 있도록 촉진하는 자기주도적 학습의 관점으로 코칭을 이해하고 있다. Abraham and Collins(2011)는 '개인이 목표하는 지점까지 도달하도록 조력하고 지원해주는 행위'라고 정의하였다. 코칭의 대상은 개인이며 성과와 목표달성을 할 수 있도록 지원하는 파트너십으로 코칭을 바라보고 있다. Landsberg(2015)는 코칭을 이해하는데 보다 구체적으로 설명하고 있다. '직무수행과 학습능력 향상을 목표로 피드백을 제공하고 동기부여, 효과적인 질문유도 등의 코칭기술을 통해 고객을 돕는 것' 이는 직무수행과 학습능력 향상이 코칭의 목적이며, 코칭의 대상은 구성원 즉, 개인으로 보고 있다. 또한 Landsberg의 코칭정의는 코칭대화에서 활용하는 효과적인 질문, 피드백이라는 핵심기술까지 언급하고 있는데, 코칭의 대상인 개인의 성장을 위해 필요한 코칭기술을 질문과 피드백으로 보고 있는 것이다.

다음은 코칭의 대상을 집단으로 보는 학자들의 코칭 정의이다. Stowell and Starcevich(1996)은 리더와 구성원들 간의 관계에서 리더의 코칭리더십이 조직구성원들에게 긍정적인 영향을 미칠 것이라고 보면서 리더와 조직구성원들 간의 커뮤니케이션과 수평적 파트너십의 관점으로 코칭을 정의하고 있다. Stowell박사와 함께 연구를 수행했던 최치영박사는 2003년 그의 연구에서 코칭에 대하여 '리더와 조직구성원 간에 긍정적인 영향을 주는 쌍방향의 커뮤니케이션 행동'이라고 정의하였다. 코칭의 행위는 대화이며 대화의 기술을 통해 구성원들에게 긍정적인 영향을 주는 것으로 코칭을 바라보고 있다. Medland and Stern(2009)의 연구에서도 코칭의 행위를 커뮤니케이션으로 보고 있으며, 커뮤니케이션을 통해 긍정적인 영향과 역량개발을 위해 활용하는 것이 코칭이라고 정의하고 있다. 서우경(2009)은 '구성원들의 잠재능력을 일과 조직에서 최대한 끌어내어 조직성과를 창출하도록 도와주는 것'이라고 정의하였다. 조직성과를 창출하는 것을 코칭의 목적으로 보고 있으며 코칭의 대상은 조직구성원들로 보고 있다. 노동원 · 송영수(2010)는 '리더와 조직 구성원과의 양방향 커뮤니케이션을 통해 조직성과를 창출할 수 있도록 지원하는 성과지원 도구'라고 정의하였는데, 이는 코칭을 커뮤니케이션의 관점으로 보고, 조직성과를 창출할 수 있는 도구로 보고 있다. 홍성현 · 김민수(2020)는 조직의 리더가 코치의 역할을 통하여 구성원들의 역량개발 및 자발적 직무수행을 촉진하는 행동으로 코칭을 보고 있으며 다음과 같이 정의하였다. '구성원들의 역량을 개발하고 스스로 직무를 수행할 수 있도록 지원하는 행동'이다.

다음은 개인 및 조직을 대상으로 코칭을 정의한 내용들이다. Evered and Selman(1989)는 '개인과 조직이 과거 자신들의 성과를 뛰어 넘도록 권한을 위임하고 파트너 관계를 형성해가는 것'이라고 정의하였다. 이들이 보는 코칭이란 성과향상을 위한 수평적인 관계를 형성하는 것이다. 구성원에게 긍정적인 영향을 미치고 그들이 한계를 뛰어 넘을 수 있도록 지원하는 것은 수평적 파트너십의 관계를 통해 가능하다고 보는 것이다. 그리고 그러한 파트너십을 코칭이라고 정의하고 있다. Hargrove(1995)는 '개인과 조직의 변화를 위한 능력 확장과 구성원들의 가치와 비전에 영향을 주고 개인이 원하는 것을 성취하도록 사고의식, 존재의식, 새로운 행동 촉구를 위한 적절한 지원을 제공하는 파트너십'이라고 정의하였다. 코칭의 대상을 개인 및 집단으로 보고 있으며, 새로운 변화와 성취를 위해 리더의 적절한 파트너십이 필요하다고 보았고 코칭을 파트너십의 관점으로 정의하고 있다. Collins(2001)는 '한 개인이나 조직을 그들이 원하는 목표지점까지 나아가도록 인도하는 기술이자 행위'라고 정의하였다. 이는 개인이나 조직이 효과적으로 목표를 달성하기 위해서 코칭이 필요하다는 것을 의미하며, 코칭을 성과 및 목표달성의 관점으로 보고 있다. 이소희(2014)는 '커뮤니케이션 기술이자 개인과 조직이 '매일 멋진 삶'을 살 수 있도록 지지하는 '사랑과 지혜의 대화시스템'이라고 하였다. 이소희는 코칭을 대화에 중점을 두고 개인과 조직의 성장을 위한 대화기술이라고 정의하고 있다. 또한 이소희의 정의에서는 고객과의 코칭대화 안에 '사랑'과 '지혜'라는 가치가 담겨있어야 함을 시사하고 있다.

다음은 협회 및 학회에서 제시하는 코칭에 대한 정의를 살펴보도록 한다. 전세계적으로 공신력을 가지고 있는 국제코치연맹(International Coach Federation, ICF)에서 정의한 코칭은 '고객의 개인적, 전문적 가능성을 극대화시키기 위해 영감을 불어넣고 사고를 자극하는 창의적인 프로세스 안에서 고객과 파트너 관계를 맺는 것'이라고 하였다. 코칭을 일관된 프로세스가 있는 대화로 보고 코치와 고객 간의 파트너십을 강조한다고 볼 수 있다. 한국코치협회에서는 코칭을 다음과 같이 정의하고 있다. '코칭은 개인과 조직의 잠재력을 극대화하여 최상의 가치를 실현할 수 있도록 돕는 수평적 파트너십'이다. 코치와 고객 간의 수평적 파트너십 관계에 중점을 두고 가치실현을 목적으로 개인과 조직의 잠재력을 극대화하도록 지원하는 것을 코칭이라고 보고 있다. 국제코치연맹과 한국코치협회의 공통점은 고객과의 관계에 초점을 두고 있다는 것이다. 코칭에서 고객의 변화와 성장을 위해서 코치와 고객 간의 상호 수평적인 관계가 형성되어야 하고, 파트너십의 관계는 고객으로 하여금 신뢰를 불러일으켜서 결과적으로 코칭의 효과를 증진시킬 수 있을 것이다.

세계적인 코치양성 전문기관인 CCU(Corporate Coach University)에서는 '코칭은 발전하려고 하는 의지가 있는 개인에 대하여 코치가 발견 프로세스를 통하여 잠재능력을 최대한 개발하고, 도전적인 목표설정과 실행계획의 수립, 그리고 뛰어난 결과를 성취할 수 있도록 도와주는 강력하면서도 협력적인 관계'라고 정의하고 있다.

한국코칭학회에서는 '코칭은 고객과 조직의 변화와 발전을 지원하여 개인의 삶을 주도적으로 이끌고 조직의 목표를 지지하는 과정'이라고 정의하고 있다.

학자들에 의한 코칭의 정의

대상	연구자	정의	관점
개인	Stowell(1986)	상대방과의 대화를 통하여 방향제시, 역량개발, 수행평가, 관계 등의 구체적인 행동 프로세스	리더십 유형
	Peterson and Hicks(1996)	개인이 스스로 성장하고 보다 효과적이 되도록 하기 위해 필요한 지식, 기회와 수단을 제공해 주는 과정	학습지원 및 역량개발
	Gallwey(2001)	조직성과를 향상시키기 위해 경직된 개인의 잠재력을 끌어내 주고 그들 스스로 습득할 수 있도록 돕는 행동	성과 및 목표달성
	Whitmore(2002)	코치가 고객 스스로 잠재력을 발견, 개발하고 역량을 발휘하여 자아실현을 하도록 돕는 구체적인 도구와 스킬	학습지원 및 역량개발
	Crane(2002)	코칭은 고객에게 개인적, 대인관계의 잠재력을 발휘하고 하고자하는 일에 대해 용기를 갖고 실현하게 도와주는 것	학습지원 및 역량개발

	Aldag and Kuzuhara(2002)	존중과 열린 마음으로 적극적으로 경청함으로서 서로의 생각, 가치관, 관점을 이해하고 목표의 공유를 통하여 피드백하고 상호 지원할 수 있도록 하는 프로세스	커뮤니케이션 및 파트너십
	Edwards(2003)	코치이가 학습을 통해 잠재력과 가능성을 스스로 발휘하도록 조력하는 것	학습지원 및 역량개발
	Bluckert(2005)	코칭은 성과향상과 효과적인 행동, 목표성취, 개인의 만족도 증대를 위한 학습과 개발의 촉진제	학습지원 및 역량개발
	Hunt and Weintraub(2006)	구성원의 긍정반응을 일으키기 위한 충분한 지원을 하고 리더의 적절한 피드백을 통하여 구성원의 성과에 영향을 주는 것	리더십 유형
	Grant(2007)	상호 협력적인 목표설정, 브레인스토밍과 행동계획을 통해 자기 주도적 학습을 개발하는 결과 지향적 활동	학습지원 및 역량개발
	도미향(2008)	개인이 성장과 변화를 위해 미래를 계획하며 잠재능력을 극대화시켜 삶을 주도적으로 이끄는 파트너십	커뮤니케이션 및 파트너십
	김상범 외(2010)	구성원의 성과향상과 조직목표 달성을 위해 개개인의 학습을 촉진하고 잠재능력을 깨우는 것	성과 및 목표달성
	박윤희(2010)	고객의 발전가능성에 집중하고 고객 스스로 문제를 해결하여 성장할 수 있도록 지원하고 지속적인 피드백을 통한 과정 중심적이고 목표지향적, 그리고 행동지향적인 협력과정	학습지원 및 역량개발
	Abraham and Collins(2011)	개인이 목표하는 지점까지 도달하도록 조력하고 지원해주는 행위	성과 및 목표달성
	Landsberg(2015)	직무수행과 학습능력 향상을 목표로 피드백을 제공하고 동기부여, 효과적인 질문유도 등의 코칭기술을 통해 고객을 돕는 것	학습지원 및 역량개발
	도미향(2017)	고객 스스로 잠재력을 발견하고 목표를 정하며, 그 목표를 성취하도록 격려, 지지하는 커뮤니케이션의 과정	커뮤니케이션 및 파트너십
집단	Stowell and Starcevich(1996)	조직구성원들과의 쌍방향 커뮤니케이션을 가능하게 하고 역량개발과 문제를 해결하도록 하는 프로세스	커뮤니케이션 및 파트너십
	최치영(2003)	리더와 조직구성원 간에 긍정적인 영향을 주는 쌍방향의 커뮤니케이션 행동	커뮤니케이션 및 파트너십
	Medland and Stern(2009)	조직구성원들에게 긍정의 영향력을 발휘하는 쌍방향의 커뮤니케이션으로서 역량개발을 지속적으로 할 수 있게 하는 프로세스	커뮤니케이션 및 파트너십

	서우경(2009)	구성원들의 잠재능력을 일과 조직에서 최대한 끌어내어 조직성과를 창출하도록 도와주는 것	성과 및 목표달성
	노동원 · 송영수 (2010)	리더와 조직 구성원과의 양방향 커뮤니케이션을 통해 조직성과를 창출할 수 있도록 지원하는 성과지원 도구	성과 및 목표달성
	홍성현 · 김민수 (2020)	구성원들의 역량을 개발하고 스스로 직무를 수행할 수 있도록 지원하는 행동	학습지원 및 역량개발
개인 및 조직	Evered and Selman(1989)	개인과 조직이 과거 자신들의 성과를 뛰어 넘도록 권한을 위임하고 파트너 관계를 형성해가는 것	커뮤니케이션 및 파트너십
	Hargrove(1995)	개인과 조직의 변화를 위한 능력 확장과 구성원들의 가치와 비전에 영향을 주고 개인이 원하는 것을 성취하도록 사고의식, 존재의식, 새로운 행동 촉구를 위한 적절한 지원을 제공하는 파트너십	커뮤니케이션 및 파트너십
	Collins(2001)	한 개인이나 조직을 그들이 원하는 목표지점까지 나아가도록 인도하는 기술이자 행위	성과 및 목표달성
	이소희(2014)	커뮤니케이션 기술이자 개인과 조직이 '매일 멋진 삶'을 살 수 있도록 지지하는 사랑과 지혜의 대화시스템	커뮤니케이션 및 파트너십
	KCA(2020)	코칭은 개인과 조직의 잠재력을 극대화하여 최상의 가치를 실현할 수 있도록 돕는 수평적 파트너십	커뮤니케이션 및 파트너십

출처 : 양진영(2021)

살펴 본 바와 같이, 코칭의 정의는 학자들마다 협회를 비롯한 전문기관마다 다양한 관점으로 해석하고 그 의미를 제시하고 있다. 현재 통일된 정의를 정립해야 한다는 의견도 있지만, Bachkirova and Kauffman(2009)에 의하면 통일된 정의를 내릴 필요는 없다고 주장하는 학자들도 있다. 또한 지금보다 더 다양한 관점으로 진화 할 때 진정한 코칭의 의미를 지닐 것이라고 주장하기도 한다(김현정, 2018). 무엇보다 가장 중요한 것은 코칭의 어원이 마차에서 유래된 것처럼 고객이 진정 원하는 목적지까지 효과적으로 나아갈 수 있도록 함께 존재한다는 코칭의 본질적 의미를 내포할 수 있는 코칭 정의가 되어야 한다는 것이다.

이상 코칭의 대한 학자들과 전문기관에서 제시하는 정의를 종합해보자면 코칭은 첫째 고객이 원하는 목표(목적)를 위해 자발성을 촉진시키고, 둘째 강력한 질문을 통해 새로운 관점과 인식을 불러 일으켜 미래 긍정적 사고를 형성하게 하며, 셋째 상대를 중심에 두는 고객 중심적 대화 프로세스라고 할 수 있다.

3.2 코칭의 특성

20세기 초반 코칭의 본격적인 출현에 기여했던 이른바 창시자들은 심리학자, 스포츠, 비즈니스, 동기부여 등 다양한 분야의 전문성을 가지고 있었으며, 그 중 심리학 출신들이 대부분이었다(Brock, 2014). 비키브록의 저서 '코칭의 역사'에 의하면 당시에 일부 심리학자들은 코칭으로 전업하면서 본래 심리학의 이론과 도구를 코칭에 적용하였는데, 그 행위를 상담(Counseling)이라고 표현하였다. 1980년대 현대적 코칭이 출현 한지 40여년이 지난 현재, '코칭'이라는 용어는 대중화되어 있으며 자신들의 사업과 영역에 '코칭'이란 용어를 활용하고 있다. 그러나 '코칭'이란 용어가 실제 코칭의 본질적인 속성과는 전혀 다른 의미로 왜곡되거나 오용되는 경우가 많은 실정이다. 최근 방송 프로그램에서 가르치고 지시하는 장면을 보여주면서 자막 안에 '코칭'이라고 표기하기도 하고, 그러한 장면을 설명하는 방송인의 언어에서도 '전문가의 코칭을 받고 있습니다.'라는 표현으로 진행하기도 했다. 이렇듯 가르치고 지도하는 행위를 보편적으로 코칭이란 용어로 사용하기도 하며, 상담이라는 용어는 너무나 친숙하지만 일부 고객들 사이에서 상담은 마치 정신적인 문제가 있는 것 같은 편견을 준다 하여 "코칭상담"이란 표현으로 사용하기도 한다. 즉, 코칭은 고객과의 일대일 상호작용을 통한 코치의 개입이라는 특성이 다른 전문영역(상담, 트레이닝, 컨설팅, 티칭, 멘토링)과 유사성을 가지고 있으며, 코칭에 대한 용어와 행위가 본질적인 속성과는 전혀 다르게 혼재되어 사용되는 실정이다.

결론적으로, 코칭의 특성을 명확히 드러내기 위해선 코칭의 개념을 깊이 이해하고, 코칭과 유사한 전문영역들 간의 비교를 통해 정확히 구분하는 것이 중요하다. 본 서에서는 코칭과 유사한 전문영역들 간의 일대일로 비교, 분석함으로서 코칭과 유사한 전문영역들과의 명확한 차이점을 밝히고 코칭의 개념을 정립하고자 한다. 코칭과 유사한 상담, 멘토링, 컨설팅, 티칭, 트레이닝 간의 비교한 특성을 선행연구들을 수정, 보완하여 정리한 내용은 다음과 같다.

코칭과 인접 전문영역 간 비교

구분	코칭	상담	멘토링	컨설팅	티칭	트레이닝
상대를 보는 관점	성장과 발전의 대상	치료대상	경험과 지식의 전수대상	문제해결 대상	지식전달 대상	지식 · 기술 전수대상
전문가 역할	촉진자	치료자	롤모델	해결자	전달자	전수자
상호관계	파트너십 (수평적)	상 · 하 수직적	상 · 하 수직적	상 · 하 수직적	상 · 하 수직적	상 · 하 수직적
문제해결 주체	고객 (코치이)	상담가	멘토	컨설턴트	교육자	트레이너
문제해결 방식	지원과 촉진	해결책 제시	해결책 제시	해결책 제시	해결책 제시	해결책 제시
소통 방향	양방향	주로 단방향	주로 단방향	주로 단방향	주로 단방향	주로 단방향
고객의 자발성	능동적	수동적	수동적	수동적	수동적	수동적 참여적
주목하는 시점	현재 미래	과거 현재	현재 미래	현재	현재	현재
임파워먼트	높음	중간	중간	중간	중간	중간
목적	성장과 발전	심리치료	노하우 전수	문제해결	지식전달	지식 · 기술 전수

출처 : 코칭과 경력개발, 조성진, 2020; 양진영(2021)

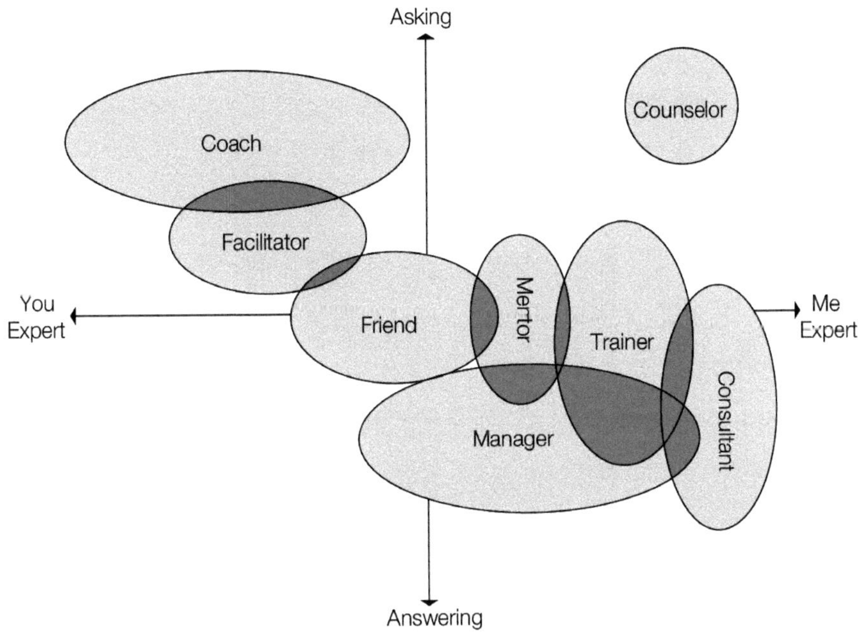

출처 : Getting Stared in Personal and Executive Coaching, (p.20) By Fairley, Stephen G. and Stout, Chris E, 2004, New Jersey: John Wiley & Sons, Inc. Copyright 2004 John Wiley & Sons, Inc.

코칭과 다른 전문 영역 간의 관계

3.2.1 코칭과 상담

코칭과 상담은 가장 혼재되어 사용되지만, 유사한 전문영역들 중 코칭과 가장 대조적 특성을 보이고 있다. 가령 상담은 상대를 보는 관점과 인식이 환자이며, 치료의 대상으로 보고 있다. 상담에서 상담사와 고객 간의 관계는 치료제공자와 치료소비자의 관계를 형성하게 된다. 반면에 코칭은 고객을 신뢰하고 무한한 가능성이 있는 존재로 보고 있으며 성장과 발전의 대상으로 보고 있다. 또한 관계적 측면에서 살펴보면 상담은 치료제공자와 치료소비자의 관계이므로 상담가는 전문가의 역할을 수행하면서 환자(고객)의 상태를 진단하고 처방할 수 있는 위치에 있기 때문에 상 · 하 수직적 관계라고 볼 수 있다. 반면에 코칭에서는 상호 동등한 수평적 관계를 지향한다. 즉 고객과의 파트너십을 통하여 코치는 고객에게 온전히 집중하고 경청하며, 열린 질문을 받은 고객은 스스로 새로운 통찰과 의식확장, 자기인식에 이르는 과정을 경험하게 한다. 즉 코칭에서 코치는 질문을 통해 생각을 자극하고 고객 스스로 해답을 찾아가면서 원하는 목표를 향해 앞으로 나아갈 수 있도록 지원한다. 이러한 코칭의 특성은 진단과 처방을 상담사가 주체가 되므로 수행하는 역할과 책임에서 명확한 차이를 볼 수 있다. 또한 코칭과 상담은 주목하는 시점(시제)에서 많은 차이를 찾아 볼 수 있다. 코칭의 대화 프로세스는 앞으로 나아가게 하므로 미래지향적인 특징을 가지고 있는 반면에, 상담은 현재 고객이 처한 상태의 원인은 과거에 있다고 보기 때문에 보다 과거지향적인 특징을 가지고 있다. 결국 상담의 대화패턴은 과거와 현재라고 볼 수 있다.

코칭과 상담 간의 차이

구분	상대를 보는 관점	전문가 역할	관계	문제 해결 주체	문제 해결 방식	소통 방향	고객의 자발성	주목하는 시점	임파워먼트	목적
코칭	가능성의 존재	촉진자	수평적 파트너십	고객	지원 촉진	양방향	능동적	현재 미래	높음	성장 발전
상남	치료 대상	치료자	수직적	상담가	해결책 제시	주로 단방향	수동적	과거 현재	중간	심리 치료

상담 및 심리치료

- 상담은 치료제공자와 치료소비자의 관계 → 상담가 : 전문가의 역할 수행
- 고객(환자)의 상태를 진단하고 처방할 수 있는 위치 → 상/하 수직적 관계

코칭, Coaching

코칭에서 코치는 생각을 자극하는 질문을 통해 고객 스스로 진난하게 하고 해답을 찾아가고 원하는 목표를 향해 앞으로 나아가게 하며 미래를 설계하도록 한다.

3.2.2 코칭과 멘토링

멘토링은 해당 전문분야의 경험과 식견이 풍부한 멘토(mentor)와 멘토로부터 조언을 받고 전수 받으려는 멘티(mentee)의 관계로 이루어진다.

Murray(2006)의 연구에 의하면 멘토링은 '경험과 기술이 많은 사람과 그것이 부족한 사람을 연결하여 합의된 목표를 향하여 특정 역량을 개발하는 것을 말하며, 멘토와 멘티 공동의 학습성장 및 기술을 돕기 위한 관계'라고 하였다. 또한 Lussier and Achua(2007)은 멘토링은 일종의 코칭이라고 보았다. 이처럼 멘토링은 상대(고객)의 성장과 발전을 돕는 역할을 하기 때문에 코칭과 유사한 개념을 가졌다고 볼 수 있다. 그러나 멘토와 멘티의 관계적 측면을 볼 때, 대체로 수직적이고 문제해결의 주체가 멘토의 경험과 지식에 의존한다는 점에서 코칭과 대조를 이루고 있다. 멘토의 조언은 받는 자(멘티)에게 일방적으로 전달되는 방식이고 멘티는 주로 질문을 하면 멘토가 자신의 경험과 식견을 대답해 주는 형태이므로 소통방향이 주로 멘토에서 멘티에게 향하는 단방향의 특성을 가지고 있다. 반면 코칭은 수평적 파트너십의 관계를 지향하므로 코치의 경청과 질문을 통하여 고객의 이야기를 끄집어내며, 표면적으로 드러나는 말 이외에도 내면의 가치, 의도, 열정, 감정, 신념, 목표 등을 듣게 된다. 그리고 고객의 표현을 수용할 뿐만 아니라 반영하여 돌려주는 프로세스로 전개된다. 따라서 코칭의 소통방향은 고객과 상호 협력적인 양방향이라고 볼 수 있다.

코칭과 멘토링 간의 차이

구분	상대를 보는 관점	전문가 역할	관계	문제 해결 주체	문제 해결 방식	소통 방향	고객의 자발성	주목하는 시점	임파워먼트	목적
코칭	가능성의 존재	촉진자	수평적 파트너십	고객	지원 촉진	양방향	능동적	현재 미래	높음	성장 발전
멘토링	경험, 지식 전수대상	롤모델	수직적	멘토	해결책 제시	주로 단방향	수동적	현재 미래	중간	노하우 전수

멘토링, Mentoring	Murray(2006)의 연구에 의하면 멘토링은 경험과 기술이 많은 사람과 그것이 부족한 사람을 연결하여 합의된 목표를 향하여 특정 역량을 개발하는 것을 말하며, 멘토와 멘티 공동의 학습성장 및 기술을 돕기 위한 관계
코칭, Coaching	코칭은 고객을 신뢰하고 무한한 가능성이 있는 존재로 인식하고 있으며 성장과 발전의 대상으로 보고 있으며, 열린 질문을 통해 고객 스스로 새로운 통찰과 함께 자기인식과 의식확장의 과정을 경험하게 한다.

3.2.3 코칭과 컨설팅

Kampwirth(2003)의 연구에서 컨설팅은 심의나 논의를 위하여 회의를 하는 행위를 뜻하고, 컨설턴트는 전문분야의 조언을 제공하는 사람이라고 보았다. 'Consulting'이라는 용어를 영어사전에서 살펴보면 자문, 고문, 진찰이라고 번역되어있다. 따라서 컨설팅은 컨설턴트가 전문가의 역할과 책임을 가지고 문제나 상황에 대해 정확히 분석 및 진단을 해야 하고 자신의 지식과 정보를 바탕으로 해결책을 제시하는 방식이므로 컨설턴트가 주체가 되어 주도적으로 고객을 이끌어 가야 하는 특성을 보이고 있다. 또한 상대를 보는 관점에서는 고객을 문제해결의 대상으로 보고 상 · 하 수직적 관계를 맺으며, 문제해결을 위해 자신의 해결책을 고객에게 제시하는 특성을 가지고 있다. 반면에 코칭에서는 고객을 전문가로 인식하고 있다. 코칭철학에서 고객은 무한한 가능성을 지닌 존재로 보고 있으며 코치는 고객의 잠재능력과 가능성을 발견하고 개발할 수 있도록 지원하는 역할을 하게 된다. 따라서 코칭에서는 상대를 보는 관점이 고객을 성장과 발전 가능한 존재로 인식하며, 문제의 원인과 현재 상황을 스스로 발견하도록 조력하고 지원한다. 또한 코치는 생각을 자극하는 질문을 통하여 고객이 자기 내면에 숨겨진 답을 찾아가도록 조력하거나 외부자원을 찾을 수 있도록 지원한다. 이런 대화패턴 역시 권유나 제시가 아닌 오직 질문을 통해서 고객 스스로 다양한 대안을 찾아가도록 하는 것이다.

이러한 코칭의 특성은 고객으로 하여금 주도적이고 적극적인 태도를 취하게 하며, 컨설팅의 특성과 대조적이라고 볼 수 있다.

코칭과 컨설팅 간의 차이

구분	상대를 보는 관점	전문가 역할	관계	문제 해결 주체	문제 해결 방식	소통 방향	고객의 자발성	주목 하는 시점	임파워 먼트	목적
코칭	가능성의 존재	촉진자	수평적 파트너십	고객	지원 촉진	양방향	능동적	현재 미래	높음	성장 발전
컨설팅	문제 해결 대상	해결자	수직적	컨설 턴트	해결책 제시	주로 단방향	수동적	현재 미래	중간	문제 해결

컨설팅, Consulting

Kampwirth(2003) : 컨설팅은 심의나 논의를 위하여 회의를 하는 행위를 뜻하고, 컨설턴트는 전문분야의 조언을 제공하는 사람
Consulting(영어사전) : 자문, 고문, 진찰

코칭, Coaching

코치는 생각을 자극하는 질문을 통해 고객이 자기 내면에 답을 찾을 수 있도록 조력하거나 외부자원을 찾을 수 있도록 지원한다.
고객 스스로 여러 가지 대안을 찾아가도록 하는 것

3.2.4 코칭과 티칭(Teaching)

현재 코칭은 교육 분야에서 많은 관심과 수요가 증가하면서 현장에 도입되고 있다. 경제성장과 인간의 의식수준이 향상됨에 따라 교육환경에도 큰 변화가 생겼고, 그에 따른 교육의 기대수준도 높아졌다. 암기위주의 지식습득이나 교사중심의 교육방식에서 벗어나 학생의 자율성을 근거한 자기주도학습과 성장을 목표로 코칭을 활용하고 있다. 교육계에서도 코칭은 학생 스스로 생각하게 하고 창의적 문제해결 방식은 21세기 지도방식이라고 말하고 있다(양병현, 2009). 그러나 교육분야의 선행연구들을 보면, 교사들의 코칭활용에는 현실적 어려움이 있다고 보고 있다. 그 이유는 지속적인 코칭실습이 실행되지 않으며 교육에 맞춘 코칭프로그램보다는 비즈니스에 적용하는 프로그램을 사용하거나 실제 교육현장을 제대로 반영하지 못한 내용이 많다는 지적이다(Collet,

2015; 김주리, 2017). 결론적으로 교육 분야에서 코칭을 도입하고 적용하려는 움직임은 많지만 지속적인 코칭실습과 코칭에 관한 전문교육이 제대로 실행되지 못했기 때문에 교육현장에서 교사의 티칭 행위가 코칭이라는 표현으로 오용하는 경우가 많다고 볼 수 있다.

따라서 코칭과 티칭의 차이를 정확히 이해하고 자신의 전문영역에서 실행하고 있는 행위가 코칭인지, 티칭인지를 정확히 분별하고 활용할 필요가 있다. 코칭과 티칭의 가장 큰 차이점을 꼽는다면, 직업적 행위에 대한 역할이다. 교사의 티칭 행위는 가르치고 지도하는 것이다. 그 직무의 특성은 지식을 전달하는 전달자의 역할을 가지고 있다. 그러나 코칭은 코치라는 직업을 통하여 고객이 목표를 달성하도록 지원하고 변화를 촉진시키는 조력자의 역할을 하게 된다. 다시 말하면 티칭은 '강의라는 행위'를 통해 지식을 전달하는 전달자이고, 코칭은 '경청과 질문'이라는 행위를 통해 고객의 성장을 돕는 조력자이다. 티칭은 전문가(교사)가 자신의 지식을 일방적으로 전달하여 습득하게 하지만, 코칭은 효과적인 질문을 통해 고객의 생각을 자극하고 자신이 가지고 있던 지식을 끄집어 낼 수 있게 하거나, 창의적인 생각을 하도록 돕는다. 그러므로 티칭에서는 상대를 보는 관점이 지식을 전달받고 습득해야 하는 대상으로 보고 있지만, 코칭에서는 모든 사람은 창의적이고 누구나 내면에 자신의 문제를 스스로 해결할 수 있는 자원을 가지고 있다고 보는 것이다(KCA, 2020).

코칭과 티칭 간의 차이

구분	상대를 보는 관점	전문가 역할	관계	문제 해결 주체	문제 해결 방식	소통 방향	고객의 자발성	주목하는 시점	임파워먼트	목적
코칭	가능성의 존재	촉진자	수평적 파트너십	고객	지원 촉진	양방향	능동적	현재 미래	높음	성장 발전
티칭	지식 전달 대상	전달자	수직적	교육자	해결책 제시	주로 단방향	수동적	현재 미래	중간	지식 전수

교육, Teaching	직업적 행위에 대한 역할, 교사라는 직업을 통해 지식을 전달하는 전달자의 역할 • 강의라는 행위 → 지식전달
코칭, Coaching	코치라는 직업을 통해 고객의 목표달성이나 변화를 촉진시키는 조력자의 역할 • 경청과 질문이라는 행위 → 성장을 돕는 조력자

3.2.5 코칭과 트레이닝

트레이닝(training)의 어원이 기차(train)에서 유래되었듯이 트레이닝의 본질적 속성은 '출발지점에서 목표지점까지 향해 가는 것'이라고 볼 수 있다. 그 의미는 코칭의 속성과 유사하지만 목적지까지 나아가는 진행방식이나 주체, 목적, 상호관계 등에서 차이를 보이고 있다.

미쉘모랄과 피에르앙젤은 그들의 저서 '코칭'에서 코칭과 트레이닝의 차이를 등반과 비유해서 다음과 같이 설명하고 있다.

> 트레이닝(훈련)은 '밀어주다, 오르도록 독려한다'는 의미를 갖는 'push' 유형의 접근방식인 반면에 코칭은 '이끌어 주다, 오르고 싶은 욕구를 불러일으킨다'라는 의미에서 'pull' 유형의 접근방식이라고 할 수 있다. 코치는 고객이 가지고 있는 선천적인 자질을 인식하게 하고 개발하도록 하는 반면, 트레이닝은 부족한 점을 보충하기 위해 새로운 지식수준을 가르치거나 지식을 높일 수 있도록 한다.
>
> 미쉘모랄 and 피에르앙젤, 2014, 눈출판사

코칭과 트레이닝의 주목할 만한 차이점은 상호관계이다. 트레이닝은 그 분야의 전문가인 트레이너가 주체가 되는데, 트레이너들은 대부분 그 분야에서 실제 활동했던 경력을 가지고 있다. 또한 본인의 경험과 노하우가 역량으로 발휘되어 자신의 지식과 기술을 가르치고 전수하여 육성하는 시스템이다. 따라서 트레이너와 고객 간의 관계는 스승과 제자의 성격을 띠는 것이 특징이며,

상 · 하 수직적인 관계가 형성된다. 반면에 코칭은 고객의 전문분야와는 아무 연관이 없기 때문에 고객이 전문가가 된다. 코치는 오직 고객에게 집중하여 유익이 되는 질문을 하고, 질문을 받은 고객은 자신의 내부 및 외부자원을 탐색하여 성장과 변화를 경험하게 된다. 자신의 경험과 노하우를 전수하는 트레이닝과 반대로 코칭은 해결책을 제시하지도 않으며, 오직 생각을 자극하는 질문을 통하여 고객 스스로 답을 찾아갈 수 있도록 지원하는 역할을 한다.

따라서 코칭대화의 소통방향은 언제나 양방향으로 진행되며, 코칭의 과정에서 고객은 미래긍정적 사고와 자발성이 촉진되어 자신의 목표를 향해 적극적인 태도를 취하게 된다. 이렇듯 코칭의 특성은 코치와 고객과의 관계가 수평적 파트너십의 관계임을 잘 보여 주고 있으며, 트레이닝과의 대조를 이룬다고 볼 수 있다.

코칭과 트레이닝 간의 차이

구분	상대를 보는 관점	전문가 역할	관계	문제 해결 주체	문제 해결 방식	소통 방향	고객의 자발성	주목하는 시점	임파워먼트	목적
코칭	가능성의 존재	촉진자	수평적 파트너십	고객	지원 촉진	양방향	능동적	현재 미래	높음	성장 발전
트레이닝	지식, 기술 전수대상	전수자	수직적	트레이너	해결책 제시	주로 단방향	수동적	현재	중간	지식, 기술 전수

핵심내용 정리하기

1. 학자들에 의해 정의된 코칭은 어떠한 관점들로 구성되었는가?

2. 학습한 내용을 토대로 각자 자신만의 코칭을 정의해 보라.

3. 코칭은 인접한 전문영역 간의 차이를 설명하라.

4. 코칭이 가지고 있는 특성을 정의하라.

제4장

코칭의 구조와 기능

4.1 코칭의 구조

어떤 대상을 연구할 때, 그 대상은 어떤 구성요소로 이루어졌고 그 요소들은 어떤 역할과 기능을 하는가에 초점을 두게 된다. 그리고 각각의 세부적인 요소들은 하나하나 짜임새 있게 전체를 이루게 되고, 그것을 '구조(structure)'라고 한다.

가령 척주(vertebral column)의 개념을 이해하거나 혹은 연구할 때, 구조와 기능을 살펴보는 것이 가장 기본이며 핵심이라고 할 수 있다. 척주는 신체 몸통의 종축을 이루는 뼈와 연골의 기둥으로서 목뼈부터 꼬리뼈까지 26개의 개별 뼈로 구성된다.

그림에서 볼 수 있듯이 척주는 다양한 척추뼈들로 구조화 되어 있으며, 각각의 척추뼈는 고유한 역할과 기능이 서로 맞물려 전체의 척주를 구성하고 있는 것이다. 이처럼 어떤 개념을 이해하기 위해선 그 구조와 기능을 살펴보는 것은 대단히 중요하다고 볼 수 있다.

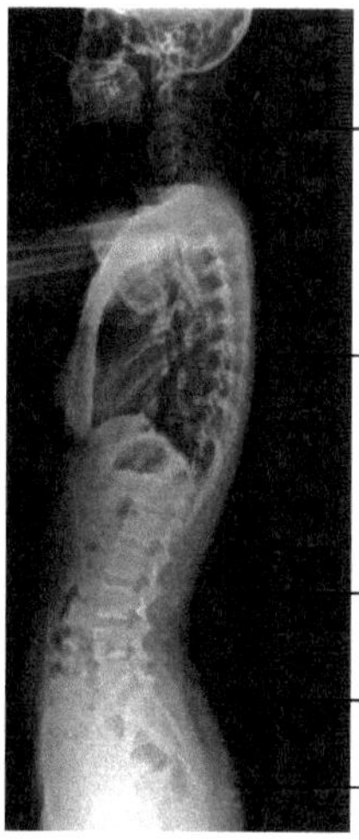

척주의 구조

그러나 코칭은 척주와 같이 생물학적 또는 물리적으로 존재하는 개념이 아니기 때문에 해부학적인 기준으로 구조화 할 순 없다. 그렇다면 코칭의 구조와 기능이란 무엇을 의미하며, 코칭의 구조는 어떻게 구성되는가?

코칭은 앞서 '코칭의 역사'에서 언급했듯이 고객의 성장과 변화를 돕고 고객이 진정 원하는 목표를 달성하도록 지원하는 행위를 말한다. 여기서 '코칭의 행위'라 함은 질문과 경청, 피드백 등의 커뮤니케이션 역량을 통해 고객의 발전을 도모하는 대화를 의미한다. 한마디로 요약하자면, 코칭은 고객에게 유익을 가져 다 주는 대화이다. 그리고 고객에게 최고의 유익을 줄 수 있는 대화는 코칭의 효과성을 증진시키고 고객의 만족을 가져 다 주는 결과로 연결된다. 따라서 효과적인 코칭을 위해선 잘 짜여진 대화패턴으로 고객과 소통해야 하며, 그러한 대화방식을 '코칭대화'라고 한다. 코칭대화는 효과적인 코칭을 위해 규칙적이고 단계적인 절차에 의해 이루어 지고 있다. 예를 들면 고객의 목표를 명확히 하는 것과 목표를 달성하기 위한 대안을 탐색하는 것, 대안에 대한 실행계획을 수립하는 것, 그리고 의지적 실천 및 실행에 대한 책임을 고취시키는 것

등을 모색하는데 일련의 프로세스가 있는 대화기술이 필요한 것이다. 따라서 코칭은 프로세스가 있는 대화이며, 구조화된 프로세스에 의해 고객의 유익을 도모하게 된다.

일반적으로 코칭대화 프로세스는 세 가지의 타입으로 구분할 수 있다.

1. 구조학적 대화
   - 정해진 순서에 따라 대화를 이끌어 가는 방식
   - 대표적인 모델 : GROW 모델
2. 비 구조화적 대화
   - 정해진 순서에 구애 받지 않고 상황에 맞게 대화하는 방식
   - 코치의 직관에 따라 유연하게 대처
3. 반 구조화적 대화
   - 정해진 순서에 따라 진행하되 부분적으로 변화를 주는 대화 방식

효과적인 코칭을 위해선 고객과의 대화패턴은 논리 정연한 순서에 맞게 진행되어야 한다. 물론 정해진 규칙과 패턴으로만 해야 되는 것은 아니다. 코치는 고객에게 온전히 집중하고 자신감 있는 태도로 고객의 존재와 연결되어야 하는데, 고객의 상황과 맥락에 따라 춤을 추듯이 유연하게 반응하게 된다. 이때 코치는 자신의 직관에 따라 고객에게 최고의 유익을 주도록 코칭대화 프로세스를 초월할 수 있는 유연성을 발휘해야 한다. 이는 고객의 특성과 상황에 따라 코칭대화의 순서를 바꾸거나 생략할 수 있는데, 이를 '비 구조화적 프로세스'라고 한다. 코치가 되는 교육과 훈련 과정에서는 잘 짜여진 구조화된 코칭대화를 활용하고 있으며, 코치로서의 다양한 경험과 역량을 발휘할 수 있다면 고객의 상황이나 이슈에 따라 유연하게 대화를 이끌어 가는 것이 효율적이다.

일반적인 코칭대화의 구조는 다음과 같다.

첫째, 코칭준비 단계이다. 코칭준비 단계는 고객과의 만남이 이루어지는 시점으로 본격적인 대화에 앞서 워밍업 수준의 단계라고 할 수 있다.

둘째, 목표설정 단계이다. 이 단계는 실제 코칭대화의 본격적인 단계라고 할 수 있으며 현 시점에서 코칭대화를 하기 위해 주제 선정이나 고객의 목표를 확인하는 단계이다.

셋째, 현실점검 단계이다. 이 단계는 고객의 현재상황을 면밀히 파악하고 장애물 또는 방해요인을 탐색하는 대화를 하게 된다.

넷째, 대안탐색 단계이다. 이 단계는 목표달성을 위해 아이디어 또는 다양한 대안을 탐색하는 단계로서 실현 가능한 대안들을 모색하는 대화에 초점을 맞추고 있다.

다섯째, 실행계획 단계이다. 도출된 대안에 관한 구체적이고 세부적인 사항을 계획하는 단계이다.

여섯째, 종결 단계이다. 코칭대화의 전 과정에서 최종 합의된 내용에 대해 확인하는 작업과 고객의 의지를 고취시켜 목표를 달성하도록 격려하는 대화에 초점을 맞추고 있다.

구조화적 대화의 프로세스(코칭의 구조와 기능)

	구조	기능	순서
코칭대화	코칭준비	코칭윤리 준수, 라포형성, 신뢰감 있는 분위기 조성	↓
	목표설정	고객의 목표 확인, 주제 선정	
	현실점검	현재상황 파악, 장애물 확인	
	대안탐색	전략탐색, 아이디어	
	실행계획	세부사항, 구체적인 계획 도출	
	종결	합의된 내용에 관한 확인, 칭찬과 격려, 의지 고취	

이처럼 코칭은 프로세스가 있는 대화로서 6 단계의 구조로 이루어지며, 코칭준비 단계부터 종결단계까지 논리 정연한 패턴에 의해 대화가 이루어진다.

4.2 코칭구조의 기능

앞서 살펴 본 바와 같이 코칭은 논리 정연한 구조를 가진 프로세스가 있는 대화이다. 6 단계의 코칭 구조는 고객의 미래와 성장에 초점을 두고 자연스럽게 연결되며, 각각의 구조는 잘 짜여진 전체를 이루게 된다. 그리고 각 개별구조는 저마다의 특징과 기능을 가지고 있는데, 코치는 고객의 유익을 위해 각 개별구조에서 초점을 두어야 하는 이슈와 목적을 대화를 통해 구현해야 한다. 또한 개별구조마다 초점을 두어야 할 목적과 대상이 다르기 때문에 대화의 내용이 다를 뿐 아니라, 고유한 역할과 작용에도 차이가 있다고 볼 수 있다.

따라서 코칭대화의 개별구조마다 고유한 역할과 쓰임을 온전히 이해하는 것은 고객과의 효과적인 대화로 연결되는 것이며, 결과적으로 코칭의 효과성 증진과 고객 만족의 결과로 이어질 것이다.

4.2.1 코칭준비 단계의 기능

코칭대화의 첫 번째는 코칭준비 단계이다. 고객과의 만남과 함께 처음 시작되는 시점으로서 워밍업 단계를 의미한다. 코칭대화에 앞서 워밍업을 해야 하는 이유는 고객의 긴장감을 낮추고 편안한 상태를 유지시켜 주는 것과 코치와 고객 간의 라포를 형성하기 위함이다. 또한 이 단계에서는 고객의 열정을 불러일으킬 수 있는 분위기를 형성하는 것이 매우 중요하다. 워밍업을 통해 고객의 상태를 최상으로 끌어 올리고 좋은(nice)상태로 코칭대화를 임할 수 있도록 지원하는 것이다. 이러한 워밍업 단계를 거치면 고객의 자발성이 촉진되고 보다 주도적이며 열정적인 태도를 취하게 되는 것이다. 이는 코치의 질문에 적극적인 반응으로 연결될 것이며, 결국 효과적인 코칭을 경험하는데 기여하게 되는 것이다.

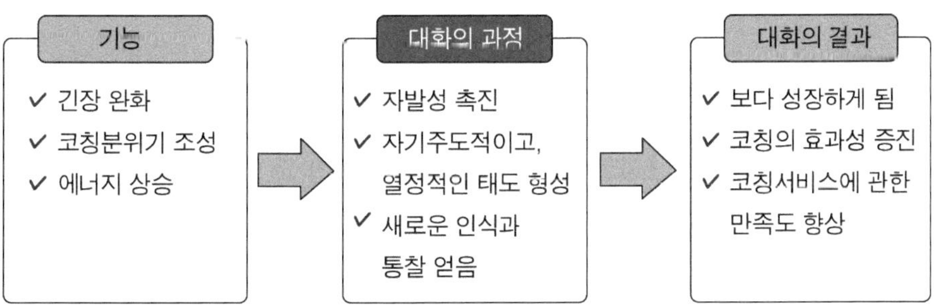

코칭준비 단계의 기능과 작용

코칭준비 단계에서 주목해야 할 점은 고객과의 첫 만남이다. 면접에서 중요하게 다뤄지는 체크포인트 중 하나는 첫인상일 것이다. 면접자의 첫인상이 합격여부를 결정짓는 중요한 요소이기 때문이다. 첫인상으로 사람의 능력과 자질을 평가할 순 없겠지만 그 사람의 됨됨이나 태도, 가치관, 생활방식 등을 반영하기 때문에 매우 중요한 것이다. 마찬가지로 코칭에서 코치는 고객과의 첫 만남이 바로 면접에서의 첫인상에서 얻는 점수로 비유할 수 있다.

코치는 고객에게 안정감과 신뢰감을 줄 수 있어야 하며, 그러기 위해선 정교하고 전문성 있는 코칭대화가 필요하다. 고객 중심의 코칭역량을 함양하고 고객과의 소통과정에서 자연스럽게 표현될 수 있어야 한다. 상대를 중심에 두는 대화와 태도를 보이는 것과, 존중의 언어를 사용함으로서 고객으로부터 신뢰감을 줄 수 있어야 한다. 또한 호기심 있는 태도로 고객의 말과 반응에 온전히 집중하고 경청하는 모습을 보이는 것이 매우 중요하다고 볼 수 있다.

또한 코칭준비 단계에서의 중요한 기능 중 하나는, 에너지 상승이다. 고객의 에너지를 올려 준다는 것은 코칭대화를 본격적으로 시행함에 앞서 보다 강력한 동기를 부여하고 열정을 불러일으키는 것이다. 고객의 상태를 최상으로 끌어올리고 기분을 상승시켜 주는 것은 호기심을 자극하고 코칭에 보다 적극적은 참여로 초대할 수 있는 것이다. 따라서 코칭준비 단계에서의 코치는 존중과 긍정의 언어를 사용하여 고객에게 자신감을 불어 넣어주며 도전할 수 있도록 지원해야 한다.

마지막으로 고객과의 첫 만남이라면 코칭윤리가 반드시 준수 되어야 한다. 코칭윤리를 준수한다는 것은 코치협회에서 제시한 윤리규정 및 윤리강령에 대해 일치하는 코칭행위를 보여주며, 코치의 일관된 행동을 유지하는 것을 의미한다. 다음은 (사)한국코치협회에서 명시한 윤리규정 중 일부이다.

제3장 직무에 대한 윤리

제6조(성실의무)

1. 코치는 고객에게 항상 친절하고 최선을 다하며 성실하여야 합니다.
2. 코치는 자신의 능력, 기술, 경험을 정확하게 인식합니다.
3. 코치는 업무에 지장을 주는 개인적인 문제를 인식하도록 노력합니다. 필요할 경우 코칭의 일시 중단 또는 종료가 적절할지 등을 결정하고 고객과 협의합니다.
4. 코치는 고객의 모든 결정을 존중합니다.

제7조(시작 전 확인)

1. 코치는 최초의 세션 이전에 코칭의 본질, 비밀을 지킬 의무의 범위, 지불 조건 및 그 외의 코칭계약 조건을 이해하도록 설명합니다.
2. 코치는 고객이 어느 시점에서도 코칭을 종료할 수 있는 권리가 있음을 알립니다.

제4장 고객에 대한 윤리

제9조(비밀의 의무)

1. 코치는 법이 요구하는 경우를 제외하고 고객의 정보에 대한 비밀을 지킵니다.
2. 코치는 고객의 이름이나 그 외의 고객 특정 정보에 대한 비밀을 지킵니다.
3. 코치는 보수를 지불하는 사람에게 고객 정보를 전하기 전에 고객의 동의를 얻습니다.
4. 고치는 코칭의 실시에 관한 모든 작업 기록을 정확하게 작성, 보존, 보관, 파기합니다.

출처 : (사)한국코치협회 윤리규정 일부

4.2.2 목표설정 단계의 기능

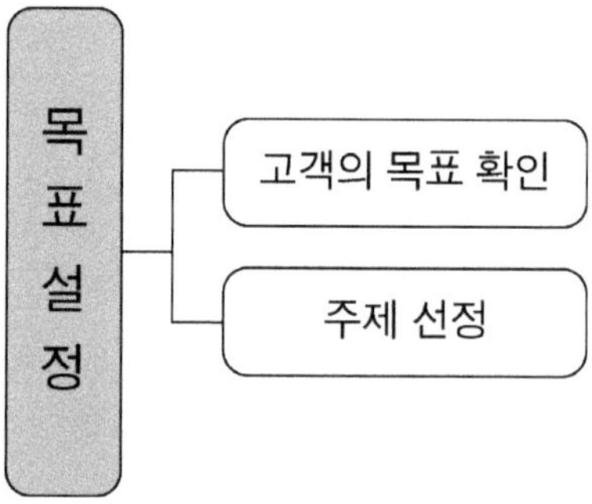

목표설정 단계에서의 기능과 역할

고객의 워밍업이 끝나면 본격적인 코칭 대화가 시작된다. 목표설정 단계는 코칭의 목적을 실현하는 첫 단추이다. 코칭의 목적은 고객이 원하는 목표를 이루기 위함이며 그것을 달성하기 위한 도구가 코칭인 것이다. 고객이 진정 원하는 것을 발견하도록 돕고, 목표를 명확히 하는 것은 코칭의 전체흐름을 자연스럽게 연결하고 고객에게 최고의 유익을 가져 다 주는 것이다. 따라서 목표설정 단계에서의 기능과 역할은 주제선정과 고객의 목표를 확인하는 것이다.

고객에게 가장 유익이 되는 코칭은 고객이 진정 원하는 결과를 얻도록 지원하는 것이다. 원하는 결과를 얻기 위해서 반드시 선행되어야 하는 것이 원하는 목표를 설정하는 것이다. 목표 없이 결과를 얻을 수 없고, 주제 없이 대안을 탐색할 수 없는 것이다. 따라서 올바른 코칭관계가 형성되고 효과적인 코칭이 이루어지기 위해선 올바른 목표가 설정되어야 한다. 이 단계에서 코칭의 고객의 목표가 확인되고 주제가 선정되고, 코치와 고객 간의 합의가 이루어지면 세부계획들을 위한 다음 단계로 연결된다. 목표설정은 원하는 결과를 얻기 위한 선행요소이며 본격적인 대안탐색이나 실행계획을 설정하는데 있어서 전체의 구조 및 방향을 설정하는데 중요한 역할을 하게 된다. 이에 보다 명확한 목표가 설정되어야 하고, 올바른 주제가 선정되도록 지원하는 것이 매우 중요하다. 따라서 코치의 역할과 존재감은 고객의 유익과 효과적인 코칭을 위해 중요하다고 볼 수 있다. 고객이 나누고 싶은 주제가 진정 원하는 것인지 분별할 수 있어야 한다. 코치는 자신의 직관과 인식을 바탕으로 고객이 말한 것 이면에 무엇인가 더 있다고 판단될 때, 이것을 인식하고 검토해야 한다. 질문을 통해 고객이 스스로 자신의 내면을 통찰하고 자신이 원하는 것을 발견하도록 지원해야 한다. 따라서 주제선정은 고객의 환경, 경험, 정체성, 가치, 신념 등의 맥락 안에서 고객을 이해하고 모든 정보를 통합하여 고객이 원하는 것을 발견하도록 지원하야 한다.

코칭대화의 주제가 선정되면 고객의 목표를 검토하는 과정이 필요하다. 일반적으로 '주제'라고 하는 것은 범위가 넓고 애매모호한 경우가 많다. 가령 '건강'에 대한 주제를 선정했다고 할 때, 보다 구체적이고 명료한 목표가 선정되어야 한다. '건강'이라는 개념을 명확히 하는 것과 고객이 원하는 건강의 상태가 무엇인지 확인하고 합의를 도출할 수 있어야 한다. 고객이 진정 원하는 목표(goal)를 찾기 위해선 눈에 보이지 않는 것에도 초점을 맞춰야 한다. 하고 싶은 것, 당장 해결해야 할 과제, 갖고 싶은 것, 등에 관한 현실적인 문제를 뛰어 넘어 보이지 않는 것까지 고려해야 한다. 눈에 보이지 않는 것은 보다 본질적인 속성을 지니고 있으며 내면적이라고 할 수 있다. 대부분의 사람들이 '툭'하고 떠오르는 생각들을 정리하면 비본질적인 것이나 외적인 것을 추구한다는 것을 알게 된다. 그러나 고객에게 가장 유익이 되는 코칭은 고객의 내면 속에 감추어진 욕구나 존재를 발견하고 존재를 중심에 두는 목표를 발견하는 것이 중요하다. 존재(being)는 내면적이며, 본질적인 속성을 가지고 있는데 내가 중요하게 여기는 것이 무엇이며 어떤 것을 원하는지, 왜 그러한 행동을 해야 하는지에 대해 이유를 발견하는 것이다. 코치는 목표설정 단계에서 고객의 존재에 초점을 맞추고 고객의 의식확장과 자기내면을 통찰할 수 있도록 지원해야 하고, 자기가 무엇을 중요하게 여기는지 혹은 그것에 의미를 발견하여 강력한 동기부여를 촉진시킬 수 있어야 한다.

4.2.3 현실점검 단계의 기능

현대의학의 발전으로 암(종양)은 과거에 비해 획기적으로 치료되고 있으며, 각종 보건통계에 의하면 암환자의 생존율도 크게 증가된 것을 볼 수 있다. 이렇게 암 치료에 대한 과정과 결과가 향상된 이유는 다양한데, 그 중 건강검진을 꼽을 수 있다. 특별히 질병이 없어도 주기적으로 건강검진을 통해 자신의 인체 내부의 상태를 점검하여 질병을 손쉽게 치료할 뿐만 아니라 철저한 예방과 생활습관을 개선하는데 도움을 주게 된다. 또한 건강검진을 통해 암의 조기 진단이 가능해졌고, 조기에 치료할 수 있기 때문에 효과적인 암 치료가 이루어지고 있는 것이다.

이와 같은 원리로 현실점검 단계에서는 고객의 현재상황을 정확히 파악하고 자신의 상태를 점검하게 된다. 현재상황을 파악해야 하는 이유는 목표를 효율적으로 달성하기 위함이며, 실제 실행계획에 대한 현실적인 어려움을 예방하기 위함이다. 건강상태를 미리 점검하여 질병에 대해 대비하는 것처럼, 현실점검 단계에서도 자신의 현재 상황이나 상태를 점검하여 현실적인 장애물이나 어려움을 발견하고 그것을 뛰어 넘는 대안을 계획함으로서 목표를 효과적으로 달성하는데 기여하게 된다.

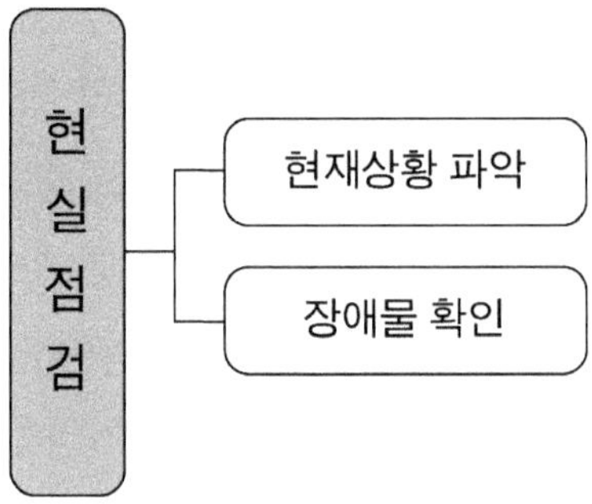

현실점검 단계에서의 기능과 역할

현실점검 단계에서 다루어지는 구체적인 사항

현실 점검	고객의 성장을 가로막는 장애물 확인
	현재 직면하고 있는 문제점, 어려움, 환경적 요소 발견
	현새 사신의 상태, 위치, 수준, 단계 확인
	제한된 신념의 발견

4.2.4 대안탐색 단계의 기능

대안탐색 단계는 목표달성을 위해 새로운 대안을 탐색하는 대화에 초점을 맞추고 있다. 현재에서 미래로 나아가도록 변화와 도전을 위한 아이디어를 도출하고 합의하는 과정으로 이해할 수 있다.

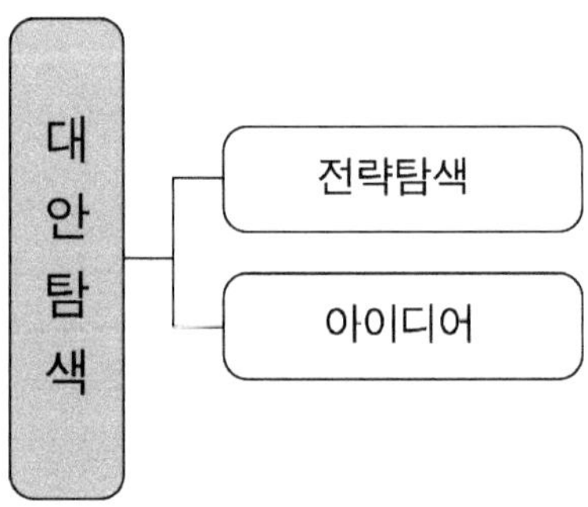

대안탐색 단계에서의 기능과 역할

대안을 탐색할 때에는 두 가지 측면을 고려해야 한다.

1. 현실점검에서 파악한 장애물, 어려움, 환경적 요소 등을 극복할 전략탐색
2. 목표달성을 위해 새롭게 시도하고 싶은 대안

첫 번째 요소는 현실점검 단계에서 대화 중 발견하게 된, 다양한 현실적 어려움들을 극복할 대안을 찾아내는 것이다. 장애물이 있다면 제거해야 되고, 극복해야 하거나 환경적 요인을 바꾸기 위한 상태로 변화시킬 수 있도록 전략을 탐색하게 한다. 코칭철학에서는 사람은 무한한 가능성이 있는 존재로 보고 있기 때문에 자기 스스로 문제를 해결할 답도 찾아가도록 지원하고 앞으로 나아가도록 파트너십의 관계를 유지하면 되는 것이다. 코치는 이 단계에서 고객 내부의 무한한 가능성을 극대화 할 수 있도록 지원해야 하는데, 고객 내부에 잠재되어 있는 자원을 발견하고 새로운 대안으로 개발하도록 격려하는 것이 필요하다.

고객 내부에 잠재되어 있는 자원이라는 것은 강점, 고유한 경험, 지식, 탁월성, 가치, 관계(인적자원) 등을 말한다. 이러한 자원들을 의식할 수 있도록 지원하고 발견한 자원을 현재 상황과 미래의 목표를 종합적으로 고려하여 효과적으로 활용할 수 있도록 해야 한다.

두 번째 요소는 목표를 달성하기 위한 새롭게 시도하고 싶은 대안을 의미한다. 현실적 어려움이나 장애물을 제거하는 것만으론 목표에 이르기 어려움이 있다. 현실의 문제를 극복할 대안이 만들어졌다면, 적극적으로 행동할 새로운 도전이 필요할 것이다. 첫 번째 요소는 현재에 중점을 두었다면, 두 번째 요소는 미래에 초점을 맞춘다고 할 수 있다.

예시) 1) 어떤 방법을 통해 목표를 달성할 수 있을까요?
2) 말씀하신 목표를 위해선 어떤 전략이 필요할까요?
3) 환경적 요인을 개선하기 위해서 어떤 방법이 있을까요?
4) 또 다른 방안을 찾아본다면요?

대안탐색 단계에서의 코칭 질문

대안탐색 단계에서의 역할은 다양한 대안을 모색하는 것이다. 코치는 열린 질문을 통해 고객의 생각을 끊임없이 자극해야 하고, 가능성을 극대화 시킬 수 있어야 한다. (예시 4번)

4.2.5 실행계획 단계의 기능

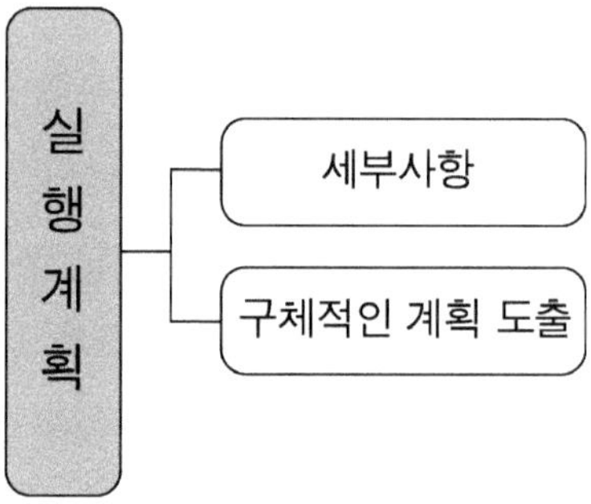

실행계획 단계에서의 기능과 역할

실행계획 단계에서는 대안탐색 과정에서 최종 도출된 대안과 아이디어를 가지고 세부적인 행동계획을 수립하는 것이다.

현실점검 단계 및 대안탐색 단계에서 도출된 정보와 고객이 설정한 목표를 통합하여 효과적인 목표달성을 위해 구체적이고 세부적인 실행계획을 수립해야 한다. 실행계획을 수립할 때에는 합의한 대안에 대해 구체적인 세부계획을 수립하도록 지원해야 하며, 수립된 계획을 어떻게 실행할 것인지에 관한 방법론적 접근, 그리고 실행계획을 자신의 삶에서 실제 실현하고 있는지 모니터링 하는 방법까지 고안해야 한다. 끝으로 합의된 내용들에 대해 고객 스스로 책임 있는 태도로 행동할 수 있도록 합의가 이루어져야 한다.

실행계획 단계에서 주의해야 할 사항은 실행계획이 실현 가능한지 점검해야 한다. 목표달성에 대한 강한 의지는 현실감 떨어지는 계획을 세울 수 있기 때문인데, 대개는 실제 실행과정에서 현실에 직면하여 실패를 경험하게 된다. 따라서 코치는 현실 가능하고 비교적 실천 가능한 행동인지 고객이 판단할 수 있게끔 소통해야 한다. 앞서 현실점검 단계에서 수집한 정보를 토대로 현실에 대한 실천여부를 체크하는 것이 중요할 것이다. 주의 점 두 번째는 실행에 대한 방해요인을 탐색하는 과정이 필요하다. 마찬가지로 앞서 현실점검 단계에서 다양한 장애물을 탐색했겠지만, 새로운 대안과 실행계획을 수립하는 과정에서 예상치 못한 장애물이 있을 수 있다. 따라서 고객이 능동적인 행동을 실천하는 과정에서 어려움 없이 수행할 수 있는지 자신의 삶을 다시 점검하도록 하는 것이 중요하다.

마지막으로 다양한 실행계획 중에서 우선순위를 고려하는 것이 필요하다. 비교적 실행하기 쉬운 것, 또는 자신감을 보이는 실행계획을 가장 먼저 실행에 옮길 수 있도록 조율하는 것이다. 작은 성공경험을 맛보게 하는 것은 고객의 자신감을 향상시키고 목표달성에 대한 열정을 불러일으키는 긍정적 효과를 가져 올 것이다.

실행계획 단계에서의 코칭 대화

	대화 초점	주의 점
실행계획 단계	1. 합의된 대안에 관한 구체적인 계획 2. 세부사항 도출 3. 수립된 계획에 대한 방법론 4. 실행 모니터링 및 책임	1. 실현 가능한 계획 수립 2. 실행에 관한 방해요인 체크 3. 우선순위 선정 : 비교적 실행하기 쉬운 것부터

4.2.6 종결 단계의 기능

종결단계는 코칭대화의 마무리 단계로서 대화 내용의 최종 검토와 격려를 통해 행동의지를 고취시키는 대화에 중점을 두어야 한다. 종결단계에서 중요하게 다루어져야 할 대화 내용은 다음과 같다.

종결단계에서의 대화 초점

	대화 초점	이점(유익)
종결 단계	실행계획 검토 및 책임	수정 및 보완
	칭찬과 격려 진전에 대한 축하	심리적 임파워링, 동기부여 상승
	코칭대화에 대한 소감	코칭을 통한 새로운 발견
	다짐 및 각오	신념 강화, 열정과 의지 고취 믿음에 대한 행동 촉구
	다음 세션 예약	-

종결단계에서의 대화는 앞서 코칭의 구조적 대화에서 최종 합의된 내용에 대해 확인하는 과정과 학습을 통해 통찰된 모든 아이디어, 수집된 정보, 수립한 실행계획에 대해 간략하게 정리하고 최종적으로 검토하는 것에 초점을 맞

추게 된다. 종결단계에서 최종 검토하면서 수정할 부분이나 보완해야 할 부분이 있는지 체크하는 과정이라고 볼 수 있다.

다음은 자신의 성장을 위해 열정을 보이고 새로운 발견과 학습에 대해 칭찬과 격려를 하고, 진전을 진심으로 축하하는 대화가 이루어진다. 고객과 함께 파트너십의 관계 안에서 '코칭 합의'를 토대로 고객이 자신감과 기대를 가지고 앞으로 전진하도록 격려하는 것이다. 이는 코칭을 통해 새롭게 변한 자신 즉 새로운 마음, 새로운 관점, 새로운 자원, 새로운 의식으로 목표를 향해 달려 나가고 도전과 열정으로 가득찬 고객을 위해 아낌없는 칭찬과 격려를 보내야 한다.

다음은 고객의 다짐이나 각오를 표현하도록 격려해야 한다. 다짐이나 각오는 자기신념을 강화하는데 도움을 줄 수 있기 때문에 고객의 실행의지를 높이는데 기여할 수 있다. 신념은 '굳게 믿는 마음'으로 해석되는데, 신념이 강화된다는 것은 실행의지에 대해 강력한 마음을 품는 것으로 연결되는 것이다. 이는 자기자신이 새롭게 변화할 주체이며, 변화하고 성장할 수 있다는 믿음을 가지게 된다. 어떤 행위에 대해 자신이 옳다고 굳게 믿는다면 충분한 능력을 발휘하게 되고, 자신이 믿고 있는 그대로 행동으로 실천하게 되는 것이다. 따라서 목표달성과 행동의 변화를 촉진시키기 위해 신념(믿음)을 가질 수 있도록 지원하는 것은 매우 중요하다.

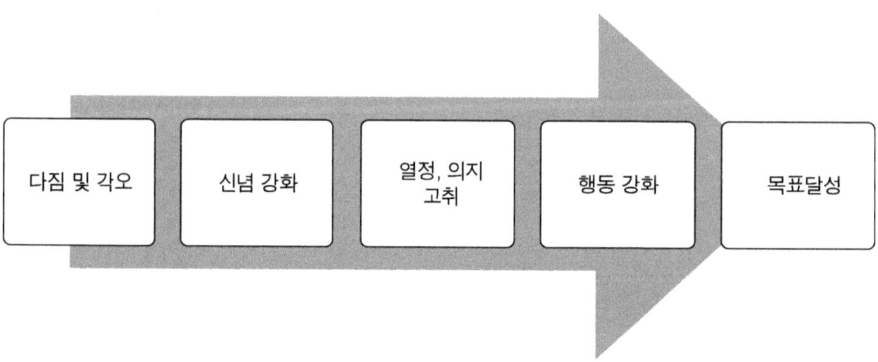

다짐 및 각오가 목표달성에 미치는 영향

핵심내용 정리하기

1. 코칭의 구조는 어떻게 이루어지는가?

2. 코칭의 구조가 잘 짜여져야 하는 이유를 설명하라.

3. 구조적 대화의 프로세스를 나열하고 설명하라.

4. 코칭대화의 단계별 순환구조와 기능을 설명하라.

PART

2

인간 이해

제5장

인간을 바라보는 관점

5.1 인간 본성에 관한 견해

인간 본성(human nature)에 관한 견해는 고대로부터 주창되고 다양한 관점으로 해석되어 왔다. 인간의 본성은 학자들은 'human nature' 또는 nature of man'이라 말해 왔고, 중국의 고전학자들은 '성(性)'이라는 개념으로 바라보고 있다. 'nature'라는 용어의 어원은 라틴어 'natura'에서 파생했는데, 'natura'의 뜻은 '자연, 본성'으로 해석되며 어근 'nati-'는 출생, 태어나다 라는 의미를 가지고 있다. 종합해보면 인간의 본성이라는 것은 태어날 때부터 지닌 타고난 속성이라고 해석할 수 있다. 다시 말해 후천적으로 또는 사회적으로 학습되어 형성된 자아가 아닌, 본래적 속성이라고 할 수 있다.

5.1.1 성선설(性善說: Goodness Theory)

성선설은 맹자(孟子)에 의해 처음 제기되었는데, 인의예지(仁義禮智)의 사단(四端)은 천성으로부터 발생하기 때문에 인간의 본성이 선하다는 것이다. 이

때문에 인간의 본성은 짐승과 달리 선하다고 주장한다. 서양에서는 소수의 철학자와 교육자에 의해 언급되었는데, 스토아 학파는 인성, 물성의 자연에 근거하여 공동의 이성 법칙을 찾았다고 주장하며 자연의 이성 법칙에 따라서 행하는 것을 지선(至善)한 행위라고 생각하였다.

이러한 관점은 시세로(Ciecero, B.C. 106~43)와 세네카(Ceneca, B.C. 4~A.D.65)에서부터 루소에게까지 영향을 미쳤다. 루소는 사랑의 교육관을 담은 'Emile(에밀)'에서 인간은 순진하고 티 없이 착한 인품을 가지고 태어나지만 사회제도와 문명의 영향으로 오염된 학습을 함으로서 악한 성향을 지니게 된다고 생각하였다. 루소는 "자연이 만든 사물은 모두가 선하지만 일단 인위(人爲)를 거치면 악으로 변한다."고 하였다. 피히테(Fichte, 1762~1814), 프뢰벨(Fr bel, 1782~1852) 역시 인간을 성선의 관점으로 보았다.

성선설은 이후 인간의 존엄성을 기초로 한 인본주의 심리학의 인간관에 영향을 미치게 되고, 경영학 부문에서 강조되는 이론인 맥그리거(McGregor)의 X, Y이론 중 Y인간관과 리더행동이론의 배려형(consideration) 및 구조주도형(initiating structure)중에서 배려적 리더 행동의 기초가 되었다.

5.1.2 성악설(性惡說: Badness Theory)

성악설은 동양의 순자(荀子: BC, 3세기경)와 서양 그리스의 Platon(BC 5세기경)에 의해 주창되었는데, 인간은 태어날 때부터 악한 충동이나 욕망, 공격성을 지닌 악한 존재로 보는 관점이다. 플라톤은 인간을 육체와 영혼으로 구분하며, 영혼은 순결하고 선한데 비해, 육체는 악하며 충동적인 욕망에 가득 차 있다고 보았다. 즉, 착한 영혼이 육체를 지배하면 선하게 될 수 있지만 현실적으로 육체는 인간을 지배하므로 인간은 악행을 저지르게 된다고 생각하였다. 따라서 인간의 성품은 선천적으로 악하지만 선한 행동을 통해 후천적으로 변화 될 수 있다고 믿는다. 중국의 성악설은 성선설 뒤에 주장되었지만 서양에서는 성악설이 주장된 후 성선의 관점이 대두되었다. 기독교의 원죄는 인간 본성이 악하다는 관점인데, 태어날 때부터 죄성을 지니고 있다고 하였다. 중세의 아우구스티누스(Augustinus, 354~430) 이래 논자들은 인간의 본성은 악하다라는 관점을 가지고 있었다. 마키아벨리(Marchiavelli, 1447~1527)는 당시 이탈리아의 사회적 부패를 경험하고 인간의 본성이 악하다고 판단하였고, 홉스(Hobbes, T.588~1679)는 자연상태를 "만인의 만인에 대한 투쟁 상태"라 가상하여 인간의 본성이 악하다고 추론하였으며 쇼펜하우어(Schopenhauer, 1788~1860) 역시 죄악이 인간의 본성 가운데 뿌리 깊게 내려 있기 때문에 제거할 방법이 없다고 주장하였다.

성악설은 유럽 중세교회처럼 인간교화를 주창하는 사람들 또는 권위적인 지위를 유지하려는 사람들로부터 지지를 받아왔다. 그 후 파동적 인간관과 통제적 질서의 측면에서 Agyris의 X, Y이론 중 X인간관과 맥을 같이하고, 아이오와 대학교의 리더 유형 중 권위형 인간관과 밀접한 관계가 있다고 볼 수 있다.

5.1.3 본능설(本能說: Instinct Theory)

William James(1842~1910)는 심리학을 근거로 모방, 싸움, 경쟁, 동정, 호기심, 공포, 욕심 등 32개의 본능을 열거 하였으며, McDougall(1871~1938)는 증오, 경쟁, 호기심, 싸움, 성적질투, 자기주장, 건설, 부(모)성애, 군집, 욕심, 배고픔, 생식 등 12개의 본능을 제시했다. 이들은 인간이 이성보다는 본능에 영향을 받고 행동한다고 주장하였다.

본능설은 정신역동이론의 권위자인 프로이드(1856~1939)의 심리적 에너지의 세력으로 설명하고 있다. 원초적 욕망인 원초아(Id)는 무의식의 핵(核)이며, 마음 깊숙이 자리 잡고 있기 때문에 원시적 본능의 창고역할을 하고 있으며 이기적이고 규율 없는 방식으로 즉각적인 충족을 추구한다고 설명하였다. 반면에 자아(Ego)는 원초아(Id)가 무의식을 내포함에 반해서 자아는 의식이며 성격의 현실지향적인 부분이라고 하였다. 마지막으로 초자아(super ego)는 성격에 윤리적, 도덕적 차원을 첨가하는데 자아가 현실적이라면 초자아는 이상적으로 설명한다. 그리고 공격적인 본능으로 구성된 원초아와 도덕과 양심의 기반한 초자아는 끊임없는 갈등상태를 일으킨다고 하였다.

인간 내면의 세 가지 심리적 에너지 구조에 따라 행동유형이 결정된다고 볼 수 있다. 인간행동의 영향을 미치는 지배적인 본능은 인간이 성장하면서 원초적인 본능에서 벗어나는 것은 아니다. 본능적인 성향에 관한 선입견은 배제하고 양육이나 교육과정에서 긍정적인 자아의식과 시각을 가지도록 환경을 조성하는 것이 중요하다고 할 수 있다.

5.1.4 백지설(白紙說: Tabula resa Theory)

로크(J. Locke)의 의하면 인간은 천부적으로 주어진 본유관념(本有觀念)이 존재하는 것이 아닌, 모든 관념은 후천적으로 형성되며 주변과의 상호작용에 의한 경험을 통해 한 부분을 점차 채워가면서 성숙한 인간으로 되어 간다는 학설이다. 따라서 인간은 태어날 때는 인성이 형성되기 전 상태이고, 본능도 가지고 있지 않고 환경의 자극을 통해 수동적으로 받아들일 수 있는 준비만 갖추고 있다고 주장하였다.

인간의 지식도 감각적으로 경험하거나 마음에 반영된 것을 반성함으로서 얻어진 산물이라고 볼 수 있다. 따라서 모든 근본적인 관념은 감각의 대상이거나 또는 반성의 대상이며 생각된 마음의 작용 이외의 다른 것이 아니다.

5.1.5 성숙 · 미성숙이론(成熟·未成熟: Maturity·Immaturity Theory)

성숙, 미성숙이론은 John Dewey의 교육관, 에릭슨(Erison)의 자아정체성 형성론의 영향을 받았으며 특히 아지리스(C. Argyris)의 성숙, 미성숙이론 등에서 주장하는 관점으로 보는 경향이 크다. 이는 개인과 조직에 대해 행동과학적 연구를 수행하였으며 개인의 욕구와 목표는 조직이 지향하는 목표와는 근본적으로 상충되지만, 이를 합리적으로 통합할 수 있다고 생각하였다. 아지리스는 조직의 구성원들은 미성숙한 인간으로 취급받고 있다는 것에 착안하여 구성원에 대한 관리자들의 관리방법이 개인 행동이나 성숙, 성장에 어떤 영향을 미치는가에 관해 연구하였다.

인간이란 선(善)이나 악(惡), 지(知) 또는 무지(無知)로 구별하는 존재가 아니라 성숙과 미성숙이라는 관점에서 보아야 한다는 것이다. 인간의 악한 언행은 미성숙하기 때문에 발생하는 것으로 보며, 인간이란 미성숙상태에서 태어나 점차 자아정체의 형성 그리고 성숙을 통해 자아실현으로 발전해 가는 존재라고 보았다. 성숙, 미성숙이론은 선(善)이나 악(惡)에서 이야기하는 설교, 훈계, 처벌, 보상, 통제, 규율 등의 방식이나 교육, 시험의 방식보다 자기인식, 인성지도, 인격, 정서적 안정 등의 인성중심의 전인교육을 강조한다. 기업에서 이를 반영하여 비전캠프, 인성교육프로그램, 부하직원의 자기주도성을 개발하여 셀프리더로 양성하는 수퍼리더십을 지향하고 있다. 자기주도적 역량을 개발한다는 것은 과거 전통적 리더십에서 찾아볼 수 있는 수직적 관계의 통제와 지시, 명령에 의해 직무를 수행하는 것이 아니라 심리적 임파워링이 전제되어야 하는 것이다.

5.1.6 X, Y이론

맥그리거(McGregor)는 인간을 두 가지 관점으로 이해하였다. 첫째는 부정적(nagative)으로 보는 X관점, 둘째는 능동적(positive)으로 보는 Y관점이다. 실제 인간의 본성은 한 면만을 지닌 것이 아니라 인간의 본성을 어떠한 관점으로 보느냐에 따라 조직을 이끌어 가는 접근방식이 달라진다고 주장하였다.

〈X이론 관점〉

X이론의 관점은 프레드릭 테일러(Frederick W. Taylor: 1856~1915)의 과학적 관리의 견해와 일맥상통하는 것으로 본질적으로 인간은 일하기 싫어하고, 조직 내에서 누구로부터 통제, 처벌, 명령의 위협을 통해야만 일을 한다. 또한 야망이 없고 책임을 회피하며, 스스로 책임을 지기보다는 지시받기를 좋아하며 경제적 보상과 안정을 찾으려는 본성을 가지고 있다고 보는 것이다. X이론은 오하이오 주립대학교의 리더유형 중 구조주도형과 밀접하게 연결된다고 할 수 있다.

〈Y이론 관점〉

Y이론의 관점은 인간은 본질적으로 일을 놀이나 휴식처럼 자연스럽게 받아들이고 목표달성을 위해 스스로 일을 수행하며 책임감이 있고 자율적으로 통제를 할 수 있으며, 자아실현의 욕구를 충족하려는 성향을 지니고 있다고 보는 것이다. Y이론은 오하이오 주립대학교의 리더유형 중 배려형과 밀접하게 연결된다고 할 수 있다.

맥그리거(McGregor) X, Y이론

X이론 관점	Y이론 관점
- 인간은 본질적으로 일하기를 싫어하며 생존하기 위해서 어쩔 수 없이 해야 하는 귀찮은 존재이다. - 인간은 책임을 회피하려는 경향이 있다. - 인간은 창의력을 발휘하지 않는다. - 인간은 저차원 욕구에 동기화 된다. - 인간은 자기 통제력이 약하다.	- 인간은 일을 휴식이나 놀이처럼 자연스러운 존재이기에 스스로 찾아서 한다. - 인간은 스스로 책임을 지려한다. - 인간은 새로운 일을 찾아 하려고 한다. - 인간은 고차원 욕구에 동기화 된다. - 인간은 자기 통제력을 가지고 있다.

출처 : 인간관계 성공학(이길헌·김종훈, 2021) p.56 재인용.

5.2 인간관(성격이론 중심으로)

5.2.1 정신분석 이론의 인간관

정신분석은 오스트리아 출신의 정신과 의사 지그문트 프로이트(Sigmund Freud)에 의해 시작되었다. 정신분석 이론은 인간의 마음이 어떻게 작동하고 행동으로 연결되는 관계를 이해하는 이론이다. 인간의 의식수준을 의식, 전의식, 무의식으로 구분하였으며 본능(Id), 자아(Ego), 초자아(Suoer ego)로 구분되는 성격구조론을 주장하였다.

정신분석 이론이 가지고 있는 인간관은 다음과 같다. 첫째, 인간은 비합리적인 존재이다. 현재를 살아가는 인간은 현재보다 과거의 경험들에 의해 자신의 행위를 결정하고 더 큰 영향을 받는다고 보았다. 과거의 경험들은 무의식에 존재하며 때론 공격성과 같은 비합리적인 존재로 보는 것이다. 둘째, 인간은 결정론적 존재이다. 인간의 감정, 의식, 사고, 행동이 무의식에 잠들어 있는 본능적 힘에 의해서 결정되는 것이라고 보았다. 특히 5세 이전에 경험한 사건이나 이슈들에 의해 성격이 거의 결정된다고 보았다. 또한 인간의 사고와 행동, 감정들은 무의식적인 본능과 공격성에 의해 결정되는 것이라고 주장하였다. 셋째, 인간은 생물학적인 존재이다. 생물학적 욕구와 본능에 의해 동기화 된다고 보았다. 본능은 인간에게 선천적으로 내재 되어 있는 행동이나 능력을 의미하는데, 인간은 이러한 본능과 충동적인 속성을 지니고 있고 문화적 유산 없이 심리성욕의 발달은 모두 생물학적인 과정이라고 주장하였다.

5.2.2 심리사회적 이론의 인간관

심리사회적 이론은 정신분석가 이자 자아심리학자인 에릭슨에 의해 체계화된 이론이다. 성격발달은 성적인 본능에 의해 결정되는 것이 아니라 사회, 문화, 역사에 의해 영향을 받는다고 주장하였으며 프로이트가 원초아(본능)를 강조한 것과 달리 자아의 발달을 강조하였다. 에릭슨은 성격이 단계를 거쳐 발달한다는 정신분석 이론의 관점을 일부 수용하였으나 심리성적 발달에 초점을 두지 않고 개인의 전 생애에 걸쳐 경험으로 계속 변화한다는 심리사회적 발달이론을 주장하였다.

에릭슨의 심리사회적 발달이론이 가지고 있는 인간관은 프로이트의 인간관과 사뭇 다르다. 인간은 합리적이고, 창조적이며, 적극적은 존재로 보고 있다. 인간의 행동이 무의식에 의해 결정되는 것이 아니라 의식수준에서 충분한 통제가 가능하고 자아에 의해 동기화 되는 것으로 보았다. 인간은 자아정체성을 확립해 나가며 새로운 환경에 적응하여 문제를 해결할 수 있는 존재로 보았다. 또한 심리사회적 위기를 극복할 수 있는 잠재적 능력을 소유한 것으로 보고, 합리적인 해결방안의 탐색, 창조적으로 문제를 풀어나가는 창조적 존재로 이해하고 있다.

5.2.3 개인심리학 이론의 인간관

개인심리학 이론은 정신의학자 알프레드 아들러(1870~1937)에 의해 창시되었다. 각 개인의 특성에 중점을 맞춘 심리학 분야이다. 인간은 분리 될 수 없는 전체로 인식하며 개인의 통합성, 분리 불가능성, 총체성 등의 개념으로 설명하였다. 아들러는 인간의 행동에 대해 원인보다 목적을 강조하였으며 열등감을 극복하여 자기완성을 이루어야 함을 주장하였다. 또한 프로이트는 인간행동의 동기를 생물학적인 성적본능에 의해 결정된다는 관점과는 달리, 인간은 사회적이며 목적론적인 동기에 의해 행동한다고 주장하였다. 아들러가 바라보는 인간관은 총체적 존재, 현상학적 존재, 목표지향적 존재, 창조적인 존재, 사회적 존재로 보았다.

인간은 사회적 맥락 안에서 의미를 부여하며 함께 살아가는 존재이기 때문에 무의식적인 충동보다는 대인관계와 사회적 관계에 의해서 행동이 동기화된다고 보았으며, 인간은 분리할 수 없는 통합적이고 총체적 존재라고 주장하였다. 또한 아들러는 인간의 행동은 무의식에 의해 결정되는 것이 아니라 현재에 초점을 맞추고 자신의 삶을 결정하는 책임 있는 의식적인 사고를 중요시하였다.

5.2.4 분석심리학 이론의 인간관

분석심리 이론은 스위스의 정신과 의사 이자 심리치료사였던 칼 융에 의해 창시되었다. 프로이트가 정립한 정신분석 이론의 성격구조와 정신역동에 대해 수용하면서 인간의 성격형성이 성적본능과 생물학적 에너지에 의해 결정된다는 이론에 대해서는 이의를 제기하였다. 융은 인간의 정신역동 즉, 프로이트가 주장한 마음의 삼중구조를 이중구조(의식과 무의식)로 정리하고 무의식 영역을 개인무의식과 집단무의식으로 세분화 하였다. 또한 무의식의 중요성을 수용하면서 의식의 중요성을 강조한 이론을 전개하였다. 융의 분석심리 이론에서는 인간을 전체적 존재로 보고 있다. 정신이나 성격은 부분들의 집합이 아니라 부분들의 연결과 통합으로 하나의 전체성을 이룬다고 주장하였다. 이에 심리적 건강은 정신의 전체성을 유지하는 것으로 보았으며, 정신분석의 궁극적인 목표는 정신통합에 있다고 하였다. 융은 인간을 가변적 존재로 인식하였다. 프로이트는 무의식에 의한 결정론(불변)적 존재로 인간을 이해하였지만, 융은 무의식에 영향을 받기도 하지만 의식에 의해서 조절 가능한 가변적 존재라고 주장하였다. 융은 인간의 행동에 대해 의식과 무의식 수준에서 상반되는 두 가지 힘에 의해 동기화된다고 하였고, 행동은 과거 경험에 의해 상당 부분 결정되지만 미래의 목표와 가능성에 따라 조정되기도 한다고 하였다. 이에 인간은 미래지향적 존재이며 자기를 실현하기 위해 전진하고자 하는 경향을 지닌 존재로 보고 있다.

5.2.5 행동주의 이론의 인간관

행동주의 이론은 인간행동을 연구하는 심리학의 한 부문으로 확장되었고 20세기에 심리학, 경영학, 교육학 등의 다양한 분야에 막대한 영향을 미쳤다. 20세기 초 모던(modern)시대 당시는 논리적 실증주의가 팽배하였는데, 과학적으로 검증되어야 진리라고 인정받을 수 있는 시대였다. 이러한 실증주의에 근거한 행동주의자들은 실제 관찰되고 증명할 수 있는 행동만이 과학적 심리학의 탐구가 된다고 주장하였다. 그래서 당시 행동주의는 정신역동이나 인본주의의 관점과 달리 실험적인 장면에서 실제 관찰 가능한 행동만을 분석할 것을 강조하였다.

행동주의의 가장 기초를 닦은 사람은 파블로프(Pavlov)이다. 이른 바 '파블로프의 개' 실험을 통해 자극-반응에 관한 '고전적 조건화'의 이론을 정립하였다. 이후 스키너(Skinner)에 의해 행동주의 이론은 영향력을 더욱 확장시키게 된다. 내적인 동기나 욕구보다는 관찰 가능한 행동에 초점을 두었으며, 인간은 학습을 통해 언어와 지식을 습득하고 태도와 가치관을 형성한다고 주장하였다. 스키너는 '조작적 조건화'라는 개념을 정립하였는데 파블로프의 고전적 조건화로 설명할 수 없는 인간행동에 관한 다양한 원리를 강화와 처벌이라는 환경조건에 따라 영향을 받는다고 설명하였다. 이는 반사적인 반응이 아닌 학습에 의한 자발적인 인간행동의 변화라는 측면에서 많은 지지를 받았다.

행동주의 이론의 인간관은 첫째, 인간은 수동적인 존재이다. 이는 초기 행동주의자들의 관점이었다. 인간은 주어진 환경에 반응하는 수동적인 존재이며 '자극-반응'이라는 패러다임을 주장하며 조건화의 산물로 생각하였다. 수동적인 존재로 인식하기에 조작적인 환경의 개입에 의해 행동이 형성되며 통제와 예측이 가능하다고 주장하였다. 둘째, 인간은 환경결정론적 존재이다. 행동주의 이론에서 인간은 내적자극보단 외적자극에 의해 동기화가 되고 외부환경의 조건에 따라 행동은 결정될 수 있다는 관점을 가지고 있다.

5.2.6 사회학습 이론의 인간관

사회학습 이론은 반두라(Albert Bandura, 1925~2021)에 의해 정립된 이론이다. 반두라는 전통적 행동주의 관점에서 인지적 측면을 추가하여 사회학습 이론을 발전시켰다. 스키너의 보상이나 처벌의 조작적인 결과로 인간행동이 결정된다는 행동주의 이론과는 달리, 인간의 행동은 타인의 행동이나 주변 환경의 상황을 관찰하고 모방함으로서 형성된다고 주장하였다. 즉, 반두라는 '자극-행동-결과'에 근거한 스키너의 행동주의이론은 인간을 수동적 태도로 본다는 점에서 비판하며, 내적 과정과 환경적 요소 간의 복잡한 상호작용의 결과로서 행동이 결정된다고 생각하였다. 특히 '자기효능감'이라는 개념을 통해 인간의 인지적 과정이 행동에 미치는 영향을 정교화시켰다. 사회학습 이론의 인간관은 능동적이고 합리적인 존재로 보고 있다. 단순히 외적환경에 의해 지배되고 행동이 결정되는 수동적 존재가 아니라, 환경과 상호작용하며 그에 따라 적절히 변화하는 능동적인 존재로 인식하는 것이다. 또한 내적사건 즉, 인지적 과정을 통해 창조적인 사고를 하고, 합리적인 행동을 계획하는 능력이 있다고 봄으로서 합리적인 존재로 보고 있는 것이다.

5.2.7 인본주의 이론의 인간관

인본주의 이론은 20세기 중반 로저스에 의해 주장되었으며, 인간의 성장과 변화에 대한 접근법으로 현재까지도 중요하게 다루어지고 있다. 대표적인 학자로는 로저스(Carl Rogers, 1902~1987)와 매슬로우(Abraham, H. Maslow, 1908~1970)가 있다. 로저스는 치료자 중심의 심리치료에서 내담자 중심의 치료를 강조하며 내담자에 대한 무조건적인 존중, 일치성, 공감적 이해의 중요성을 피력하였다. 로저스의 인간중심이론이 가지고 있는 인간관은 첫째, 낙관론적 존재라는 것이다. 인간은 자신의 내면에 긍정적으로 나아가고자 하는 경향이 있다고 보았다. 인간은 타고난 잠재력을 가지고 있으며, 그것을 통해 건설적으로 발달시키려고 한다는 것이다. 둘째, 자유론적 존재이다. 로저스는 인간의 인생은 외부의 어떤 힘에 의해 조종당하는 것이 아니라 개인이 자유롭게 선택한 결과라고 보았다. 셋째, 미래지향적 존재이다. 인간은 누구나 잠재력을 소유하고 있으며 자기를 실현하려는 경향이 있기 때문에 적절한 조건만 갖추어진다면 무한한 성장과 발전이 가능하다고 믿었다.

매슬로우는 정신분석과 행동주의의 반동으로 욕구위계이론을 정립하였다. 신경증적인 병리적 상태를 중점으로 연구된 정신분석은 건강한 성격발달을 다루지 못했다고 주장하였고, 행동주의는 관찰 가능한 행동만을 강조하였기 때문에 인간 내면의 가치관이나 감정, 소망, 창조성 등의 인간적 측면이 간과되었다고 생각하였다. 이에 인간의 병리적 측면보다 건강한 본성에 큰 관심을 가져야 한다고 주장하였다. 매슬로우는 자아실현을 강조하였으며 자신의 실존적인 경험, 즉 환경에 의해 결정된다고 주장하였다. 또한 인간행동을 동기화시키는 5 가지 욕구를 제시하면서 욕구는 위계적으로 조직되어 있고, 하위단계의 욕구가 충족되면 상위단계의 욕구가 발현된다고 주장하였다. 욕구위계이론의 인간관은 낙관론적 입장으로 인간을 바라보고 있다. 인간의 본성을 긍정적 시각으로 보고 환경적 요소에 따라 자신의 잠재력을 실현할 수 있는 창조적인 존재로 보고 있다. 또한 매슬로우는 환경론 보단 유전론적인 입장으로 인간을 보고 있다. 인간의 욕구는 선천적으로 타고났다고 보았으며, 성격발달에 중요한 요인이라고 주장하였다.

5.2.8 인지주의 이론의 인간관

인지주의 이론은 개인이 자신의 환경을 관찰하고, 인지, 평가, 해석하는 인지과정에 초점을 두고 있으며 역사적으로는 플라톤의 이성론에 뿌리를 두고 있다. 성격이론의 학자들은 인간에 대해 탐구할 때 세 가지 체계인 인지, 행동, 정서 중에서 인지의 중요성을 강조하는데 이는 인간의 감정이나 행동은 인지 또는 생각하는 과정에 의해 통제할 수 있다고 보고 있기 때문이다. 행동주의 이론에서는 인간의 행동은 환경적 요인에 의해 결정된다고 주장하지만, 인지 이론에서는 개인과 환경 간의 상호작용을 통해 행동에 영향을 미친다고 주장한다. 또한 무의식에 중점을 두고 충동적인 행동을 한다고 주장하는 정신분석과는 달리 인간의 의식에 보다 중점을 두고 사고하는 합리적인 존재로 인식한다. 인지이론의 인간관은 첫째, 인간은 주관적 존재로 보고 있다. 객관적 현실은 존재하지 않으며 개인의 인지적 과정을 통해 환경에 대한 또는 현실에 대해 주관적으로 의미를 부여한다는 것이다. 개인의 사고, 행동, 정서는 현실을 창조해 내는 방식이며 유전적으로 결정되는 존재가 아닌 자신이 처한 환경에 대해 재구성할 수 있는 능력이 있다고 보고 있다. 둘째 인간은 합리적이고 능동적인 존재이다. 인지는 개인이 자신이 경험하는 환경적(현실) 요인에 대해 인지적으로 재해석하고 능동적으로 구성된 결과로 보고 있다. 왜곡된 사고나 비합리적인 신념에서 벗어나 인지적 과정을 통해 성숙한 사람으로 변화시킬 수 있는 존재라고 보고 있다.

핵심내용 정리하기

1. 인간 본성에 관한 다양한 견해에 대해 설명하라.

2. 정신분석 이론과 분석심리학의 차이점을 설명하라.

3. 코칭적 요소를 찾아볼 수 있는 이론들을 나열하고, 설명하라.

제6장

인간의 발달과 생애주기

6.1 인간발달의 개념

인간발달은 정자와 난자의 결합 즉, 수정의 순간부터 사망에 이르기까지의 시간의 경과에 따라 지속적인 변화를 의미하며 이러한 발달의 과정을 과학적으로 연구하는 학문을 인간발달학이라고 한다. 전통적인 발달연구는 태내기부터 영아기, 유아, 아동 및 청년기까지 이르는 아동발달을 중심으로 다루어왔다. 인간발달의 전통적인 관점에서는 청년기까지의 발달이 양적, 질적 변화가 크지만 성인기에는 발달의 변화가 거의 없다고 보았으며 심지어 노년기에는 점차 감소한다는 점을 강조하였다.

이후 1980년대에 이르러 학자들은 인간발달에 대하여 전 생애적인 관점으로 보기 시작하였다. 전통적 관점의 신체적인 양적 성장을 주로 보았다면, 전 생애적 관점은 수태부터 죽음에 이르기까지 전 생애를 걸쳐 일어나는 연속적인 변화과정으로 보고 있는 것이다. 따라서 전 생애적 관점의 발달은 청년기까지의 양적성장 및 기능적 효율성 증가 등의 긍정적변화 외에 성인기 이후의 양적감소나 쇠퇴적인 부정적 변화까지도 포함하는 개념이라고 할 수 있다.

6.2 인간발달의 특성

첫째, 발달은 전 생애에 걸쳐 일어난다는 것이다. 양적인 성장이나 기능적 발달 즉, 신체적인 변화에만 초점을 맞추는 것이 아니라 성인기 이후에도 삶의 경험과 신체적 발달 이외의 다양한 경로를 통해서도 새로운 발달이 이루어진다고 보는 것이다.

둘째, 발달은 다차원적이며 다방향적으로 일어난다. 발달은 신체적인 변화뿐만 아니라 인지적, 정서적, 사회적인 발달의 다양한 측면에서 일어나게 되고, 발달이 형성되는 과정에서 서로 긴밀하게 연결되어 영향을 주고받게 된다. 이를테면 정서적 안정은 인지적 측면과 신체적 측면에 영향을 주어 보다 건강한 사고방식(인지적)과 튼튼한 신체를 형성하는데 기여하게 된다. 또한 인지적 측면과 정서적 측면은 사회적인 발달에도 큰 영향을 줄 수 있는데, 관계를 맺는 방식이나 세상을 보는 관점에 긍정적인 변화를 줄 수 있을 것이다. 이러한 인지적 발달이나 정서적 발달은 사회성이나 관계성, 인성적인 발달에 결정적인 영향을 준다고 볼 수 있다. 인간발달은 다방향적으로 일어나는데, 한 측면의 발달이 성장하면 다른 측면의 발달은 그 기능이 축소 될 수 있다는 의미이다. 예를 들면 아동기에는 또래관계에 대한 관심은 증가하지만 이성에 대한 관심은 상대적으로 낮다. 하지만 청소년기가 되면 이성관계의 관심이 급격히 증가하게 되는 것이다.

셋째, 발달에는 유연성을 가지고 있다. 여기서 유연성이란 의미는 가소성이라고 표현할 수도 있는데, 그 의미는 발달에 대한 변화의 가능성을 말한다. 영아 시기에 부모와의 불안정 애착을 보였던 아이는 시간이 지나 아동이 되었을 때에도 불안정 애착을 보이는지 혹은 안정 애착으로 변화될 수 있는지에 대한 관점이다. 또한 변화의 가능성은 어느 연령에 가장 두드러지는가? 또는 변화 가능성이 가장 적게 일어나는 연령은 어디인가? 에 대한 다양한 관점으로 발달의 유연성은 연구되고 있다.

넷째, 발달은 다학제적으로 연구되고 있다. 인간의 발달은 한 분야에서만 연구되는 것이 아니다. 발달에 대한 유전적 요인이나 환경적 요인, 사회 · 문화적 요인, 생물학적 요인, 인지과학적 요인 등에 의해서 영향을 받는다. 따라서 유전과 환경은 지능발달에 어떤 영향을 미치는가?, 사회 · 문화는 심리적인 발달에 어떤 영향을 미치는가? 등에 관한 다양한 분야와의 학문들과 공동의 연구가 다루어져야 할 것이다.

다섯째, 발달은 다양한 맥락 안에서 이루어진다. 여기서 맥락이란 발달이 이루어지는 환경이나 상황을 의미한다. 삶을 살아가는 현재 시대의 환경적인 요소와 개인의 경험은 발달에 영향을 미치게 된다. Baltes(2003)에 의하면, 인간발달에 미치는 맥락적인 요인은 다음과 같이 구분하였다.

1) 규범적-연령적 영향
2) 규범적-역사적 영향
3) 비규범적-개인적인 인생사건

규범적-연령적 영향은 모든 인간이 특정 연령대에서 매우 흡사하게 경험되는 사건들로서 연령과 관련이 있고, 발달의 특성이 쉽게 예측할 수 있는 영향들이다. 같은 연령에 학교를 가고, 비슷한 시기에 사춘기를 경험하면서 동질의식을 갖게 되는 것, 남성 같은 경우 같은 연령에 군입대를 하고, 20대 중후반이 되면 직장을 갖게 되며, 60대 초반이 되면 은퇴를 하는 등의 연령을 중심으로 특정 사건을 경험하게 된다. 이러한 이벤트들은 생물학적 과정이나 사회 · 문화적인 관습의 영향을 받게 된다.

규범적-역사적 영향은 특정시대에 독특한 역사적인 환경에서 살아온 사람들에게 나타나는 환경적인 영향이다. 이러한 환경적 영향은 사회적, 문화적, 역사적, 경제적, 정치적인 영향을 받게 되는데 6 · 25 전쟁을 경험한 세대와 그렇지 않은 세대 간의 발달에 있어서 다양하게 차이가 발생한다. 경제적인 관념이나 사고방식 등 인지적 측면과 정서적 측면 또는 그에 따른 행동적 측면까지도 발달의 차이를 확인할 수 있을 것이다.

비규범적-개인적인 인생사건은 개인만의 독특한 환경과 경험에 의해서 발달에 영향을 미친다. 건강한 가정 안에서 자란 사람과 이혼가정에서 자란 사람 간의 발달이 바로 비규범적인 개인적 사건의 예라고 할 수 있다. 동일 연령이고 동일한 사회 · 문화적 환경에서 살아가도 개인의 독특한 환경과 경험에 따라 서로 다른 정서와 인지적 발달 차이를 형성하게 된다. 따라서 전 생애적 발달학자들은 규범적-연령적 영향보다는 비규범적-개인적 사건이 인간발달에 큰 영향을 준다고 강조하고 있다.

여섯째, 발달에는 성장, 유지, 상실조정 세 가지 과정을 포함한다. 전 생애적 관점에서 태내기부터 노년기까지 신체적인 변화와 함께 생물학적인 변화, 기능적 변화 등 다양한 변화가 일어나며 양적 성장과 같은 긍정적인 변화도 있지만, 기능저하와 같은 부정적인 변화도 존재한다. Baltes(2003)은 인간발달에 있어서 성장, 유지, 상실조정이라는 세 가지 목표를 제시하였다. 태아기부터 청소년까지의 발달은 양적성장이 이루어지고 신체적 변화에 초점을 맞추게 되지만, 성인기가 시작되면 양적성장에 대한 관심은 자연스럽게 줄어들고 현재 상태를 효과적으로 유지하고 상실(쇠퇴)을 조정하려는데 관심을 가지게 되는 것이다. 노년기에 이르면 자신의 쇠퇴를 수용하면서 상실(쇠퇴)을 다소 늦추도록 노력하며 현재 상태에 적응하는데 관심을 가지게 된다.

일곱째, 발달은 사회문화적, 생물학적, 개인적 요인 간의 상호작용을 통해서 이루어진다. 인간은 유전적 요인과 환경에 수동적으로만 반응하는 존재가 아니다. 선천적인 심리경향은 자기를 표현하는 방식으로 환경을 만들기도 하며, 그 안에서 경험을 통해 다시 영향을 받기도 하는 것이다. 생물학적(유전적)으로 외향적인 사람은 적극적인 인간관계와 외부세계에 초점을 맞추는 환경을 만들게 되고, 그러한 환경 속에서 자신의 외향적 성향을 더욱 발달시키고 강화시키는 요인이 되는 것이다.

6.3 발달과정과 단계

인간발달은 정자와 난자의 결합 즉, 수정으로부터 시작되며 전 생애에 걸쳐 지속되는 변화라고 할 수 있다. 발달은 성숙과 성장, 그리고 건강의 측면으로 볼 때 다음 세 가지 요인의 유기적인 상호작용에 의해 이루어진다.

- ▶ 생물학적인 요인
- ▶ 인지적 요인
- ▶ 정서 · 사회적 요인

생물학적 요인의 가장 두드러진 특징은 신체적인 변화와 관련이 있다. 특히 유전적인 영향을 포괄하는 개념이며 두뇌 신경계의 발달과 신체적 성장, 운동기능, 호르몬의 변화 등은 생물학적인 요인에 의한 발달과정이라고 할 수 있다. 인지적 요인은 사물의 지각, 학습능력, 기억력, 추상적 사고, 언어발달 등과 관련 있으며, 정서 · 사회적 요인은 심리상태, 인성, 가치관, 타인과의 관계의 변화와 관련이 있다.

중요한 것은 세 가지 요인은 독립적으로 발달에 영향을 미치는 것이 아니라, 서로 유기적인 상호작용에 의해서 발달에 영향을 주게 된다. 예를 들면 청소년기는 성인기로 성장해 가는 과정이라고 볼 수 있는데, 호로몬과 신체적 변화가 상당히 크다. 생물학적인 변화와 동시에 성인기의 결혼이라는 발달과업을 준비하는 전 단계이기 때문에 청소년기에는 이성에 대한 관심이 아주 높아진다. 또한 세상을 바라보는 관점이나 자기정체성, 관계에 대한 이해도 등의 인지적 요인과 정서 · 사회적 요인이 복합적으로 작용하게 되는 것이다.

발달단계는 인간의 특정 연령이나 시기에 따라 발달내용과 특징이 다르기 때문에 인간발달학의 학자들은 보편적으로 8 단계의 발달과정을 분류하여 설명하고 있다.

6.3.1 태내기(임신~출생)

태내기는 임신에서 출생까지의 기간으로 신체적 성장이 급속하게 일어나는 시기이다. 수정 후 40주(280일)의 기간 동안 모체 내에서 자라는 시기이므로 임산부의 연령, 건강상태, 약물복용, 영양상태, 정서적 상태까지 태아발달에 중요한 영향을 미친다(Zastrow, et al., 2018).

6.3.2 영아기(출생~36개월)

일반적으로 아동발달에서는 출생부터 아동기까지의 단계를 세 단계로 구분하는데, 영아기는 출생에서 3세까지, 유아기는 3세에서 6세까지, 아동기는 6세에서 11세로 구분하고 있다. 영아기는 여러 영역에서 급속한 발달과 성장이 이루어지는 시기이다. 신체적인 발달도 크지만 무엇보다 다른 사람들과의 소통이 이루어질 정도로 언어적 발달이 두드러진다. 또한 양육자와의 애착을 형성하는 중요한 시기이므로 보호자의 각별한 관심과 돌봄이 필요한 시기이다.

6.3.3 유아기(3세~6세)

유아기는 아동초기라고도 하며, 유아교육법으로는 만 3세부터 초등학교 입학 전까지의 시기를 말한다. 김이영 등(2015)에 의하면 이 시기의 유아는 자신의 고유성을 인식하게 되고, 더 나아가 자기 스스로 일상적인 일을 처리하고자 하며 기본적인 생활습관을 형성하게 된다. 또한 자신의 요구와 감정을 미숙하게나마 조절할 수 있는 자아가 발달한다. 유아 후반기로 가면서 능력과 기술 등이 향상되고 스스로 결정하거나 행동하려는 경향을 보인다.

6.3.4 아동기(6세~11세)

아동기는 초등학교 입학을 시작으로 넓게는 졸업까지의 시기를 말하며 초등학교 재학기간이므로 '학령기'라고 한다. 아동은 논리적인 사고력이 증가하고 읽기, 말하기, 셈하기(산수) 등 학습에 필요한 기본적인 지식을 함양함으로서 성장하게 된다. 특히 학교라는 조직 안에서 다양한 역할의 사람들을 만나게 되고, 유아기 보다 훨씬 복잡한 사회적인 영향을 받게 된다. 자신의 관심영역이 가족에서 또래집단으로 범위를 넓혀 가는 특징을 보이며 유아기 보다 넓은 사회적 관계를 형성하여 자아통제력이 발달하게 된다.

6.3.5 청소년기(11세~20세)

청소년기는 아동기에서 성인기로 전환되는 시기이며, 학자의 관점에 따라 만 13세에서 18세를 청소년기로 보는 경우도 있지만 전 생애적 관점으로 볼 때 보편적으로 11세에서 20세까지를 청소년기로 보고 있다. 청소년기의 특징은 급속한 신체적 변화와 인지적 발달을 꼽을 수 있다. 지적인 변화로 인해 추상적인 사고가 가능해지고 독립의 욕구가 증가하게 된다. 아동기보다 또래(친구)와의 관계가 더욱 집중되고 또래로부터 많은 영향을 주고 받으며 성장하게 된다. 이 시기를 대표하는 표현으로 '사춘기'라는 용어를 사용하기도 한다. 사춘기는 신체적 성장 뿐만 아니라 성적기능의 발달, 관심이 증가하는 생리적 변화를 경험하는 시기이다. 신체적, 심리적 변화가 크고 자신의 정체성을 확립하는 과정에서 부모와의 소통과 관계에서 심리적 갈등을 경험하기도 한다.

6.3.6 성인 초기(20세~40세)

성인 초기는 '청년기' 또는 '성인기'라는 용어로 사용되기도 한다. 성인 초기 이전의 시기를 '인생 준비기'라고 한다면 성인 초기 이후는 준비된 재료를 통해 꿈을 실현하고 구체화하는 시기라고 볼 수 있다. 부모로부터 경제적 · 심리적으로 독립을 하게 되고, 자신의 직업과 결혼 등의 사회환경적인 변화에 따라 자신의 역할을 탐색하고 실현하려는 경향을 보이게 된다. 성인초기의 발달 특징은 신체적 변화나 인지적 변화보다는 사회 · 문화적인 요소에 의해 주도 된다.

6.3.7 성인 중기(40세~60세)

중년기 또는 장년기라고도 일컬어지는 성인 중기는 다양한 생산성을 경험하는 시기로서 결실을 맺고 추수하는 시기로 비유할 수 있다. 연령으로 볼 때 40세에서 65세 이전까지를 지칭하지만 국내법상 65세를 노인으로 규정하기 때문에 학문적으로 40세에서 60세까지를 성인 중기로 보고 있다. 이 시기는 성인 초기보다 심리적, 가정적, 직업적으로 안정된 상태를 보이며 사회적으로 많은 영향력을 미치면서 보다 높은 책임을 맡게 된다. 성인 중기의 발달적 특징은 신체적 변화일 것이다. 본격적으로 노화가 시작되는 시기이기 때문에 기초체력 뿐만 아니라 면역, 성적기능, 활동성 등에 다양한 부정적 변화가 일어난다. 특히 여성은 호르몬의 변화로 인해 갱년기를 경험하여 심리적으로 심각한 갈등을 겪기도 한다.

6.3.8 성인 후기(60세~사망)

성인 후기는 일반적으로 '노년기'라고 한다. 성인 중기 이후부터 죽음에 이르기까지를 말하며, 인생의 마지막 단계이다. 이 시기에는 은퇴를 경험하면서 자신의 삶의 여정을 회고하고 쇠퇴해 가는 신체적 변화를 수용하며 적응해 가는 시기이다. 사회활동이 현저히 줄어들고 노화로 인해 사회적 활동 및 생활환경에 변화가 있다. 또한 주변 사람들의 죽음과 임종을 맞이하면서 심리적 변화를 경험하는 시기이다. 현대사회에서는 문명과 의료기술의 발달로 인간의 수명이 길어졌고 성인 후기의 시기는 과거에 비해 오랜 기간 지속되는 특징을 보여 주고 있다. 그로 인해 은퇴시기 연장 및 사회 · 경제활동 역시 성인 후기에도 지속적으로 왕성한 활동을 이어가는 사회적 현상이 생기고 있다.

인간발달 단계와 특징

발달단계	시기	연령	발달의 특징
1단계	태내기	임신 ~ 출생	일생 중 신체적 성장이 가장 크게 일어나는 시기이다. 자궁 내에서 태아의 기본적인 신체구조와 기관이 형성되고 발달한다. 태내기는 임신 기간 약 40주간을 말한다.
2단계	영아기	출생 ~ 3세	두뇌와 신체의 급격한 발달로 지각 및 운동능력이 발달하고 사고능력과 언어능력이 발달한다. 또한 양육자와 애착을 형성하고 자아에 대한 인식과 더불어 자율적이 되어 가기 때문에 점점 다루기가 어려워진다.

3단계	유아기	3 ~ 6세	의사소통 능력이 발달하고 자기통제력이 발달한다. 사고능력이 발달하며 상상력과 창의력을 나타낸다. 타인에 대한 이해와 사회적 능력이 발달한다.
4단계	아동기	6 ~ 11세	학령기 아동으로 공식적인 학교교육이 시작되며, 논리적으로 사고할 수 있는 능력이 발달한다. 아동에게 또래집단이 중요한 위치를 차지하지만, 가족은 여전히 중요하다.
5단계	청소년기	11 ~ 20세	2차 성징을 통해 두드러진 신체적 변화가 있고, 추상적 사고능력이 발달한다. 자아정체성을 찾는 것이 중요하며 성인이 되기 위한 준비를 하는 시기이다. 독립에 대한 욕구로 점점 집 밖에서의 활동이 증가하고 또래와의 관계가 생활의 많은 부분을 차지한다.
6단계	성인 초기	20 ~ 40세	심리적 · 경제적으로 보다 독립적으로 되어가고 평생의 진로 및 직업에 전념하는 한편, 이성 간에 친밀한 관계나 배우자 선택에 관심을 두게 되고, 새로운 가정을 형성하여 이끌어가게 된다.
7단계	성인 중기	40 ~ 60세	자신의 일에서 성취감과 만족감을 얻어 가면서 직장생활이나 가정생활 및 자녀양육에서 가장 생산적인 시기인 동시에 은퇴를 경험하기도 한다.
8단계	성인 후기	60세 ~ 죽음	인간의 수명이 점차 길어짐에 따라 어떤 인간발달 단계보다 가장 오랜 기간 지속되는 단계가 되고 있다. 인생을 회고하면서 쇠약해지는 기력과 건강 및 새로운 사회적 역할에 적응해 가는 시기이다.

출처 : 인간의 성장과 발달, 박성연 등, 2017, 파워북, p.26

6.4 인간발달의 생애주기

생애주기는 전 생애적 관점으로 볼 때 임신부터 죽음에 이르는 한 평생 동안의 기간을 크고 다양한 변화를 기준으로 일정한 단계로 구분한 것을 의미한다. 앞 장에서 살펴보았듯이 보편적으로 인간발달을 임신부터 죽음까지 8 단계의 주기로 구분하고 있으며 각 단계별로 독특한 특징과 변화를 보이며 발달하게 된다. 본 장에서는 생애주기를 8 단계로 구분하여 각 단계별로 신체적, 인지적, 정서적 발달을 중심으로 그 특징과 변화양상을 살펴보고자 한다.

6.4.1 태내기

태내기는 38주~40주 기간 동안의 어머니 체내에 있는 기간을 말하며, 이 시기를 거치면서 단일 세포인 수정란은 신체기관 및 인체구조가 형성되고 점차 인간의 형태를 갖추게 된다. 태내의 발달은 배종기, 배아기, 태아기의 세 단계로 나눌 수 있다.

1) 배종기(Germinal period)

배종기는 난체기, 또는 발아기 등의 용어로 일컬어지기도 하는데 수정 후 수정란이 자궁내막에 착상하는 2 주간의 기간을 말한다. 착상이 이루어지면 태반이 형성되기 시작하고 태반에서는 탯줄을 통해 수정체와 연결된다.

2) 배아기(Embryonic period)

배아기는 수정란의 착상이 이루어진 후, 2주부터 8주간의 기간을 말한다. 보통 6주 기간에 모든 신체적인 구조와 시스템의 기초가 만들어지기 때문에 태내 발달 과정 중 가장 극적인 변화가 발생하는 시기이다. 발달의 과정을 좀 더 세부적으로 보면 착상 후 4주 경에 심장박동이 시작되며 뇌와 신경조직의 분화, 입으로 시작한 소화기관, 간 등의 발달, 신경계와 순환계가 이미 형성된다. 8주가 되면 눈, 입, 귀, 팔, 다리, 손발, 성기가 형성되고 근육이나 연골조직도 발달하게 된다. 이 시기에는 급격한 신체적 변화가 이루어지기 때문에 임산부의 건강상태와 환경적인 영향에 각별히 주의해야 한다.

3) 태아기(Fetal period)

태아기는 8주 이후부터 출생까지의 기간을 말하며 배아기에 형성된 각종 신체기관의 구조들이 더욱 정교해지고 중추신경계가 발달하게 된다. 이 시기에는 양적인 성장이 이루어지는데, 특히 9주에서 20주 사이에 태아의 크기가 왕성하게 커지게 된다. 태아기의 기간은 다시 세 단계로 구분하며, 첫 번째 단계는 3개월까지, 두 번째 단계는 4~6개월의 기간, 세 번째는 6개월에서 출생까지이다.

태내기의 개월 수별 발달특징

개월 수	키 / 몸무게	발달 특징
1개월 (0~3주)	0.5~1cm 1g	• 수정란이 착상한다. • 신경, 혈관, 순환계의 기초조직이 형성한다. • 3주 말쯤 심장박동이 시작된다.
2개월 (4~7주)	1.5~2.5cm 3~5g	• 눈, 귀, 입이 생긴다. • 뇌가 급속도로 발달한다. • 심장이 좌심실과 우심실로 분리된다. • 폐 발달의 1단계로 기관지가 생긴다. • 손가락과 발가락이 생기기 시작한다.
3개월 (8~11주)	8~10cm 15~25g	• 꼬리가 없어지고 하반신이 발달한다. • 외부생식기가 뚜렷하게 나타난다. • 치아가 생기기 시작한다. • 뇌하수체에서 호르몬이 생성되기 시작한다.
4개월 (12~15주)	16~18cm 110~135g	• 태반이 완성된다. • 성대가 완성된다. • 다리가 팔보다 길어진다. • 귀가 바깥쪽으로 발달한다.
5개월 (16~19주)	20~25cm 300~340g	• 손발과 전신운동이 활발해진다. • 태아 몸에 지방이 생기기 시작한다. • 청각기관이 발달하기 시작한다. • 뇌와 척수가 생기기 시작한다. • 손발에 지문이 형성된다.
6개월 (20~23주)	28~33cm 570~650g	• 태지가 분비된다. • 소화기 계통이 기능을 발휘한다. • 소장이 이완과 수축을 시작한다. • 폐혈관이 발달한다.
7개월 (24~27주)	35~37cm 900~1kg	• 뇌와 사고력이 발달하기 시작한다. • 망막이 발달하고 안구운동을 한다. • 호흡동작을 시작한다. • 뇌 표면에 홈과 톱니 모양이 형성된다.
8개월 (28~31주)	40cm 1.5kg	• 청각발달이 완성된다. • 폐와 소화기관이 거의 완성된다. • 방광에서 소변을 내보낸다.

9개월 (32~35주)	45~46cm 2.3~2.6kg	• 신장의 기능이 성숙된다. • 피부의 주름이 줄어든다. • 손톱이 완전히 자라고 발톱이 생긴다. • 피하지방이 생성된다.
10개월 (36~40주)	50cm 3kg	• 몸의 균형이 잡히고 4등신이 된다. • 병에 대한 면역력을 갖게 된다. • 폐의 기능이 성숙된다. • 신체의 모든 기관이 준비를 마친다.

출처 : 이진용 등, 첫 아기를 가졌어요: 신세대 임신, 출산, 육아, 2005, 서울문화사

6.4.2 영아기

1) 신체적 발달

평균적으로 신장은 약 25cm 이상 성장하는데, 출생 시의 50% 정도 되며 체중은 출생 시의 3배를 뛰어 넘는 10kg 정도가 된다. 2세 정도 되면 평균 87.5cm 정도 성장하여 성인 신장의 절반정도 까지 자라게 된다. 성장하면서 비율도 변화하게 되는데, 1세까지는 머리가 몸통에 비해 상대적으로 크지만 1세 이후에 몸통이 빠르게 성장하게 되고, 24개월이 지나면서 팔과 다리의 성장이 촉진된다. 인간의 성장은 머리를 중심으로 발달이 시작되어 아래쪽으로 진행되는데(두미발달원리), 이에 따라 팔을 먼저 활발하게 사용하게 된다. 24개월(2세)이 지나면서 키와 체중의 성장은 급격히 형성되어 키는 거의 두 배 정도, 체중은 세 배 이상 증가하게 된다. 이와 함께 골격계통과 근육계통의 발달도 이루어지면서 운동능력이 크게 발달하게 된다. 15~17개월 정도 되면, 첫 걸음마를 하기 시작하는데 주변 환경의 탐색과 호기심으로 인해 행동이 촉진되고 대근육과 소근육의 발달이 형성된다.

2) 인지적 발달

인지는 외부자극에 대한 수용과 반응하는 일련의 정신 과정으로 해석할 수 있으며 흔히 생각하고 추리하는 것, 어떠한 개념을 이해하고 판단하는 것을 나타내는 포괄적인 용어이다. 인간발달의 관점으로 인지는 쉽게 말하면 사고능

력과 지능의 발달을 의미한다. piaget 이론에 의하면 영아는 감각적 경험과 운동 활동의 관계를 학습함으로서 사물을 이해한다고 하였고, 지능이 환경과의 상호작용을 통해 발달해 나간다는 것이다. 처음에는 선천적인 반사행동으로 주변 환경에 적응해 나가지만 점차 경험에 의해 점차 자기주도적이고 목표지향적인 행동을 할 수 있게 된다. 자신의 행동이 목표지향적으로 변화하는 이 시기에 중요한 인지적 발달이 형성하는데, 바로 '대상영속성(object permanence)'이라고 한다. 대상영속성은 사물이 우리의 생각과 기대와는 관계없이 독립적으로 존재하고 있음을 인지하는 능력이다. 아기가 평소에 애착을 갖고 놀던 인형이 현재 내 눈 앞에 보이지 않더라도 여전히 존재하고 있음을 인지하는 능력이다. 이는 현재 감각적으로 경험하지 않아도 대상에 대해 심상을 마음 속에 떠올릴 수 있는 능력이며, 기억력과 관계 있다. 애착인형을 숨겨 놓아도 그것이 어디에 있는지 기억하고 탐색하는 행동을 보이는 것이다.

3) 정서적 발달

영아기의 정서는 생의 초기부터 발달하기 시작한다. 미숙하지만 자신의 정서나 욕구불만족에 대한 표현을 할 수 있고, 주 양육자의 정서표현에도 적절히 반응한다. 영아기의 정서는 일차정서와 이차정서로 구분되며, 주로 기쁨, 슬픔, 분노, 놀람, 공포 등의 감정들은 일차정서에 포함된다. 이차정서는 좀 더 다양한 인지능력을 가지고 표현되기 때문에 생후 12개월 지나고 나타나는 것이 일반적이다. 이차정서는 자아인식과 자신의 행동을 평가하는 능력을 반영하여 정서를 표현할 수 있다. 주로 당황, 수치감, 죄책감, 질투심, 자긍심 등의 감정이 이차정서에 해당한다.

영아기의 정서적 발달 단계

<table>
<tr><th>개월</th><th colspan="2">정서</th></tr>
<tr><td>0~3개월</td><td>기쁨, 슬픔, 혐오</td><td rowspan="3">일차정서</td></tr>
<tr><td>2~6개월</td><td>분노감, 놀람</td></tr>
<tr><td>6~8개월</td><td>두려움(18개월 절정)</td></tr>
<tr><td>12~24개월</td><td>감정이입, 질투, 당황</td><td rowspan="2">이차정서</td></tr>
<tr><td>24개월 이후</td><td>자부심, 수치심, 죄책감</td></tr>
</table>

6.4.3 유아기

1) 신체적 발달

유아기의 신체적 발달은 영아기에 비해 느린편이지만 꾸준한 성장속도를 유지하면서 신장과 체중의 증가와 신체 비율의 변화가 촉진된다. 특히 신체적 성장에선 큰 머리와 볼록 나온 배의 형태에서 팔과 다리 부분의 성장은 전체적인 신체 비율을 조화롭게 형성한다. 골격은 45개의 골단이 새롭게 형성되고 신체적으로 더욱 견고해지게 된다.

유아기에서 뇌의 발달도 큰 특징으로 볼 수 있다. 출생 시 20~30% 정도의 뇌 발달 양상을 보이고, 영아기에 이르러 70~75% 까지 발달하게 된다. 그리고 유아기 말쯤(6세) 성인 뇌의 90% 까지 발달하게 된다. 이때 신경계는 수많은 시냅스를 형성하게 되고, 신경전달을 촉진시킬 수 있는 수초화가 진행된다. 뇌 발달의 중요한 시기이므로 다양한 자극을 제공하여 뇌 발달을 촉진시키는 것이 중요하다고 할 수 있다.

2) 인지적 발달

유아기는 감각기관을 통해 수집된 정보를 인지하는 지각능력이 크게 향상된다. 4~5세 때는 주의 집중시간은 비록 짧지만 선택적으로 주의를 집중할 수 있게 된다. 또한 이 시기에는 기억 능력도 현저하게 발달하는데, 6세 이후에는 효과적인 기억을 할 수 있다. piaget 이론에 의하면, 인지발달 단계 중 전조작적 사고에 해당한다. 언어나 정신적 표상능력이 발달하여 행동을 통해 정립되어 있는 개념에 대해 사고의 수준으로 재구성할 수 있게 되는 것이다. 전조작기는 상징적 사고단계와 직관적 사고단계로 구분된다. 상징적 사고단계는 2~4세에 해당하는 인지적 특징으로서 어떤 사물이나 사건, 경험을 나타내기 위해서 상징이나 정신적 표상을 사용하게 된다. 예를 들면 동네의 놀이터에서 미끄럼틀을 보자마자 '키즈카페'라고 외치는 현상이 바로 상징적 사고단계의 현상이나. 또한 유아기는 언어발달이 크게 성장하게 되는데, 3~5세 때 폭발적으로 어휘력이 증가한다. 매달 평균 50여개의 새로운 단어를 습득하며 3세에는 약 1000

개, 4세에는 1500~1600개, 5세는 2000~2200개, 6세 때에는 2600개의 단어를 말할 수 있고 20000개 이상의 단어를 이해한다고 알려져 있다(Papalia, Gross, & Feldman, 2003).

3) 정서적 발달

영아기와 유아기의 정서적 발달의 가장 큰 차이를 꼽는다면, 정서를 언어로 표현할 수 있다는 점이다. 영아기의 정서표현은 주로 표정과 행동으로 표현했다면, 유아기 때에는 자신의 정서나 상황을 언어를 통해 표현할 수 있다는 것이다. 이를 테면 '엄마가 안 와서 슬퍼요.' '자동차를 갖게 돼서 너무 좋아요!'라고 자신의 상황을 정확히 판단하여 무엇 때문에 자신의 감정이 좋은지 언어적으로 표현하게 된다. 이처럼 유아기는 정서표현 관련한 어휘가 급격히 발달하고 자신과 타인의 정서에 대한 원인과 결과를 이해하며 표현할 수 있다. 특히 유아기 때는 미숙하게나마 정서를 조절하는 능력이 발달하게 된다. 부모의 통제하에 의존해서 정서를 조절하던 것과 달리 스스로 감정을 다스리는 자기통제(내적 정서조절)를 하게 된다. 상대방의 표정이나 행동을 관찰하면서 자신의 정서를 조절한다.

6.4.4 아동기

1) 신체적 발달

아동기의 신체적 발달은 영아기에 비해 대체로 느리지만 꾸준한 성장을 이루게 된다. 특히 팔과 다리가 길어져서 신체의 균형이 조화롭게 맞춰져 가게 된다. 이 시기에는 뼈와 근육의 성장이 뚜렷하기 때문에 체중이 증가하게 되고, 다양하고 세밀한 운동기능이 급속도로 발달하게 된다. 학교생활 안에서 또래집단과 관계를 맺고 운동과 다양한 놀이활동을 통해 균형감, 힘, 민첩성, 유연성 등의 운동기능이 발달하게 되고 소근육의 발달로 인해 보다 정교한 작업을 수행하게 된다. 치아에서도 큰 변화가 있는데, 유치에서 영구치로 전환되고 평생 건강한 치아로 유지하기 위해선 각별한 관리와 습관을 길러주도록 해야 한다.

아동기의 운동기능

대근육 운동기술	소근육 운동기술
1. 달리는 속도가 초당 5m 이상으로 증가한다. 2. 깡충깡충 뛰기와 옆으로 걷기를 연속적으로 할 수 있다. 3. 던지고 차는 거리와 속도, 정확도가 증가한다. 4. 온몸을 이용해 배트로 공을 치며 속도와 정확도가 증가한다.	1. 손의 움직임이 안정된다. 2. 그림을 작게 그릴 수 있다. 3. 머리를 잘 빗을 수 있다. 4. 크레파스보다 연필을 선호하기 시작한다. 5. 쥐는 힘이 강해진다. 6. 글씨를 작고 일정하게 쓸 수 있다.

출처 : Berk(2006), 최경숙 · 박영아(2005), 박성연 등(2017)

2) 인지적 발달

아동기는 piaget 인지발달이론에 의하면, 구체적 조작기에 해당한다. 유아기의 전조작기 사고의 특징으로 자기중심적 사고로 인해서 타인의 입장을 고려하지 못했다면, 아동기에 이르러 타인의 입장을 고려한 객관적 사고 및 논리적 사고가 가능해진다. 이 시기의 아이들은 타인의 시각에서 사물을 볼 수 있기 때문에 타인을 이해하고 공감할 수 있는 지각능력이 발달하게 된다. 또한 아동기에는 중심화 경향에서 벗어난 사고를 할 수 있는데, 사물과 사건을 한 가지 측면(관점)에서만 보는 것이 아닌 다양한 측면에서 접근할 수 있다. 따라서 다양한 변수를 고려하면서 상황과 사건들을 파악하거나 분별하는 것도 가능해진다.

3) 정서적 발달

아동기는 이미 기본적인 정서가 거의 발달하며 기초적인 인격이 형성된다. 이에 정서이해 및 정서조절 능력이 크게 발달한다. 또한 아동기는 부정적인 감정을 조절하는 능력이 발달함에 따라 감정통제 기능도 발달하는데, 학교에서 벌어진 사건으로 슬픔이나 우울감을 경험했어도 집에서는 감추려는 행동을 취하게 되는 것이다. 아동기에서 중요한 특징은 도덕성 발달이다. 전통적으로 도덕성 발달은 인지적 측면에서 이해되어 왔지만, 최근에는 정서적인 측면을 고려하여 연구되어지고 있다.

Kohlberg의 도덕성 발달 단계

수준	단계	도덕적 판단 근거
전인습적 수준	1단계 : 처벌과 복종 지향	처벌받지 않기 위한 맹목적 복종
	2단계 : 상호교환 지향	동등하고 공정한 교환
인습적 수준	3단계 : 착한 아이 지향	타인에 대한 신의, 배려, 충성
	4단계 : 법과 규범 지향	사회질서, 법, 정의
후인습적 수준	5단계 : 사회적 계약 지향	다수가 지향하는 가치, 권리, 원칙
	6단계 : 보편적 윤리 지향	보편적인 인간의 권리와 양심

출처 : 인간의 성장과 발달, 박성연 등, 2017, 파워북, p.180

6.4.5 청소년기

1) 신체적 발달

청소년기의 신체적 발달은 키, 체중과 같은 외적 성장과 성 호르몬 분비의 촉진으로 인한 성적 발달이 주요한 특징이다. Marshall & Tanner(1974)에 의하면 사춘기(청소년기)의 신체 내외적 변화를 5 가지 영역으로 구분하여 강조하였다.

① 사춘기의 다른 변화들을 조절하는 호르몬 및 내분비계의 변화
② 성장 급등
③ 2차 성징과 생식기관의 성숙
④ 순환기계와 호흡기계의 발달, 체력 증진
⑤ 체지방과 근육조직의 증가 혹은 재분포

청소년기의 신장은 성인 98%까지 발달하고 성장판이 닫힐 때까지 5 13cm 정도 자라게 된다. 청소년기의 중요한 발달 중 하나는 성적 성숙이다. 성 호르몬의 분비가 왕성하기 때문에 여성과 남성의 외형도 뚜렷한 성적 성숙으로 완성되어 지며, 내적으로도 변화가 이루어져서 생식능력이 발달하게 된다.

2) 인지적 발달

청소년기는 piaget 이론에 의하면, 형식적 조작기에 해당한다. 실제 상황뿐만 아니라 가설적 상황이나 추상적인 개념도 논리적으로 사고할 수 있으며 추리하는 능력과 연역/귀납적인 문제해결능력이 발달하게 된다. 모든 가능성에 대해 체계적으로 검증할 수 있는 총체적인 분석이 가능해지고, 판단과 분별 등의 정보처리 속도도 발달한다. Steinberg(1990)는 청소년기의 정보처리 능력에 관해서 다음과 같은 네 가지 변화를 설명하였다. 첫째, 주의 집중 능력 증진이다. 외부에서 들어오는 두 가지 정보 가운데 한 가지 정보(자극)에만 집중하고 다른 정보는 무시할 수 있는 선택적 주의집중이 가능해진다. 오늘날 많은 청소년들이 카페에서 공부하는 문화가 조성된 것도 이러한 선택적 주의집중 능력이 발달했기 때문이다. 둘째, 단기기억과 장기기억의 최대용량이 늘어난다. 셋째, 조직적인 정보처리를 할 수 있다. 예를 들면, 과거 기억을 소환하기 위해 다른 조직의 기능을 활용함으로서 효율적인 문제해결을 할 수 있게 된다. 넷째, 자신의 사고과정에 대한 지식이 늘어난다.

3) 정서적 발달

Erikson(1968)의 심리사회적 발달이론에서는 8 단계의 인생주기를 설명하였는데, 그 중 5 단계인 자아 정체감 대 역할 혼미 단계가 청소년기에 해당한다. 이 시기에는 신체적, 성적 성숙이 왕성해지면서 아동과 성인 사이의 중간단계에서 스스로 독립하려는 욕구도 강하지만 사회의 규범과 문화에서 요구받는 가치에 대한 심리적 갈등이 매우 증가된다. 이러한 변혁 속에서 자기 자신에 대한 근본적인 물음을 던지며 내가 누구인지, 나는 사회에서 어떠한 위치와 역할을 가지고 있는지에 대한 자아정체감을 정립해 나가려고 노력하게 된다.

청소년기는 정서적으로 불안정하고 혼란스러운 시기로 소개되고 있다. 성장통을 겪으면서 감정의 강도가 강해지고 갑작스런 감정의 변화를 경험하는 불안정한 정서를 표출하기도 한다. 이외에도 불안감이나 우울감 같은 부정적 감정을 경험하게 된다.

6.4.6 성인 초기

1) 신체적 발달

성인 초기는 신체적, 인지적 측면에서 가장 정점에 있는 시기라고 할 수 있다. 성인 중기에 신체적 기능이 쇠퇴하기 전까지 최적의 건강상태를 유지하게 된다. 개인차에 따라 20대 초반에 신장의 양적변화를 경험하기도 하지만 보편적으로 신장의 양적변화는 거의 없다. 육체적인 파워는 25~30세에 절정을 이루게 되고, 그 이후엔 점차 쇠퇴하는 것으로 보고 있다. 시력은 25세를 기점으로 탄력성을 잃게 되고, 수정체가 탁해지는 증세가 시작된다. 보통 40세 이후에 노안으로 인해 교정이 필요하다. 청력은 20세 쯤 가장 좋고, 점차 그 기능이 감소한다.

2) 인지적 발달

인간의 인지발달은 약 25세 이후부터 다소 저하되는 것으로 보고 있다. 나이가 들어감에 따라 추리력, 기억력, 문제해결능력 등이 떨어지는데 이는 정보처리 속도의 저하 그리고 조작능력의 저하 등의 원인으로 설명되고 있다. 또 한편으로는 정보처리와 같은 반응속도는 저하되지만 일상생활과 관련된 지식이나 지혜와 같은 통찰력은 증가한다고 주장한다. 성인기의 사고특성은 청년기의 사고수준과는 다르다는 학자들의 주장도 있다. 형식적 사고가 아닌 '성숙한 사고'라는 것이다. 성숙한 사고라는 것은 어떤 사실에 대해 진실일 수도 있고, 거짓일 수도 있음을 수용하는 태도를 말한다. 또한 성인기에는 문제해결을 위해 논리적 사고보단 실용적 사고를 통해 통합적으로 해결한다는 것이다. 이는 실제 복잡 다양한 현실적인 부분을 많이 고려하면서 문제를 해결한다는 것이다.

3) 정서적 발달

에릭슨에 사회심리적 발달이론에 의하면, 성인 초기에는 친밀감이 필요하며 이 때문에 타인과의 정서적으로 깊은 교감을 원한다고 주장한다. 친밀감은 자기중심적인 태도에서 벗어나 타인을 이해하고 공감을 나누는 수용력에서 발달하며 타인에 대한 사랑과 돌봄을 넓혀가고 확장시키는 시기이다. 이 시기에는 개인적인 성격이 보다 성숙해지고 사회적으로도 성숙해지게 된다. 타인과 친밀감을 형성하면서 정서적으로 안정되고 독립성과 삶의 목표가 명확해진다.

6.4.7 성인 중기

1) 신체적 발달

성인 중기는 40세에서 60세 까지 일컫는다. 40세 이후에는 신체적 노화가 본격적으로 진행되고 활력이나 기능, 면역력 등이 점차 감소한다. 외적으로는 근육의 강도와 조직의 탄력성이 떨어지고 주름이 생기기 시작하는 것이 특징이다. 골격계의 변화도 두드러지는데, 관절의 유연성이 감소하고 연골 및 관절 조직들이 마모되어 다양한 질환을 유발한다.

성인 중기의 감각적 기능은 노화과정에서 매우 주요한 측면이다. 성인 초기부터 시작된 시각의 변화는 수정체의 탄력성 감소와 함께 조절능력이 많이 떨어지게 된다. 특히 40~59세에 가장 급격하게 나타난다. 청각의 변화에서는 높은 소리의 대한 민감성이 감소되지만 성인 후기 전 까지는 큰 불편감 없이 기능을 유지한다. 신체 내부적으로도 쇠퇴하여 기능에 대한 효율성이 다소 떨어신다. 온몸으로 산소와 영양분을 공급하는 혈액의 공급이 다소 감소하고 호흡기계통의 기능도 저하된다. 따라서 호흡량, 폐용량, 산소 소모량 등의 기능이 감소하게 된다. 소화기계통의 변화에서도 소화효소 및 타액분비가 감소되고 위,소장의 분절운동 기능이 떨어지므로 전반적인 소화기능이 저하된다.

2) 인지적 발달

성인 중기의 인지변화에 대한 견해는 다양하다. 신체적 하강과 함께 인지능력도 하강한다는 견해가 있는가 반면, 특정 측면의 인지능력은 오히려 발달된다는 견해이다. 기억력이나 학습능력, 신속한 처리능력 등은 약화되지만 오랜 경험과 통찰을 통해 얻어진 지혜는 새로운 발견과 행동을 창출하고 문제해결 능력이 높아지는 것이다. 또한 인지발달의 학자들은 후형식적 사고를 제안하였다. 후형식적 사고는 하나의 문제를 해결해 나가는데 반성(반영)적 사고가 필요하고 해결방식이나 정답은 상황에 따라 달라질 수 있다는 것을 전제로 한다. 성인 중기의 사고방식과 문제해결방식은 살아온 삶의 경험과 터득한 지혜를 기반으로 현실적이고 실제적인 사고를 추구하여 단 하나의 올바른 방식만이 존재한다는 좁은 생각에서 벗어나 다양한 접근으로 실마리를 풀어가는 것이다.

3) 정서적 발달

에릭슨에 의하면, 성인 중기는 7 단계에 해당하며 이 시기의 발달과업으로는 '생산성 대 침체감'으로 설명된다. 생산성은 가정을 돌보고 적극적인 사회생활과 성장에 초점을 두는 것이다. 반면 침체감은 심리적으로 성장의 결핍을 의미하는 것으로 다음 세대를 위한 준비나 관심 없이 자기만족을 위해 부단히 에너지를 쓰는 특성을 말한다. 성인 중기 시기에서 자신의 삶을 돌아봤을 때 생산적인 삶이 아니라고 느끼면 침체감에 빠져 위기를 맞이하게 된다. 가족 간의 관계가 어려워지거나 사회에서 소외감을 경험하며 자신의 존재가 무가치하다고 평가하게 된다. 이 시기에 침체감을 느끼게 되면, 대개 우울감이나, 슬픔, 절망, 수치심 등의 부정적 감정을 경험하며 폐쇄적인 삶을 살아갈 수 있다. 또한 늙어 가는 자신의 모습을 보면서 불안하고 초조함을 느끼기도 한다.

6.4.8 성인 후기

1) 신체적 발달

노화(aging)라는 용어는 사람들의 인식 속에 부정적인 이미지가 강하다. "쇠퇴하는", "건강상태가 좋지 않은" 등의 늙어 간다는 부정적 이미지로 인식되고 있기 때문이다. 그러나 인간발달의 전 생애적 관점으로 '노화'는 정상적 성장과 발달의 한 과정으로 보고 있으며, 신체적, 인지적, 사회적 기능의 저하와 함께 성숙으로서의 변화라고 할 수 있다.

노년기의 신체적 변화는 외적으로 큰 변화를 맞이하게 된다. 피부의 탄력성이 감소하여 주름이 많이 생기고 근력의 감소로 체중이 줄기도 하며, 팔/다리가 얇아지게 된다. 또한 땀 분비가 감소하기 때문에 체온조절 기능도 약화된다. 생물학적으로 보면 세포분열의 증식도 크게 줄기 때문에 재생속도나 보호기능이 저하된다. 뿐만 아니라 감각기능 역시 노화가 진행된다. 시력과 청력의 기능이 현저히 저하되어 일상생활에 지장을 초래할 수도 있다. 신체 내부기관에서도 다양한 노화가 진행되는데, 소화기계통을 비롯한 호흡기계통, 내분비계통, 순환기계통, 골격계통, 근육계통 등의 모든 영역에서 기능적 감퇴현상이 진행되어 사회적 활동을 축소시킨다. 이로 인해 다양한 질환들이 발병하게 된다.

2) 인지적 발달

성인 후기의 발달양상 중 신체적 변화와 함께 인지적 변화는 일상생활이나 일, 대인관계 등에 막대한 영향을 미치게 되므로 심리적 스트레스를 경험하게 된다. 일반적으로 인지적 변화는 종합적인 측면에서 인지능력의 감퇴를 의미하지만 부분적으로 증진되는 측면도 있다. 뇌 지능에서 정보를 처리하는 속도나 기능에 의존하는 유동성 지능은 성인 후기에 감소하는 것이 일반적이지만 판단력, 언어, 학습이나 경험의 영향을 받아 형성되는 결정성 지능은 70대 전후까지도 증가한다고 하였다(Cattell, 1963; Horn, 1982). 따라서 '지혜'라는 관점으로 성인 후기를 바라보는 것은 인간발달 단계에서 매우 긍정적인 시각일 것이다. 개인과 가족은 물론 후손들에게 지혜라는 유산을 물려줌으로서 사회에 기여할 수 있을 것이다. 이러한 특성은 성인 후기의 독특한 발달이라고 볼 수 있다. 에릭슨은 마지막 생애단계에서 지혜는 자아통합이라는 발달과업을 강조하였으며 지혜가 삶의 경험과 통찰을 통해 얻어지는 것으로서 문제를 다루는 태도나 해결능력을 향상시키게 된다.

성인 후기(노인)의 일상생활능력 평가 척도
1. 옷 입기 : 옷을 입을 때, 다른 사람의 도움 없이 혼자서 합니까? ① 도움 없이 혼자서 옷을 옷장에서 꺼내어 입을 수 있다. ② 부분적으로 다른 사람의 도움을 받아 옷을 입을 수 있다. ③ 전적으로 다른 사람의 도움에 의존한다.

2. 세수하기 : 세수나 양치질, 머리를 감을 때 타인의 도움 없이 혼자서 하십니까? ① 세 가지 모두 도움 없이 혼자 할 수 있다. ② 세수와 양치질은 혼자 하지만, 머리 감기는 도움이 필요하다. ③ 타인의 도움을 받지 않고는 세 가지 모두 할 수 없다.
3. 목욕하기 : 목욕을 할 때 타인의 도움을 받지 않고 혼자서 하십니까? ① 도움 없이 혼자서 목욕한다. ② 샤워는 혼자 하지만, 때는 밀지 못한다. (몸의 일부 부위는 도움이 필요) ③ 전적으로 타인의 도움에 의존한다.
4. 식사하기 : 음식을 준비해 드리면 도움 없이 혼자서 식사 하십니까? ① 도움 없이 식사 할 수 있다. ② 생선이나 음식을 잘라 먹을 때는 도움이 필요하다. ③ 식사할 때 타인의 도움이 항상 필요하다.
5. 이동 : 이부자리에 누웠다가 일어나 방 밖으로 나올 때 타인의 도움 없이 혼자서 하십니까? ① 도움 없이 혼자서 방 밖으로 나올 수 있다. ② 방 밖으로 나오는데 타인의 도움이나 부축이 필요하다. ③ 들것에 실리거나 업혀야 방 밖으로 나올 수 있다.
6. 화장실 사용 : 대소변을 보기 위해 화장실 출입할 때 타인의 도움 없이 혼자서 하십니까? ① 도움 없이 혼자서 화장실에 가고 대소변 후에 닦고 옷을 입는다. ② 화장실에 가거나 변기 위에 앉는 일, 대소변 후에 닦는 일이나 대소변 후에 옷을 입는 일, 또는 실내용 변기를 사용하는 일에 도움을 받는다. ③ 타인의 도움을 받아도 화장실 출입을 못하거나 대소변을 볼 수 없다.
7. 대소변 조절 : 대변이나 소변을 실수 없이 잘 보십니까? ① 대변과 소변을 본인 스스로 조절할 수 있다. ② 대변이나 소변 조절을 가끔 실패할 때가 있다. ③ 대변이나 소변을 전혀 조절하지 못한다.

출처 : 원장원(2002); Katz, S., Ford, et al.(1963)

3) 정서적 발달

성인 후기의 정서는 대개 고독감, 불안감, 외로움, 좌절감, 슬픔, 죄의식 등의 부정적 감정을 동반한 우울증의 경향을 보이곤 한다. 신체적 능력의 저하와 사회활동이 줄어들면서 경제적 자립의 어려움을 겪기도 하고 가족이나 사회로부터 분리를 경험하여 소외된 생활을 하게 된다. 또한 배우자의 죽음과 동년배 등과 같이 사회적 관계를 맺었던 사람들의 죽음은 불안감이나 고독감을 증가시키고 부정적 감정을 불러일으키는 원인이 된다. 에릭슨은 성인 후기(노년기)에 들어서면서 생애 마지막을 직면하면서 자신의 전체 삶을 돌아보게 되는데, 통합감 또는 절망감을 느낄 수 있다고 주장하였다. 자신의 삶을 돌아볼 때 후회가 있었더라도 이를 수용하고 한계를 인정하는 태도와 그럼에도 불구하고 그 안에서 의미를 찾았을 때 통합감을 이루게 된다. 반면에 불만족스럽고 자신의 인생에 대해 부정적인 시각으로 받아들이며 죽음에 대한 두려움이 너무 과도할 때 절망감이라는 위기에 봉착하게 된다고 주장하였다.

통계자료에 의하면, 노인과 관련해서 OECD 국가 중 두 가지 부분에서 1위를 기록했음을 확인할 수 있다. 첫째는 노인빈곤층 비율이며 둘째는 노인 자살률이다. 2011년도 통계청 발표에 의하면 65세 이상 노인 10만명 당 79.7명이 자살로 세상을 떠났으며, 80세 이상인 경우 10만명 당 116.9명이 자살한 것으로 나타났다. 이는 연령이 증가할수록 자살률이 높아진다는 것을 알 수 있으며, 부정적 정서가 연령이 높아질수록 더욱 발달한다고 볼 수 있다. 사회구조와 인구구조의 변화에 따라 성인 후기에 관한 사회적 관심과 돌봄, 제도적인 변화가 시급한 것으로 보여진다.

연령대별 인구 10만명 당 자살자 수

연령대	연도별				
	2007	2008	2009	2010	2011
10대	4.6	4.6	6.5	5.2	5.5
20대	21.0	22.6	25.4	24.4	24.3
30대	22.4	24.7	31.4	29.6	30.8
40대	26.3	28.4	32.8	40.1	41.2
50대	31.1	32.9	41.1	40.1	41.2
60대	47.7	47.2	51.8	52.7	50.1
70대	78.5	72.0	79.0	83.5	84.4
80대	117.3	112.9	127.7	123.3	116.9

출처 : 정신이 건강해야 삶이 행복합니다, 대한신경정신의학회, HIDOC

인간발달의 생애주기와 발달과업

발달단계	발달과업
영 · 유아기	① 보행학습 ② 고형분의 음식 섭취 연습 ③ 언어학습 ④ 배설통제 학습 ⑤ 성차 인식 ⑥ 생리적 안정 유지 ⑦ 환경에 대한 단순 개념 형성 ⑧ 타인과의 정서적 관계 형성 학습 ⑨ 양심의 발달
아동기	① 놀이에 필요한 신체기술 학습 ② 자신에 대한 건전한 태도 형성 ③ 또래 친구 사귀는 법 학습 ④ 성역할 학습 ⑤ 기본 학습기술 습득 ⑥ 일상생활에 필요한 개념 학습 ⑦ 양심, 도덕, 가치체계의 발달 ⑧ 사회집단과 제도에 대한 태도 발달
청소년기	① 자신의 신체 및 성역할 수용 ② 동성 · 이성친구와의 새로운 관계 형성 ③ 부모로부터의 정서적 독립 ④ 경제적 독립의 필요성 인식 ⑤ 직업 선택 및 탐색 ⑥ 유능한 시민으로서의 기본적인 지적 기능과 개념 획득 ⑦ 사회적 책임에 적합한 행동 ⑧ 결혼 및 가정생활의 준비
성인 초기	① 배우자 선택 ② 배우자와의 생활방법 학습 ③ 가정 형성 ④ 가정관리와 자녀양육 ⑤ 시민으로서의 의무 완수 ⑥ 친밀한 사회집단 형성
성인 중기	① 사회적 의무 완수 ② 경제적 표준생활 확립과 유지 ③ 10대 자녀의 훈육과 선도 ④ 적절한 여가 활용 ⑤ 배우자와의 친밀한 관계 유지 ⑥ 성인 중기의 생리적 변화 인정 및 적응 ⑦ 노년기 부모에 대한 적응
성인 후기	① 신체적 건강 쇠퇴의 적응 ② 은퇴와 수입 감소의 적응 ③ 배우자 사망에 대한 적응 ④ 동년배와의 유대관계 재형성 ⑤ 사회적 시민의 의무 수행 ⑥ 생활에 적합한 물리적 환경의 조성

출처 : 권중돈, 인간행동과 사회복지실천, 서울:학지사, 2021, p.49

핵심내용 정리하기

1. 인간발달을 전 생애적 관점으로 설명하라.

2. 인간발달의 8 단계를 신체적, 인지적, 정서적 관점에서 설명하라.

제 7 장

성격의 이해

7.1 성격의 정의

성격(Personality)은 라틴어 'persona'에서 유래된 용어로서 인성, 개성, 성품 등의 의미로 사용되고 있다. 성격심리에 관한 문헌들을 살펴보면 인간의 성격은 한마디로 정의하기 어렵다고 의견을 모은다. 평소에 차분하던 사람이 어떤 특정한 상황이나 환경에 놓이면 에너지 넘치는 상반된 모습을 보이기도 하고, 순한 양(sheep)같던 사람이 느닷없이 화를 내며 난동을 부리는 모습을 심심치 않게 보게 된다. 이럴 때 흔히 이렇게 표현을 하곤 한다. "인간의 탈을 쓰고 어떻게 저럴 수가 있나?"라고 말하곤 한다. 이러한 현상은 겉으로 드러난 모습과 전혀 다르게 표출된 행동양식에 복잡성을 지적한 말일 것이다. 이처럼 성격은 복잡 다양한 행동양식을 반영 하며, 각 개인의 차가 존재한다고 볼 수 있다. 이는 개인의 심리과정의 한 부분을 나타내는 개념이 아니라 각 부분들의 포괄적인 총체를 의미하므로 심리적, 생리적, 사회적 요인 모두 포함되는 것이다. 특정 소수의 사람들을 대상으로 그들의 행동을 관찰하고 인간의 성격을 정의한다면 모든 사람들에게 공통적으로 적용할 순 없다는 뜻이다. 이렇듯 '성격'을 정의하거나 개념을 정립하는 것은 쉽지만은 않다.

그럼에도 성격심리학자들에 의해 성격에 대한 이론과 개념은 지속적으로 발전되어 지고 있다. 본 장에서는 성격심리학자들이 자신의 관점에서 해석한 성격의 정의를 살펴보고자 한다.

성격이론가 올포트(Gordon Willard Allport, 1897~1967)는 '성격특질'이라는 핵심개념을 가지고 인간을 이해하였으며 개인의 특질을 강조하여 개인차의 중요성을 피력한 심리학자이다. 올포트의 성격 정의는 다음과 같다.

> 성격은 개인의 특유한 행동과 사고를 결정하는 심리신체적 체계인 개인 내의 역동적 조직이다.(Personality is the dynamic organization within the individual of those psychophysical systems that determine his characteristic behavior and thought)(Allport, 1961, p.28).

'특유한 행동과 사고'라는 표현은 인간의 행동과 생각은 그 사람의 고유한 것임을 의미하며, 행동과 사고를 통해 다른 사람과의 독특성을 가지고 있음을 강조한다. '심리신체적 체계'는 인간의 성격은 정신과 신체가 함께 상호작용함으로서 형성되며 정신과 신체의 결합을 의미한다.

'역동적 조직'이라고 표현한 것은 성격은 끊임없이 변화하고 성장한다고 보았다. 올포트의 성격이론은 무의식을 강조한 프로이트의 이론과는 매우 달랐다. 인간의 행동을 본능, 과거의 경험이나 억압으로 결정된다는 주장을 거부하였으며 성격은 습관이나 고착으로 형성된 것이 아닌, 조직화된 전체이며 현재에 뿌리를 두고 미래를 지향한다고 주장하였다.

아이젱크(Hans Jurgen Eysenck, 1916~1997)는 성격연구에 대해 기술적 접근보다 검증될 수 있는 성격모델을 제시하고자 하였다. 이에 요인분석을 통해 성격에 대한 기술이 다루어져야 하며, 두 번째는 실험적 검증을 통해 인과분석이 필요하다는 것이었다. 아이젱크는 요인분석을 통해 성격유형을 내향성/외향성, 안정성/신경증(불안정성), 그리고 충동통제/정신증 세 가지 타입으로 구분하였다. 아이젱크의 성격 정의는 다음과 같다.

> 환경에 대한 개인의 독특한 적응에 영향을 끼치는 인격, 기질, 지성, 그리고 신체 요소들이 다소 안정되고 영속적으로 조직화된 것(Eysenck, 1970, p.2).

여기서 '인격'이란 의지와 관련되고, '기질'은 감정과 관련되고, '지성'은 지능과, '신체'는 외형 및 내분비적인 특성과 관련된다고 하였다(성격심리학, 노안영, 2019). 아이젱크의 성격이론은 유전에 의해 결정된다고 보는 생물학적 유형론으로 볼 수 있다. 아래 그림은 인간의 성격을 네 가지 기질로 구분한 히포크라테스의 체액론과 아이젱크의 생물학적 유형론 간의 관계를 나타낸 것이다.

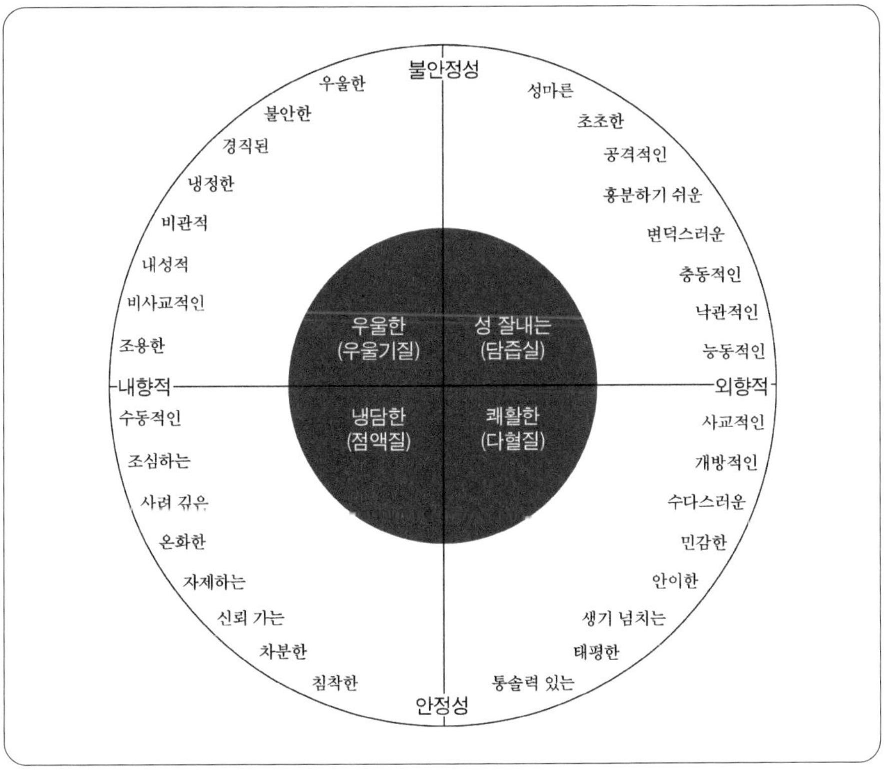

출처: 성격심리학, 노안영, 2019, p.152)

설리반(Harry Stack Sullivan, 1892~1949)은 정신의학 분야의 대인관계 이론을 정립하였으며 건전한 성격은 건강한 대인관계로부터 파생된다고 주장하였다. 특히 성격은 대인관계, 친밀한 사람들에 의해서 일생에 걸쳐 형성되며 유아기부터 청소년기 초기까지 형성되는 성격은 일생 전반에 걸쳐 보편적인 틀로 작용한다고 보았다. 설리반이 제시한 성격 정의는 다음과 같다.

> 인간의 삶을 특징짓는 되풀이 되는 대인관계 상황의 비교적 지속적인 패턴(Personality is the relatively enduring pattern of recurrent interpersonal situations which characterize a human life.)(Sullivan, 1953, p.110~111)

설리반은 개인의 성격은 대인관계에 초점을 두고 있으며, 대인관계의 상호작용 속에서 관찰되는 세 가지 양상 이른바 역동성, 인간상 형성, 경험양식의 개념을 가지고 성격을 정의하였다. 대인관계 상황의 지속적인 패턴은 역동성으로 설명할 수 있는데, 역동성이란 습관처럼 반복되는 신체적 또는 정신적 행동을 말한다. 인간상 형성은 욕구만족이나 불안의 경험에서 비롯된 감정이나 태도의 복합이며, 자신이나 타인에 대해 경험에 비춘 이미지를 형성하는 것을 의미한다. 경험양식은 개인이 세계를 경험하는 세 가지 방식을 말하는데 원형적, 병렬적, 통합적 경험으로 설명하였다.

> 성격은 개인이 접하는 생활 상황에 대해 적응의 특성을 기술하는 사고와 감정을 포함하는 구별된 행동패턴을 의미한다(Personality usually refers to the distinctive patterns of behavior(including thoughts and emotions) that characterize each individual's adaptation to the situation of his or her life.)(Mischel, 1976, p.2)

> 성격은 개인이 소유한 일련의 역동적이고 조직화된 특성으로서, 이러한 특성은 다양한 상황에서 개인의 인지, 동기, 행동에 독특하게 영향을 준다(Personality is the dynamic and organized set of characteristics possessed by a person that uniquely influences his or her cognitions,

motivations, and behaviors in various situations.)(Ryckman, 2000, p.5)

성격은 인간의 행동, 사고, 감정의 특유한 패턴을 창조하는 심리신체적 체계인 인간 내부의 역동적 조직이다(Personality is a dynamic organization, inside the person, of psychophysical systems that creat the person's characteristics patterns of behavior, thoughts, and feelings.)(Carver & Scheier, 2000, p.5)

성격은 일관된 행동패턴 및 개인 내부에서 일어나는 정신내적 과정이다(Personality is consistent behavior patterns and intrapersonal processes originating within the individual.)(Burger, 2000, p.4)

성격은 인간의 행동에 일관성과 개별성을 주는 상당히 영구한 특질과 독특한 특성의 패턴이다(Personality is a patterns of relatively petmanent traits and unique characteristics that give both consistency and individuality to a person's behavior.)(Feist & Feist, 2006, p.4)

성격은 개인의 사고, 정서, 행동의 특성적 패턴이며 그러한 패턴은 모두 패턴 이면에 감추어지거나 그렇지 않은 심리적 기제를 가지고 있다(Personality refers to an individual's characteristic patterns of thought, emotion, and behavior, together with the psychophysical mechanisms hidden or not behind those patterns.)(Funder, 2010, p.5)

발췌 : 성격심리학, 노안영, 2019, p.26~27

이상 살펴본 바와 같이 성격에 관한 정의는 다양한 관점으로 정의되고 연구되고 있다. 학자들의 '성격 정의'를 토대로 성격에 관해 간략하게 정리하면 다음과 같다.

첫째, 성격은 행동으로 표출되며 그 행동 안에는 인간의 사고와 감정 등이 포함된다. 또한 인간의 행동은 보편적으로 공유되는 공통적인 특징을 내포한다.

둘째, 성격은 각 개인의 독특함을 반영한다. 따라서 사람들이 보편적으로 묶이는 공통성뿐만 아니라 오직 자기만의 독특함을 발현하는 것이다.

셋째, 성격이란 비교적 일관되고 안정적인 행동양식이다. 특정 상황에서 정해진 방향으로 행동하려는 성향을 가지고 있으므로 개인의 행동은 예측 가능하다고 할 수 있다.

넷째, 성격은 삶의 경험을 반영한다. 자신의 삶 속에서 처한 환경이나 상황에서 살아가기 위해 자신의 성격을 발달시키거나 형성한다.

7.2 성격의 구성요소

성격은 내적요인과 외적요인으로 구성된다. 내적요인은 다시 특성(character)과 기질(temperament)로 구분할 수 있다. 특성(character)은 인간행동의 특정을 짓는 고유한 성질 혹은 성품을 말하는데, 인간의 본성은 '악하다' 또는 '선하다', 프로이트 이론의 무의식의 기초한 원초적 본능과 같은 선천적인 심리특성을 말한다. 기질(temperament)은 환경에 따른 비교적 일관된 행동패턴을 의미하며, 유전적인 것에 기초를 두고 있기 때문에 생물학적 심리특성이라고 말할 수 있다.

외적요인은 개성(individuality)이라는 개념으로 설명할 수 있다. 개성은 한 개인의 고유한 취향이나 특성을 의미하며, 인생을 살아가면서 사회문화적인 영향을 받으면서 후천적으로 형성되는 심리요소라고 할 수 있다.

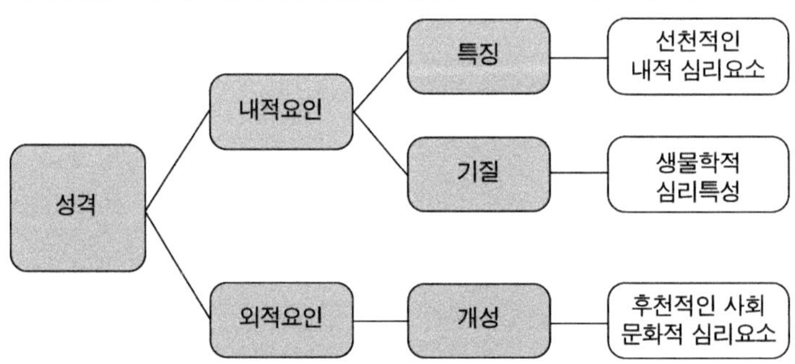

출처 : 조직형태의 이해, 김관석 외, 대영문화사, 2002, p.88, 재인용

7.3 성격의 결정요인

성격이 형성되고 행동으로 귀결되는 매커니즘에 대한 연구는 심리학자들에 의해 오랫동안 수행되어 왔다. 정신분석이론의 프로이트는 인간의 성격은 5세 이전에 형성되는 것으로 주장하였으며, 심리사회적 발달이론의 창시자 에릭슨은 성격의 발달은 인생 초기에 결정되는 것이 아니라 심리사회적으로 평생에 걸쳐 이루어진다고 주장하였다. 이처럼 다양한 관점과 요인에 의해 성격은 발달하고 고유의 독특함을 형성하게 되는 것이다. 요약하면 인간의 성격은 생물학적 관점(유전적 요인)의 선천적 요인과 삶의 배경과 환경에 의해 형성되는 후천적 요인으로 구분할 수 있을 것이다. 최근 심리학자들은 선천적, 후천적 요인 이외에 제3의 결정요인을 주장하였는데 이른 바 상황적 요인이다. 상황에 따라 경험과 학습이 일어나게 되고 그에 따른 인지적 과정을 통해 성격이 발달된다는 것이다.

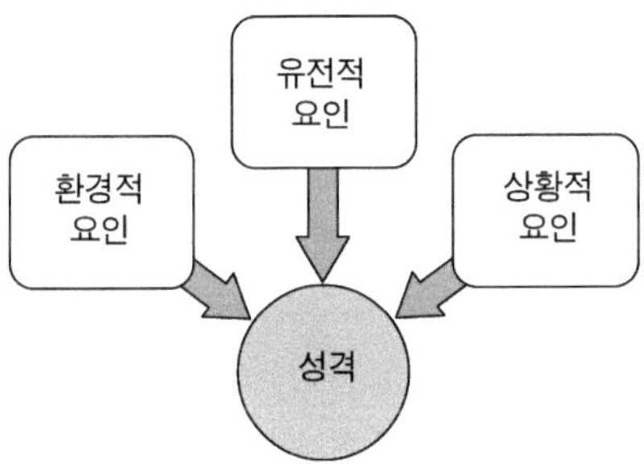

출처 : 인간관계 성공학, 이길헌 · 김영헌, 두남, 2021, p.76

7.3.1 유전적 요인

성격구조를 본능, 자아, 초자아 세 가지로 구분한 프로이트는 본능에 대해 특히 강조하였다. 프로이트에 의하면 본능은 선천적으로 내재 되어 있는 행동이나 능력이라고 하면서 본능이나 충동적인 속성은 생물학적인 과정이라고 주장하였다. 인본주의 이론의 대표학자 중 매슬로우 역시 성격발달에 관해 선천적으로 타고났다고 설명하면서 유전론적인 입장으로 인간을 보고 있다. 또한 생물학적 유형론을 제안한 아이젱크는 지능을 비롯한 내-외향성이나 신경증의 경향은 유전적 요인의 영향을 받는다고 주장하였다.

성격형성 또는 성격발달이 유전적 요인에 의한 것인지를 밝히는 학문으로 행동유전학(behavior genetic)이라는 분야가 있다. 1800년대 멘델에 의해 유전법칙이 밝혀지면서 유전에 관한 연구는 본격화되었고, 심리학과 유전학의 통합된 학문이 행동유전학이다. 행동유전학은 성격의 특성, 심리적 이상, 인지와 정서뿐만 아니라 성격과 유전 간의 관계를 규명하여 행동 특성을 연구하는 학문이라고 할 수 있다. 행동유전학에서 널리 사용되는 연구방법은 바로 쌍생아 연구와 입양아 연구가 있다.

Beloff(1955)의 연구에 따르면 조울성 기질, 분열성 기질, 모험적 기질, 퇴행적 분열성 기질 등의 성격특성을 비교한 결과 유전의 영향이 더 큰 것으로 보고되었다. Buss & Plomin(1975)의 연구에서는 일란성 쌍생아의 기질과 이란성 쌍생아의 기질 상관관계를 비교한 결과 일란성 쌍생아가 훨씬 높은 상관관계를 나타내었다.

1979년 어느 날, 미국의 한 신문에 "태어나자마자 각자 다른 가정으로 입양된 쌍생아가 40년 만에 만났다."라는 기사가 실렸다. 이를 읽은 미국의 미네소타대학의 심리학자인 토마스 부샤드 박사는 두 쌍생아에게 매우 흥미를 느꼈다. 40년 동안이나 다른 환경에서 자랐다면, 두 쌍생아는 과연 어떤 점이 비슷하고 또 어떤 점에 차이가 날까 하는 궁금증이 커져 가던 차에 두 쌍생아의 유사성과 차이점을 조사해 보기로 작정했다. 그리고 그 조사결과에서 깜짝 놀랄 사실이 드러났다.

환경이 다르기 때문에 당연히 다를 것이라고 생각했던 습관이나 취미 등이 두 쌍생아에게서 똑같게 나타났다. 두 사람은 습관적으로 손톱을 물어뜯었고, 취미는 목공이었으며, 농구를 싫어하는 것도 같았다. 왜 이런 현상이 나타난 것일까? 믿을 수 없는 결과에 충격을 받은 부샤드는 이후에 다른 쌍생아의 조사에서 성격이나 습관 등이 유전적 영향을 강하게 받기 때문이라는 사실을 재확인 하게 되었다.

출처 : 인간관계 성공학, 이길헌·김영헌, 두남, 2021, p.77

7.3.2 환경적 요인

인간은 사회적 동물이라고 한다. 이는 현대사회는 복잡, 다양한 시스템으로 연결되어 있고 타인과의 상호작용을 통한 관계를 유지해야 하기 때문이다. 환경론적 관점의 학자들은 성격이 유전적인 요인에 의해 기초가 형성되었다 하더라도 개인의 독특한 경험이나 자극에 의해 변화될 수 있다고 주장한다. 심리사회적 발달이론의 에릭슨은 프로이트의 정신분석 이론을 일부 수용하였으나 성격이 어린 시절 결정된다는 것에 반대하였다. 그는 개인의 전 생애에 걸쳐 경험하는 과정을 통해 성격이 발달한다고 주장하였다. 분석심리학 이론의 창시자 칼 융은 프로이트의 이론을 수용하면서 무의식의 개념을 확장시켰다. 융은 인간의 전체적인 성격을 정신으로 보았으며, 정신의 구조를 의식과 무의식으로 구분하였다. 또한 성격의 중요한 구성요소 중 하나인 페르소나(persona)라는 개념이 있다. 페르소나는 환경의 요구에 조화를 이루기 위한 원형이다. 페르소나는 '가면'을 뜻하는 용어로서 사회적 환경에 적절히 대처하고 사람들과 관계하면서 보여주고 싶은 공적 얼굴로 해석할 수 있다. 이는 자신이 경험하는 환경적 요인이 자기존재 즉, 성격에 영향을 미치는 것으로 이해할 수 있다. 사회적 인지이론을 정립한 반두라는 인간의 행동은 내적인 과정과 환경적 영향 간의 상호작용으로 결정된다고 하였다.

성격에 영향을 미치는 환경적 요인은 자신의 삶 속에 다양한 형태로 놓여 있으며, 그 환경 속에서 다양한 경험을 무의식적으로 받아들이게 된다.

7.3.3 상황적 요인

앞에서 살펴 본 바, 성격은 유전적 요인과 환경적 요인의 상호작용 속에서 형성된다. 그러나 동일한 환경 안에서 다양한 상황이 전개되기도 한다. 이처럼 특수한 상황적 환경 속에서 경험과 학습을 통해서 새로운 인지적 과정이 일어나게 되고 상황에 맞는 행동을 하게 된다. 그리고 이러한 상황에 따라 형성된 행동은 고착화되기도 하며 성격에 영향을 미치게 되는 것이다. 성격이론가 중 상황에 초점을 맞춘 학자가 바로 미첼이다. 미첼은 성격에 대해 '개인이 접하는 생활 상황에 대해 적응의 특성을 기술하는 사고와 감정을 포함하는 구별된 행동패턴을 의미한다.'(Mischel, 1976, p.2) 라고 정의하면서 행동에 영향을 미치는 요인을 상황이라고 강조하였다. 그는 행동을 결정하는 사람변인과 상황변인의 상호작용을 인정하면서도 '상황 속에 있는 사람'을 이해하는 것이 중요하다고 주장하였다. 성격의 특질이론을 정립한 커텔(Raymond B. Cattell, 1905~1998)은 성격연구의 목적을 행동을 예측하는 것이라고 하였다. 그에 따르면 '성격은 주어진 상황 속에서 어떤 사람이 무엇을 할지를 예측하도록 해준다.'라고 하였다. 커텔은 성격을 수학적 공식으로 표현하였는데, 다음과 같다.

$$R = f(P, S)$$

R은 개인의 행동반응, P는 성격, S는 주어진 상황 또는 자극을 의미한다. 풀이하면 행동반응은 성격과 주어진 상황에 의해 결정된다. 라고 할 수 있다.

7.4 성격의 유형

7.4.1 성격의 5 요인 모델(Big Five)

피스크(Fiske, 1949)는 커텔의 16요인 모델을 대체하기 위한 5요인 모델을 제시하였다. 16 요인으로 구성된 광범위한 성격차원을 가능한 축소하고, 사회문화적 환경을 반영하면서도 보편적인 특질을 찾고자 노력한 결과이다. 이 연구는 당시 큰 주목을 받지 못했으나 1960년대에 다시금 회자 되기 시작하였다. Tupes & Christal(1961)은 외향성, 우호성, 성실성, 정서적 안정성 대 정신증, 문화 등의 5요인 모델을 제시하였다. 이후 1963년 노만(Norman)에 의해 다시 연구되었고, Borgatta(1964)와 Smith(1967)는 기존의 연구방법과 다른 절차를 활용하여 5요인의 관한 성격연구를 진행하였다. 1980년대에서는 초기 연구되었던 자료를 토대로 새로운 방식의 분석이 시도되었으며, Digman & Takemoto-Chock(1981)의 연구가 대표적이다. 또한 Goldberg(1981)는 자신의 연구와 기존의 연구를 종합적으로 검토한 결과 성격의 5 요인은 일관성 있음을 검증하였다. 이로 인해 성격의 5 요인을 'Big Five'라고 명명하게 되었다.

'Big Five'의 각 요인은 다음과 같다.

Big Five 모델과 하위 특질

성격요인	하위 특질
개방성(openness: O)	공상, 환상, 미적, 감수성, 느낌, 정서, 행동, 독창적, 지적호기심, 모험심, 상상력, 가치
성실성(conscientiousness: C)	능력, 정돈, 조직화된, 신중함, 질서, 정확성, 목표지향적, 자기 통제력, 성취, 노력, 책임
외향성(extraversion: E),	열정적, 따뜻함, 적극적, 능동성, 낙관적, 긍정정서, 친근함, 흥분, 사교성
우호성(agreeableness: A)	신뢰성, 솔직함, 이타심, 순종적, 겸손함, 부드러움, 착함, 인간미
신경증(neuroticism: N)	불안, 분노, 우울, 충동성, 상처를 잘 받음, 적개심, 걱정, 스트레스 취약, 부정 정서

출처 : 인간관계 성공학, 이길헌·김영헌, 두남, 2021, p.81~82 수정 · 보완

이후 Costa & Mccrae(1992)는 성격 5요인을 측정하기 위한 도구를 개발하였는데(NEO-PI-R), 총 240문항으로 구성되었다. 다음 표는 측정결과에 따른 상향점수와 하향점수의 특징을 정리한 내용이다.

성격 5 요인과 측정치에 따른 특징

성격 5 요인	높은 점수	낮은 점수
개방성(O) 자신의 경험을 주도적으로 추구하고 평가하는지에 관한 측정. 낯선 것에 대한 인내와 탐색정도를 측정	호기심이 많음, 흥미의 영역이 광범위함, 창의적임, 독창적임, 상상력 풍부, 관습에 얽매이지 않음	관습적임, 흥미를 갖는 영역이 제한됨, 예술적이지 않음, 분석적이지 않음
성실성(C) 목표지향적 행동을 조직하고 지속적으로 유지하며, 목표지향적 행동에 동기를 부여하는 정도 측정	체계적임, 믿음직함, 근면, 시간을 잘 지킴, 정돈됨, 야망이 큼	목적이 없음, 믿을 수 없음, 게으름, 부주의 함, 의지가 약함, 쾌락에 탐닉

외향성(E) 대인관계에서의 상호작용 정도와 강도를 측정. 활동수준, 자극에 대한 욕구, 즐거움, 능력 등을 측정	사교적, 적극적, 말하기를 좋아함, 사람 중심, 낙관적, 즐거움 추구, 상냥함	말수가 적음, 냉정함, 과업 중심, 조용, 활기가 없음
우호성(A) 사고, 감정 그리고 행위적 측면에서 동정심부터 적대감까지의 연속선상에 따라 개인의 대인관계 오리엔테이션이 어느 위치에 있는지를 측정	마음이 여림, 성격이 좋음, 신뢰할 수 있음, 도움을 잘 줌, 관대함, 잘 속음, 솔직함	냉소적임, 무례함, 의심이 많음, 비협조적임, 앙심을 품음, 무모함, 초조함, 조종적임
신경증(N) 적응 대 정서적 불안정을 측정. 심리적 디스트레스, 비현실적 생각, 과도한 열망과 충동, 부적응대처 반응에 관한 측정	걱정, 초조, 감정의 변덕, 불안정, 심기증 있음	침착, 이완, 안정, 강건함, 자족감

출처 : 성격심리학, 노안영, 2019, p.160

7.4.2 MBTI(Myers-Briggs Type Indicator)

MBTI는 성격유형을 진단하는 도구로서 현재 다양한 분야에서 활용되고 있으며, 대중적으로 가장 잘 알려진 성격유형 심리검사이다. 분석심리학을 창시한 융(Carl Gustay Jung, 1875~1961)은 1921년 '심리적 유형'이라는 책을 발간하면서 외향성과 내향성이라는 성격 지향성을 설명하였다. 또한 4 가지 심리적 기능, 즉 사고와 감정, 직관과 감각을 제안하였다. 융의 '심리유형론'을 바탕으로 Myers-Briggs는 자기보고식 성격유형지표를 개발하였으며 융의 심리유형론에 의하면 네 가지의 선호경향 즉, 에너지의 방향, 인식기능, 판단기능, 이행양식의 각각 양극지표에 따라 자신의 기질과 성향이 반영되어 하나의 범주에 속하게 된다. 에너지 방향과 주의 집중에 따라 외향성(E)과 내향성(I)으로 구분하고, 정보를 수집하고 인식하는 방식에 따라 감각(S)과 직관(N)으로, 판단과 의사결정 방식에 따라 사고(T)와 감정(F), 행동으로 이행하는 방식에 따라서는 판단(J)과 인식(P)으로 구분한다.

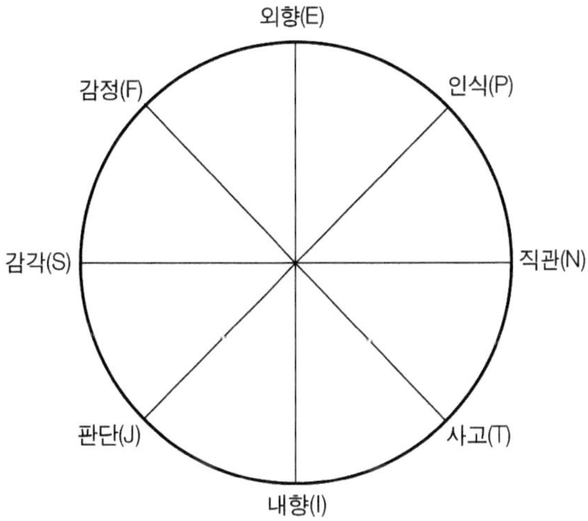

MBTI 성격유형지표

MBTI 4 가지 선천적 선호경향

	에너지 방향	
Type	외향형	내향형
설명	폭넓은 대인관계를 유지, 사교적, 정열적, 활동적이다.	깊이 있는 대인관계 유지, 조용, 신중하며 이해한 후에 경험한다.
대표적 표현	• 자기외부에 주의 집중 • 외부활동과 적극성 • 정열적, 활동적 • 언어로 표현 • 경험한 후, 이해 • 쉽게 알려짐	• 자기내부에 주의 집중 • 내부활동과 집중력 • 조용하고 신중함 • 글로 표현 • 이해한 후, 경험 • 서서히 알려짐
	인식기능(정보수집)	
Type	감각형(S)	직관형(N)
설명	오감에 의존하여 실제의 경험 중시, 지금-현재에 초점을 맞추며 정확하고 철저히 일을 처리한다.	육감 또는 영감에 의존하며 미래지향적이고 가능성과 의미를 추구, 신속하고 비약적으로 일을 처리한다.
대표적 표현	• 지금-현재에 초점 • 실제의 경험 중시 • 정확, 철저한 일 처리 • 사실적 사건묘사 • 나무를 보려는 경향(부분)	• 미래 가능성에 초점 • 아이디어 • 신속 비약적인 일 처리 • 비유적, 암시적 묘사 • 숲을 보려는 경향(전체)

	판단기능(판단, 결정)	
Type	사고형(T)	감정형(F)
설명	진실과 사실에 주관심을 가지고 논리적, 분석적, 객관적으로 판단한다.	사람과 관계에 주관심을 가지고 상황적, 정상참작한 설명을 한다.
대표적 표현	• 진실, 사실에 주관심 • 원리와 원칙 • 논거, 분석적 • 맞다, 틀리다 • 규범, 기준 중시 • 지적 논평	• 사람, 관계에 주관심 • 의미와 영향 • 상황적, 포괄적 • 좋다, 나쁘다 • 나에게 주는 의미 중시 • 우호적 협조
	이행양식(생활양식)	
Type	판단형(J)	인식형(P)
설명	분명한 목적과 방향이 있으며 기한을 엄수하고 철저히 계획하고 체계적이다.	목적과 방향은 변화 가능하고 상황에 따라 일정이 달라지며 자율적, 융통성이 있다.
대표적 표현	• 정리 정돈과 계획 • 의지적 추진 • 신속한 결론 • 통제와 조정 • 분명한 목적의식과 방향감각 • 뚜렷한 기준과 자기의사	• 상황에 맞추는 개방성 • 이해로 수용 • 유유자적한 과정 • 융통과 적응 • 목적과 방향은 변화(개방성) • 재량에 따라 처리(포용성)

출처 : 한국 MBTI 연구소

MBTI의 성격유형별 특징

성격유형	특징
ISTJ	1. 조용하고, 신중하며, 철저함과 확실성으로 좋은 결과를 얻고자 한다. 2. 구체적, 사실적, 현실적이며, 책임감이 강하다. 3. 해야 할 것을 논리적으로 결정하고, 흐트러짐 없이 꾸준히 해 나간다. 4. 체계적으로 자신의 일, 가정, 삶을 구성해 나갈 때 기쁨을 얻는다. 5. 전통과 성실을 가치 있게 여긴다.
ISFJ	1. 조용하고, 다정하며 세심, 성실, 책임감이 강하다. 2. 자신들의 의무에 헌신적이고, 이를 꾸준하게 실현한다. 3. 철저하고, 노고를 아끼지 않으며, 사려 깊고, 정확하다. 4. 타인 특히, 자신에게 중요한 사람들의 느낌에 관심이 많고 그들과 관련된 구체적인 것을 잘 알아차리고 기억한다.

INFJ	1. 아이디어, 관계, 물질 안에서 의미와 연관성을 찾는다. 2. 사람들의 동기를 이해하기 원하고, 다른 사람들에 대해 통찰력을 지니고 있다. 3. 자신들의 확고한 가치를 양심적으로 수행한다. 4. 공동의 선을 추구하기 위한 명확한 비전을 개발한다.
INTJ	1. 독창적이고, 창의적인 마인드를 지니고 있다. 2. 자신의 아이디어를 실현하고, 목적을 성취하고자 하는 욕구를 가지고 있다. 3. 사건의 패턴을 빨리 파악하여, 관련된 광범위한 설명과 더불어 앞으로의 전망을 제시한다. 4. 일을 조직화하고, 포괄적으로 수행한다.
ISTP	1. 상황에 대해 관조적이고 유연하다. 2. 문제가 발생할 때 까지 조용히 관찰하지만, 일단 발생하면 실행 가능한 해결책을 찾기 위해 빠르게 움직인다. 3. 문제의 현실적인 원인을 분석하고, 핵심을 구체적으로 파악하기 위해서 많은 양의 정보를 처리한다.
ISFP	1. 조용하고, 다정하며, 정서에 민감하고 친절하다. 2. 현재의 순간을 즐기며, 주변에서 일어나는 일들을 즐긴다. 3. 자신만의 공간과 시간 안에서 일하는 것을 좋아한다. 4. 자신의 가치를 중요시 여기며, 의미 있는 사람들에게 충실하며 헌신적이다.
INFP	1. 이상주의자, 자신에게 의미 있는 가치나 사람들에게 충성 2. 자신의 가치와 조화를 이룰 수 있는 외부세계를 원한다. 3. 호기심이 많고, 어떠한 일의 가능성을 보는 경향이 있으며, 아이디어를 수행하기 위한 촉매 역할을 한다. 4. 사람들의 본질을 이해하려 하고, 이들의 가능성을 성취할 수 있도록 돕는다.
INTP	1. 이론적, 추상적이며, 자신의 관심 영역에 논리적이고 이론적인 설명을 하고자 한다. 2. 타인과의 상호작용 보다는 아이디어에 더 관심을 가짐 3. 조용하고, 보유적이며, 유연성과 적응력이 있다. 4. 관심분야에 있어서 문제해결에 집중하는 모습을 보인다. 5. 회의적이고, 때로는 비판적이고 항상 분석적이다.
ESTP	1. 상황에 유연하며, 즉각적인 결과에 초점이 맞춰진 현실적인 접근을 선호한다. 2. 이론과 개념적인 설명은 지루해하며, 문제해결을 위해 활동적으로 움직인다. 3. 지금 이 순간에서 벌어지는 일에 관심이 많고, 타인들과 활기차게 할 수 있는 매 순간을 즐긴다. 4, 감각적인 편안함과 스타일을 즐긴다.

ESFP	1. 사교적이고, 다정하며, 수용적이며, 긍정적이다. 2. 타인들과의 상호작용과 물질적인 편안함을 추구한다. 3. 타인들과 함께 일하는 것을 즐기며, 상식적, 현실적인 접근으로 일을 재미있게 하고자 한다. 4. 융통성이 있고, 자발적이며, 새로운 사람들과 환경에 빨리 적응한다.
ENFP	1. 열정적, 따뜻하며, 상상력이 풍부하다. 2. 세상을 가능성이 풍부한 곳으로 바라본다. 3. 사건과 정보를 잘 연결하며, 자신만의 패턴을 기반으로 자신감 있게 일을 진행시킨다. 4. 타인들로부터 칭찬받기 원하며, 감사와 지지를 잘 표현한다.
ENTP	1. 상황을 빠르게 이해하고, 활기차고, 기민하며, 거리낌 없이 표현한다. 2. 새롭고 도전적인 문제를 해결하는데 흥미를 느끼며, 개념적 가능성을 창출하고, 그 후 전략적으로 그것들을 분석한다. 3. 사람들과 상황의 전반적인 흐름을 읽어내고자 한다. 4. 일상적인 일은 지루해하며, 똑같은 일을 똑같은 방식으로 처리하는 경우가 드물다.
ESTJ	1. 구체적이고, 현실적이며, 사실적이다. 2. 결정을 하고자 하고, 결정된 것을 이행하기 위해 빠르게 움직인다. 3. 프로젝트를 구조화하고, 사람들을 조직하며, 가능한 가장 효율적인 방법으로 결과를 얻는 것에 초점을 맞춘다.
ESFJ	1. 마음이 따뜻하고 양심적이며, 협조적이고 주변상황이 조화롭고 화합되기를 원한다. 2. 목표를 성취하기위해 결정권을 가지고 일하기 좋아하며, 정확하고 제 시간에 완수되기를 원한다. 3. 혼자보다 타인들과 함께 일하는 것을 좋아한다. 4. 사소한 일들에도 성실하게 해내며, 자신의 존재와 기여를 인정받기 원한다.
ENFJ	1. 따뜻하고, 감정이입을 하며, 표현이 활발하고 책임감이 있다. 2. 타인들의 정서, 욕구 그리고 동기에 대한 높은 관심을 가진다. 3. 모든 사람들의 잠재성을 찾는 동시에, 그것들을 실현시킬 수 있도록 돕는다. 4. 비전과 목표에 대해서 사람들을 동기화시키는 리더십을 발휘한다.
ENTJ	1. 솔직하며, 결단력 있고, 타인들을 이끌고자 한다. 2. 비논리적이거나, 비효율적인 절차와 정책을 빨리 간파하고, 조직의 문제를 해결하기 위한 포괄적인 시스템을 개발하고 수행한다. 3. 자신들의 지식을 확장하고자 하고, 또한 그것을 타인들에게 전달하는 것을 즐긴다.

출처 : 한국 MBTI 연구소

핵심내용 정리하기

1. 성격이론가들은 인간을 어떤 관점으로 이해하였는가?

2. 성격형성에 영향을 주는 결정요인을 설명하라.

3. MBTI 성격유형을 간략히 설명하라.

제 8 장

인간행동 이해

8.1 인간행동

행동이라는 용어는 act, action, behavior 라는 단어로 사용되어 진다. 'act'와 'action'의 어원은 라틴어 'agere'라는 단어에서 파생되었는데, 그 의미는 이끌다, 가다, 움직이게 맞춰 놓다, 수행하다, 몰고 가다 라는 뜻을 지니고 있다. 여기서 어근 'ag-'는 '움직이다', '몰아가다(drive)', '이끌다'의 뜻을 가지고 있다. 대표적인 단어로는 'agent(에이전트)'인데 예술이나 스포츠 부문의 대리인으로서 움직이고 행동하는 사람에게 붙이는 명사이다. 이처럼 행동이라는 용어는 '무엇을 이끌고', '무엇을 위해 움직이고 행동하는' 의미를 내포하고 있다. 심리학을 다른 표현으로 '행동과학'이라고 하기도 하는데, 인간의 행동은 무엇을 이끌고, 무엇을 위해 움직이는 목적성을 가지고 있기 때문이다. 즉, 인간의 심리를 이해한다는 것은 인간의 행동을 면밀히 관찰하고 그렇게 행동을 하게 된 동기를 분석하는 것이 심리학의 핵심이라는 것이다. 인간의 행동은 의도나 목적, 그리고 의미를 가지고 있으며 심리적 충동으로부터 발현되어 다양한 심리적 기능들에 의해 수행되기도 하고 억제가 되기도 한다. 따라서 심리학에서는 신체적인 행동 이외에 사고나 인지과정의 속성을 반영한 정신적 행동까지 포함하여 인간을 이해한다.

의학적으로 볼 때 행동은 반사작용과 생리적 현상으로 보고 있다. 화장실을 가는 것, 느닷없이 하품을 하는 것, 추울 때 몸을 움츠리는 것 등의 행동들은 무의식적으로 일어나는 행동이며 인지적 과정 없이 자연스럽게 나타나는 행동이라고 할 수 있다.

인간발달학적으로 행동을 볼 때, 생애발달단계별로 행동의 독특한 특성을 보이고 있다. 영아기에 나타나는 대표적인 행동은 자신의 생리적 욕구를 스스로 해결하지 못하기 때문에 '울음'이라는 행동으로 표출하게 된다. 유아기 때는 세상의 모든 사물에 대해 호기심을 가지고 행동한다. 만져보고 촉감을 통해 학습하는 모든 행동들은 유아기의 고유한 행동특성이라고 볼 수 있다. 아동기 때는 학교생활을 경험하면서 또래집단을 형성하게 된다. 이 시기에 친구들과의 관계성을 학습하고 타인에 대한 행동을 배우게 되는 것이다. 청소년기 때는 자아정체성을 확립하며 성인으로 나아가는 단계라고 볼 수 있다. 이에 독립하려는 심리적 욕구와 자립성이 강해지기 때문에 그에 걸 맞는 독특한 행동을 보이게 된다. 성인 초기에는 본격적인 사회생활을 하게 되고 가정을 꾸리는 시기이므로 직장생활에 관한 조직행동이 강화되고, 보다 넓은 사회적 관계에 따른 행동을 보이게 된다. 성인 중기에는 직업적 성취나 자녀의 성장이 이전의 발달단계에서 보이는 특성과 다른 행동특성을 보이게 된다. 이를 테면 자녀의 결혼 준비나 독립시키는 경험을 하게 되면 생활양식과 태도가 바뀌고 그에 따른 행동에 변화가 생기게 된다. 또한 이 시기는 갱년기를 경험하며 신체적으로 쇠퇴하는 시기이므로 건강을 유지하기 위한 행동과 태도를 보이게 된다. 성인 후기에는 노화로 인해 행동반경이 좁아지는 것이 가장 두드러진 특성이라고 볼 수 있다. 체력적인 부분과 신체적 기능의 저하로 활동이 줄어들 수밖에 없으며 배우자와 동년배의 죽음을 경험하면서 심리적으로도 많은 변화가 생기게 된다.

이처럼 인간의 발달단계마다 그에 맞는 보편적 행동특성을 가지게 되며, 단계마다 나타나는 행동을 파악하고 인간을 이해하는 것은 매우 의미 있다고 볼 수 있다.

Berger & Federico(1982)는 '인간행동'이라는 책을 발간하였는데, 인간행동에 영향을 미치는 요인에 대해 사회복지 관점으로 다음과 같이 주장하였다.

> 첫째, 유전적 · 신체적 특성과 같은 생물학적 원인이 있다.
> 둘째, 개인의 인지 · 심리 · 정서적 원인이 있다.
> 셋째, 정치 · 경제 · 종교 · 교육 등과 같은 사회구조적 원인이 있다.
> 넷째, 오랫동안 축적된 가치 · 생활양식과 같은 문화적 원인이 있다.
> 출처 : 인간행동과 사회환경, 김영철 등, 박영스토리, 2022, p.14

인간의 행동은 겉으로 드러난 신체적 움직임으로만 국한되는 것이 아니라 다양한 요인에 의해 결정된다는 것이다. 인지적, 심리적 과정과 같은 내적인 요소에 의해서 행동이 발현되기도 하며 정치, 경제, 종교, 교육 등에 의해 가치관이나 신념의 변화가 일어나고 이로 인해 강력한 행동이 만들어지기도 한다. 또한 추운지방과 더운지방에서의 풍습과 생활양식은 전혀 다르다고 볼 수 있다. 가옥구조나 음식, 생활패턴, 심지어 직업까지도 달라지는 것이다. 해안지역에서는 어업을 중심으로 발달하였고, 비옥한 옥토가 펼쳐 있는 전라도 지역은 농경산업이 발달한 것이 대표적인 예라고 할 수 있다.

8.2 인간행동의 유형

인간이 신체적으로 움직이고 행동하게 되는 근본적인 이유를 세 가지 유형으로 구분하면 첫째, 가시적으로 표출되는 외현적 행동 둘째, 겉으로 드러나시 않는 내면의 행동 세 번째, 내면에서 일어나지만 의식하지 못하는 수준의 무의식적 행동으로 구분할 수 있다.

8.2.1 외현적 행동

외현적 행동은 겉으로 드러나는 행동양식이라고 할 수 있다. 인간의 일상적이고 보편적인 행동으로서 외부에서 직접적으로 관찰 가능한 행동이다. 걷고, 달리는 등의 신체적 행동이나 말하고 듣고 쓰는 언어적 행동 그리고 표정이나 몸짓, 시선 등과 같은 비언어적 행동을 포함한다. 인간의 외적인 행동에 대한 탐구는 행동주의 심리학자에 의해서 발전하였다. 당시 행동주의 학자들은 후기 실증주의의 영향을 받았고 과학적으로 검증되고 논리적으로 설명할 수 있어야 진리라고 받아들였다. 이에 이들은 인간의 행동에 대해 관찰 가능한 외현적인 행동만을 연구대상으로 삼았던 것이다. 대표적인 행동주의 학자로는 왓슨(Watson), 파블로프(Pavlov), 스키너(Skinner)가 있다. 이들의 연구는 행동은 자극과 반응의 관계이며, 환경에 의해 행동이 결정된다는 것이다. 따라서 환경적인 조건을 바꾸어주면 행동을 변화시킬 수 있다고 주장하였다.

8.2.2 내현적 행동

내현적 행동은 내면의 정신활동으로서 실제 외현적 행동으로 연결되는 본질적인 내적시스템이다. 정치적 이념, 삶에 대한 신념, 태도, 가치관 등은 눈으로 보이는 행동양식은 아니지만 실제 인간행동에 영향을 주는 정신활동이라고 할 수 있다. 보수적 이념을 가지고 있다면, 보수주의자들의 가치와 추구를 실현하려는 행동으로 구현될 것이다. 반대로 진보적인 이념을 가진 사람은 진보적인 이념과 색깔을 나타내며 행동으로 보여 줄 것이다. 또한 내현적 행동은 사고와 인지, 의미와 같은 지적인 기능도 포함되는데, 현상을 어떻게 바라보고 해석하느냐에 따라 전혀 다른 행동으로 연결되는 것이다. 이를 테면 우산이 없는 상황에서 갑자기 비가 온다고 가정하자. 한 사람은 갑자기 비가 오는 현상에 대해 기상청을 탓하며 화를 낸다. 반면에 어떤 사람은 커피숍에 들어가서 따뜻한 커피 한잔을 마시며 비 오는 풍경을 감상한다. 이렇게 똑같은 상황에 전혀 다른 행동을 보이는 이유는 현상에 대한 의미해석이 다르기 때문이다. 이렇듯 인간행동의 원인을 제공하고 실제 행동에 영향을 주는 정신활동을 내현적 행동이라고 한다.

8.2.3 무의식

심리학에서는 인간의 내면세계, 즉 정신활동을 의식과 무의식으로 구분하고 인간행동의 대부분을 무의식이 관장한다고 주장하였다. 학자들에 의하면 무의식은 삶의 95%를 통제하며 의사결정, 행동, 감정 등이 우리가 의식하지 못하는 상태에서 일어난다고 하였다. John-Dylan Haynes et al(2008)의 연구에 의하면, 사람이 의사결정을 한다는 사실을 깨닫기 무려 7초 전에 이미 무의식 수준에서 결정하는 것으로 밝혀졌나. 내현직 행동은 엄밀히 말하면 무의시이라는 깊은 내적영역에 포함된다고도 할 수 있다. 무의식은 정신세계의 대부분을 차지하며 인간행동을 지배할 뿐만 아니라 행동의 방향까지도 결정하게 한다. 정신분석 이론에서 프로이트(Freud)는 무의식은 모든 행동의 배후에서 작동하는 중요한 추진력이며 행동을 방향을 결정짓는 소망과 욕망이 자리 잡고 있다고 하였다. 또한 현실세계에서 오는 과제를 해결하지 못할 때 불안이라는 부정적 감정을 느끼게 되는데, 불안의 수준을 안정된 수준으로 낮추기 위해 사용하는 것을 방어기제라고 하였다. 이때 방어기제는 무의식적으로 '자아'를 보호하려는 심리적 방어기제인 것이다. 무의식적인 방어기제는 현실세계에서 문제를 해결하고 자아(나)를 보호하기 위해 다양한 형태의 행동으로 구현된다.

8.3 인간행동유형 이해(DISC)

인간을 이해하는 심리도구는 20개가 넘고, 많은 연구자들에 의해 지속적으로 개발되고 있다. 그 중 보편적으로 많이 활용되고 있는 심리도구로는 애니어그램, MBTI, DISC(인간행동유형)가 있다. 애니어그램은 인간을 9 가지 유형으로 구분하고 행동에 대한 근원적인 부분에 초점을 맞추고 있다. 인간을 영적인 존재로 인식하고 성격은 영(Sprit)에서 비롯된 것으로 보고 있다. 애니어그램은 인간의 성품이나 인성적 측면에서 인간을 이해하는데 도움이 된다. MBTI는 융(C. Jung)의 분석심리학을 토대로 개발된 심리도구이다. 융의 제자인 마이어스-브릭스가 융의 성격유형이론을 근거로 사람들이 세계를 인식하고 결정을 내릴 때 선천적인 심리선호도를 평가하기 위한 도구이다. 인간을 16가지 유형으로 구분하고 인간행동에 대한 심리적 동기를 이해하는데 도움이 된다.

DISC(인간행동유형)는 1930년대 윌리엄 말스톤 박사에 의해 개발되었다. 심리적 현상을 관찰하고 측정한 연구결과를 토대로 '외향성 대 내향성', '일 대 사람'이라는 두 가지 기준에 따라 행동양식을 구축하였다. DISC는 겉으로 드러난 행동양식 또는 행동의 패턴을 그룹화 하여 D형, I형, S형, C형 4 가지 유형으로 구분하였다. 주로 외현적 행동에 초점을 맞춰 인간을 이해하는데 도움을 주고 있다.

8.3.1 DISC 프로그램의 개요

인간행동유형(DISC)은 1930년 경 콜롬비아대학교 윌리암 말스톤 박사에 의해 창시되었다. 그는 자신의 저서 '보통 사람들의 정서'를 통해 사람들이 가지고 있는 기본적인 4 가지 감정에 따라 4 가지 행동이 나타난다고 주장하였고, 이후 사람들의 행동을 관찰하고 측정한 결과 인간의 행동에는 4 가지 유형의 패턴을 발견하게 되었다. 윌리암 말스톤 박사는 두 가지 기준에 따라 4 가지 유형을 분류하였는데, 첫째는 '외향성 대 내향성', 둘째는 '일 대 사람'이다. 외향성의 특성을 가지고 일을 잘하는 사람을 '주도적인 성향을 가지고 있다'해서 D형(주도형)이라고 하며, 외향성이면서 사람과 관계를 잘하는 사람을 I형(사교형)이라고 하며, 내향성의 특성을 가지고 사람과 관계를 잘하는 사람을 S형(안정형), 마지막으로 내향성이면서 일을 잘하는 사람을 C형(신중형)이라고 명명한다.

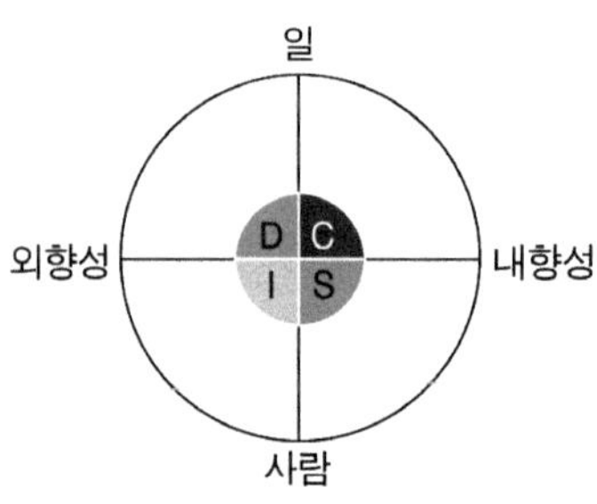

출처 : 홍광수 DISC연구소

행동양식의 두 가지 기준

부록 1. DISC 설문 검사지

행동유형평가서 DISC

일시 : ____________________ 성명 : ____________________ 홍광수 DISC연구소

각 문항에서 나를 가장 잘 묘사한 순서대로 4점, 3점, 2점, 1점에 체크하십시오.

1.	내 성격은...	명령적이고 주도적이다	___점	사교적이며 감정 표현을 잘한다	___점	태평스럽고 느리다	___점	진지하고 세심하며 상식적이다	___점
2.	나는 ______에 둘러싸인 환경을 좋아한다	개인적 성취와 보상 및 목표지향적	___점	사람을 좋아하는	___점	그림, 편지와 내 물건들	___점	질서, 기능 조직	___점
3.	내 성격 스타일은 _____한 경향이 있다	결과를 중시	___점	사람을 중시	___점	과정과 팀을 중시	___점	세부사항을 중시	___점
4.	다른 이에 대한 내 태도는 ________ 하다	시원시원하다	___점	친절하고 싹싹하다	___점	착실하고 자제력 있다	___점	차갑고 객관적이다	___점
5.	다른 사람의 말을 들을 때 나는 __________ 하다	종종 참을성이 없다	___점	주의가 산만하다	___점	기꺼이 주의를 기울여 듣는다	___점	사실에 초점을 맞추고 분석한다	___점
6.	다른 사람과 _____에 대해 이야기하는 것을 좋아한다	내 업적	___점	나 자신과 다른 사람들	___점	가족과 친구	___점	사건, 정보, 조직	___점
7.	나는 타인에게 ______한 경향이 있다	사람들에게 지시하는	___점	사람들에게 영향을 미치는	___점	잘 용납하는	___점	가치와 질로 평가하는	___점
8.	축구팀에 들어가면 나의 포지션은 __________	최전방 공격수	___점	공격형 수비수	___점	수비형 공격수	___점	최종 수비수	___점
9.	나에게 시간은 __________	항상 바빠하는	___점	교제에 많은 시간을 사용하는	___점	시간을 중시 하지만 그리 부담이 없는	___점	시간의 중요성을 알고 시간 활용을 잘하는	___점
10.	내가 교통표지판을 만든다면 __________ 가 좋다	난폭운전! 죽음을 부릅니다	___점	웃는엄마, 밝은아빠 알고보니 양보운전	___점	조금씩 양보 하면 좁은 길도 넓어진다	___점	너와내가 지킨 질서 나라안녕 국가번영	___점
11.	평소 내 목소리는 _______ 하다	감정적,지시적 힘있고 짧고 높은 톤	___점	감정적, 열정적 가늘고 높은 톤	___점	감정이 적게 개입되고 굵고 낮은 톤	___점	냉정하고 감정억제 가늘고 낮은톤	___점
12.	내 제스처는 대부분 ________ 하다	강하고 민첩하다	___점	개방적이고 친절하다	___점	경직되어 있고 느리다	___점	계산되고 신중하다	___점
13.	나는 ______스타일의 옷을 좋아한다	정장	___점	멋을 내는 캐쥬얼	___점	실용적이고 편리함을 추구	___점	검소하고 소탈하며 깔끔함	___점
14.	나의 전체적인 태도는 _____으로 묘사될 수 있다	권위적	___점	매력적인 사교적 외향적	___점	수용적 또는 개방적	___점	평가적이거나 말이 없는	___점
15.	내 삶의 페이스는 _______	빠르다	___점	열광적이다	___점	안정되어 있다	___점	조절되어 있다	___점
	총 점		(가)		(나)		(다)		(라)

출처 : 홍광수 DISC연구소

부록 2. 행동유형 프로파일

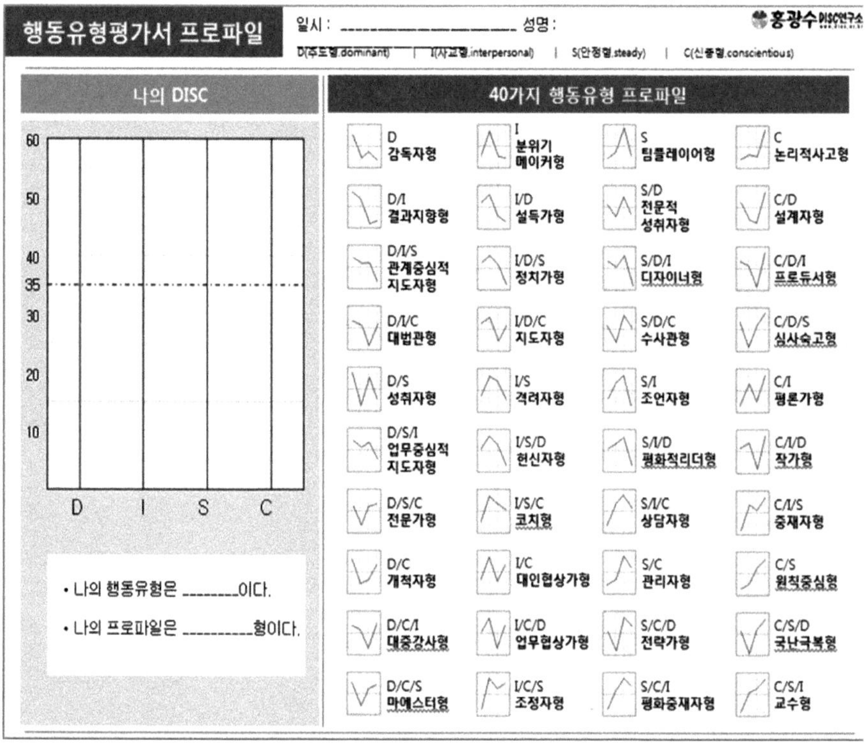

행동유형평가서 프로파일

일시 : ____________________ 성명 :

홍광수 DISC연구소

D(주도형.dominant) | I(사교형.interpersonal) | S(안정형.steady) | C(신중형.conscientious)

나의 DISC

60
50
40
35
30
20
10

D I S C

• 나의 행동유형은 ________이다.

• 나의 프로파일은 ________형이다.

40가지 행동유형 프로파일

D 감독자형	I 분위기 메이커형	S 팀플레이어형	C 논리적사고형
D/I 결과지향형	I/D 설득가형	S/D 전문적 성취자형	C/D 설계자형
D/I/S 관계중심적 지도자형	I/D/S 정치가형	S/D/I 디자이너형	C/D/I 프로듀서형
D/I/C 대법관형	I/D/C 지도자형	S/D/C 수사관형	C/D/S 심사숙고형
D/S 성취자형	I/S 격려자형	S/I 조언자형	C/I 평론가형
D/S/I 업무중심적 지도자형	I/S/D 헌신자형	S/I/D 평화적리더형	C/I/D 작가형
D/S/C 전문가형	I/S/C 코치형	S/I/C 상담자형	C/I/S 중재자형
D/C 개척자형	I/C 대인협상가형	S/C 관리자형	C/S 원칙중심형
D/C/I 대중강사형	I/C/D 업무협상가형	S/C/D 전략가형	C/S/D 국난극복형
D/C/S 마에스터형	I/C/S 조정자형	S/C/I 평화중재자형	C/S/I 교수형

8.3.2 DISC의 이해

DISC 유형별 특징

유형	특징
D형(주도형)	• 주도적인, 명령하는, 도전적인, 모험심, 독단적인, 대장, 결단력, 목소리가 큰, 직관적인, 큰 그림, 일을 잘함 • 변덕이 심한, 요구가 많은, 화를 잘 냄, 경청불가
I형(사교형)	• 융통성, 설득력, 감정적, 공상, 촉진자, 긍정적, 멋진, 패션감각, 친구, 행복감성, 오랜 선화, 쉽게 흥분, 불규칙 • 뒤처리 안 되는, 잘 놀고, 차분불가
S형(안정성)	• 안정적, 조직순응적, 팀 중심, 꾸준한, 전문가, 장인정신 • 말이 적은, 화내지 않는, 급하지 않은, 고집이 센, 식탐 • 퉁퉁한, 동작이 느린, 잠이 많은, 비 핵심적, 압박불가
C(신중형)	• 완벽한, 보수적인, 이성적, 깔끔한, 일 중심, 과정중심, • 혼자 일하는, 기대가 높은, 세심한, 차분한, 까다로운, 책임감, 고지식, 오체불만족, 비판적인, 계산적인, 강요불가

출처 : 홍광수 DISC연구소

1) D형(주도형)

D형은 domineering(지배하려 드는), dictatorial(독재적인), dogmatic(독단적인), directive(지시하는) 등의 단어 앞 글자를 따서 분류된 유형이다. 단어의 내용 그대로 D형은 주도적인 성향을 가지고 행동하며 상대의 말을 포용하기보단, 지배하려 하는 행동경향을 보이고 일을 추진하는 과정에서 자신의 의지를 관철시켜 처리하려는 경향을 보이기 때문에 독단적이고 독재적인 모습을 보이게 된다. 외향성이면서 일 중심적인 성향을 가지고 있으므로 주도적이고 추진력 있게 자신의 일을 처리해 나가게 된다. 일 처리에 있어서도 빠르고 시원시원하게 한다는 평을 받기도 하지만, 상대의 의견을 무시하고 자신의 방식과 의지대로 일을 밀어 붙이는 경향이 있어 주변사람들에게 때론 상처를 입히기도 한다. D형은 외향성의 성향을 가지기 때문에 외부적인 것, 즉 보이는 성과에 관심이 많고 자신의 업적과 능력에 대해 인정받고 싶어 한다. 또한 서두르고 신속한 행동경향을 가지고 있어서 타인에게 성격이 급하다 라는 평을 받

기도 하며, 의사를 결정해야 하는 상황에서 다른 유형의 사람들에 비해 비교적 빠른 결단과 실행력을 보여 준다. 이런 결단과 실행력 있는 행동 때문에 D형은 주로 리더의 위치에 있게 된다. D형은 C형과 달리 분석과 논리가 아닌 직관에 의한 판단과 결정을 할 때가 많다. MBTI에서 정보를 수집하는 양극지표 중 직관(N)의 선호경향이 바로 D형에 해당한다고 볼 수 있다. 미래 가능성에 초점을 두고 새로운 아이디어와 전체를 아우를 수 있는 미래비전을 그리는 사람들이다. C형의 사람들이 전체 숲에서 세세한 나무를 보려한다면, D형의 사람들은 숲 전체를 보려는 경향을 보인다. D형은 정확성보다는 가능성에 초점을 두고 일을 시작하는 경향이 있다. 철두철미하게 계획하고 단계별로 진행하기 보단, 일단 할 수 있는 것부터 시작하고 그때그때 상황에 맞게 문제를 해결해 나가게 된다.

2) I형(사교형)

I형은 Interested(흥미 있는), Interacting(소통하다, 상호작용 하다), Intercept(가로채다), Influencing(영향을 미치다), Inducing(설득하다), Irregular(불규칙한), Imaginary(상상에만 존재하는, 공상) 등의 단어 앞 글자를 따서 분류된 유형이다. I형은 인간을 이해하는 두 가지 기준에서 외향성이면서 사람 관계에 탁월한 기질을 가지고 있다. 개성 있는 모습과 밝고 명랑한 외형적인 행동은 사람들에게 인기가 많고 즐거움을 선사해주는 유형이라고 볼 수 있다. 일 보다는 사람에게 마음이 열려 있으며 사람들과 상호 소통하며 함께 사소한 일상을 경험하는 것을 선호한다. 미래지향적 사고방식을 가지고 있으므로 긍정적이고 낙천적인 경향을 보이게 된다. 이를 테면 시험을 망쳐서 낮은 점수를 받았음에도 불구하고 '다음에 잘 보면 되지'라는 미래의 가능성을 염두해 두고 자신의 현재 상황을 극복하려고 한다. 그러나 다음에 성적을 올리기 위한 계획과 노력은 거의 이루어지지 않는다. 이러한 행동양식과 심리적 특성은 I형을 이해하는 대표적인 예라고 볼 수 있다. I형의 핵심가치는 '친구', '사람'이다. 일(직무)보다는 사람에게 관심이 많고 사람들과 함께 행복한 경험을 하길 기대한다. 한 사

람을 진지하고 깊게 사귀는 C형과는 다르게 다수의 사람들과 관계하며 적극적인 인간관계를 맺고 살아간다. 이들은 화사한 봄날의 분위기와 닮아 있다. 추운 겨울이 지나 봄이 되면 새롭게 솟아나는 새싹처럼 새롭고 신선한 것을 추구한다. 또한 겨울 동안 잠시 쉬었던 생명활동들이 봄이 되면 새롭게 활력을 일으키고 강한 활동성을 지니게 된다. 이와 같이 I형들은 봄의 에너지와 색깔을 입고 있기 때문에 강한 활동성을 가지고 외부활동에 초점을 맞추는 삶이 되는 것이다.

3) S형(안정형)

S형은 Steady(꾸준한), Shy(수줍음), Sensitive(세심한, 민감한), Stable(안정된), Sleeping(잠이 많은), Status quo(현재의 상황) 등의 단어 앞 글자를 따서 분류된 유형이다. 이들 단어 중 S형을 대표하는 단어는 Stable(안정된)이다. S형은 다른 유형의 사람들에 비해 가장 침착하고 안정된 감정상태를 유지하는 사람들이라고 볼 수 있다. 상대를 편안하게 해주고 타인의 말을 주의 깊게 경청하는 태도는 S형의 가장 큰 장점이자 성품이라고 할 수 있다. S형은 내향성의 성향이면서 사람 관계에 초점을 두는 사람들이다. 이에 I형처럼 적극적인 인간관계는 아니지만 사람들에게 마음이 열려 있어 항상 잘 들어주고 격려해 주는 편이다. 내향성의 사람들은 S형과 C형도 마찬가지로 자기를 드러내거나 표현하는데 어려움을 겪곤 한다. 수줍음이 많고 타인의 이목이 집중되는 것을 부담스러워 하는 것이다. S형은 집단에서도 자기주장을 앞세우거나 관철시키려는 것 보단, 다른 사람의 의견을 존중하고 수렴하는 행동에 두각을 나타낸다. 이들은 다른 유형의 사람들에 비해 포용력과 받아들임의 에너지가 넘치는 사람들이며, 협력과 중재에 강점을 가지고 있는 사람들이다. 이에 조직에서 자신의 직무를 꾸준히, 그리고 성실하게 수행하는 사람들이고 자신의 자리를 묵묵히 지키는 능력을 가지고 있다. I형이 봄 같은 사람들이라면 S형은 겨울의 성향을 타고난 사람들이다. 겨울의 특징은 가을에 추수하면 겨울 내내 저장하고 쉬어야 하는 것이다. 따라서 S형은 부단히 활동하기 보단, 편안한 환경에서 자신

의 템포에 맞춰 일하길 좋아하며 적절한 보상과 쉼을 추구하게 된다. 바쁘고 분주한 삶 보단, 충분한 휴식과 안락한 삶을 추구하는 것이 이들의 Life style이다. S형을 특징을 반영하는 단어 중 'Sensitive'가 있다. 민감한 또는 세심한 이라는 용어로 해석되는데, S형의 '민감함'은 생존에 대한 본능적 욕구를 의미한다. 이들은 겨울의 특성을 본받은 성향이기 때문에 잠이 많은 편이다. 동물들은 긴 겨울을 준비하기 위해 음식을 저장해 놓거나 든든히 먹고 편안한 안식처에서 동면에 들어가게 된다. 이처럼 S형은 밖에 나기기 보단 집에서 쉬는 것을 좋아하고, 음식이든 사물이든 차곡차곡 쌓아두는 습성을 가지고 있다. S형의 학생들이 자신의 사물함이나 책상서랍에 달달한 간식을 보관하고 틈틈이 챙겨먹는 행동은 전형적인 S형의 특징이라고 할 수 있다.

4) C형(신중형)

C형은 Cautous(신중한), Calculating(계산적인), Competent(능숙한), Complaint (불평, 항의), Careful(조심하는, 주의 깊은), Correct(정확한, 옳은, 바로잡다), Critical(비판적인) 등의 단어 앞 글자를 따서 분류된 유형이다. C형은 신중하고 꼼꼼한 성향을 가지고 있는 사람들이다. 내향성이면서 일을 잘하는 사람들이며 D형은 빠르고 신속하게 일을 처리한다면 C형은 원칙과 질서에 따라 차분하게 일을 처리해 나간다. D형은 추진력 있게 일을 치리하면서 싱과창출에 초점을 두기 때문에 일하는 과정보단 결과에 관심을 두게 된다. 반면에 C형은 세부적인 계획을 세우고 단계별로 일을 수행하는 편이고 결과보단 일하는 과정에 초점을 두게 된다. 이처럼 D형과 C형의 일하는 방식과 태도가 너무 달라서 조직에서 어려움을 겪기도 하지만, 서로 부족한 부분을 채워 가면 상당한 시너지를 기대할 수 있다. 내향성인 C형은 활동성이 상대적으로 적은 편이다. 따라서 신체적인 움직임보단 인지적 사고에 에너지를 많이 활용하게 된다. 사색을 즐기고 자신을 통찰하는 능력이 다른 유형의 사람들보다 높다고 볼 수 있다. C형의 기질이 강한 사람들이 주로 작가나 연구직에 종사자가 많은 이유가 바로 여기 있는 것이다. 생각을 많이 하는 내현적 행동은 과거지향적 사고를 촉진시

키고 후회나 우울감 같은 부정적 감정을 흔히 경험하게 된다. I형의 미래가능성에 초점을 두는 사고방식이 낙천적인 행동을 만들어 낸다면, C형의 과거지향적 사고는 자신의 과오나 실수를 되돌아보게 하며 위축된 행동을 만들어 낸다. 이러한 기질은 억압이라는 방어기제를 무의식적으로 사용하게 되는데, 실수하는 모습을 보이는 것에 대한 염려와 도덕적으로 완벽해야 한다는 자기신념이 억압이라는 방어기제를 통해 위축되고 소극적인 행동을 만들어 내는 것이나. 보통 주위사람들로부터 예민하다고 평가를 받는 사람들이 바로 C형의 사람들이라고 할 수 있다. 이들은 직관적이기 보단 이성적이고 논리적인 사고구조를 가지고 세상을 살아간다. 이에 어떤 상황이나 현상에 대해 분석적으로 접근하거나 주의 깊게 들여 다 보려는 경향을 보이게 된다. 이러한 신중하고 분석적인 성향은 의사결정이나 결단을 신속하게 하지 못하는 어려움도 있지만, 정교하고 완벽하게 일을 마무리 짓는 행동을 보여 준다.

핵심내용 정리하기

1. 사회복지 관점으로 볼 때, 인간행동에 영향을 미치는 요인은 무엇인가?

2. 인간행동의 세 가지 유형을 설명하라.

3. DISC(인간행동유형)의 네 가지 유형을 실명하라.

PART

3

리더십

제9장

리더십의 개념

리더십에 대한 개념과 적용은 경영 부문에서 태동되었다고 볼 수 있다. 경영 혹은 관리(management)라는 인간의 활동은 수천 년 동안 이어져 왔다. 이를테면 이집트의 피라미드나 무려 5,700km나 되는 중국의 만리장성을 완성해 가는데 수많은 인적, 물적 자원이 투입되어야 하고 그것을 효율적으로 성공시키기 위해선 누군가의 탁월한 관리활동이 있었을 것으로 사료된다. 그리고 18세기 영국에서 시작된 산업혁명은 재화 생산을 기계화하였고, 사회시스템은 농경사회 중심에서 공업사회 중심으로 변화되었다. 이러한 급변하는 환경에서 체계적인 조직이 구성되었고 조직화의 실행과정에서 구성원을 대상으로 하는 조직경영의 지휘활동이 본격화 되었다. 그리고 조직경영의 지휘활동을 경영학에

이집트의 피라미트

선 '리더십'의 개념으로 설명하고 있다.

조직이 목표를 달성하기 위해 계획을 수립하고(plan), 조직을 구성하게 된다. 그리고 이를 효과적으로 수행하기 위해 관리활동이 필요하며, 그것을 리더의 지휘활동으로 이해할 수 있다. 지휘를 정의하자면 조직의 목표달성을 위해 조직 구성원들에게 적절한 활동방향을 제시하는 과정으로 설명할 수 있다. 또한 리더가 수행해야 할 관리활동, 즉 지휘는 리더십, 동기부여, 팀 또는 조직관리, 의사소통으로 구성된다.

중국의 만리장성

따라서 리더십은 조직의 목표달성을 위해 조직구성원들의 행동에 영향을 미치는 조직경영의 지휘활동이라고 할 수 있다.

지휘와 경영관리 활동

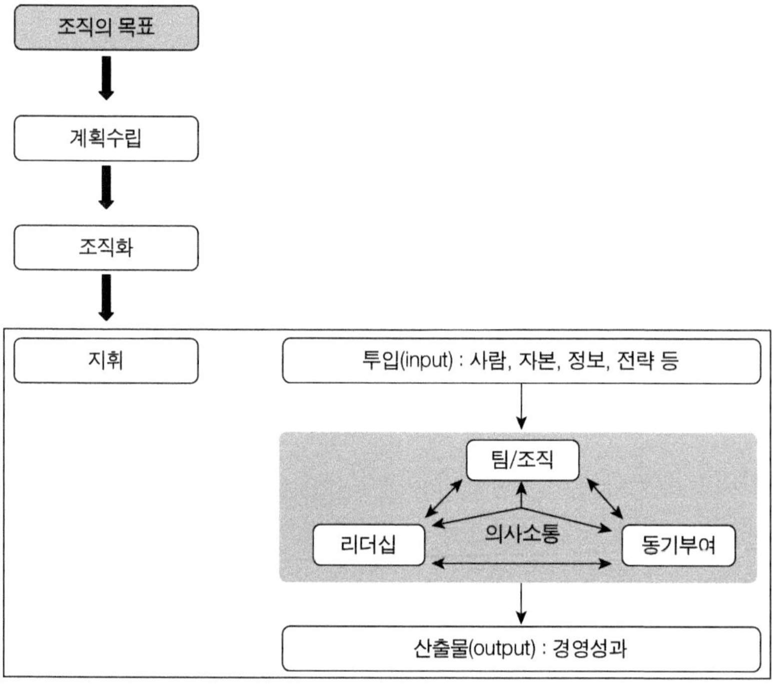

출처 : 생활속의 경영학, 장영광·정기만, 2022, p.274

9.1 리더십의 정의

위의 '표. 지휘와 경영관리 활동'에서 볼 수 있듯이 조직의 목표에 따라 계획이 수립되고 수행할 수 있는 조직이 개편된다. 그리고 조직의 구성원들과 다양한 상호작용을 통해 성과를 창출해야 한다. 여기서 조직구성원들 간의 상호작용을 일으키고 영향력을 행사하는 사람을 '리더'라고 하며, 그러한 현상적 과정을 '리더십'이라고 할 수 있다. 영향력을 행사한다는 것은 '리더'라는 말 속에 공식적인 권한이 내포되었음을 시사한다. 즉, 리더는 사람들의 생각과 행동에 영향을 미치며 실제 사람들을 움직이는 힘을 가지고 있다는 것이다. 따라서 인간관계나 조직운영에서 리더십은 모든 성공과 실패를 좌우 한다고 볼 수 있다(존 맥스웰, 2012).

리더십의 정의는 한 가지로 국한시키는 것은 바람직하지 않을 것이다. 그 이유는 리더십을 바라보는 시대적 환경변화와 학문적인 관점이 다르기 때문이다. 본서에서는 경영학의 관점에서 리더십을 다루었지만 심리학자들이 이해하는 리더십이나 사회학자들이 보는 관점, 정치공학적인 관점은 리더십에 대한 개념과 영역을 더욱 풍부하게 할 것이다. 학문적인 관점에 따라 리더십을 다르게 볼 순 있지만, 한 가지 공통점을 꼽는다면 리더십은 리더와 구성원 간의 관계 속에서 일어나는 현상이나 과정으로 해석할 수 있으며 인간관계 속에서 존재의의를 찾을 수 있다.

다음은 학자들에 의한 리더십의 정의이다.

Kats & Kahn(칸츠와 칸)은 리더십에 대해 '조직의 일상적인 지시에 기계적으로 순응하는 것을 넘어서도록 영향력을 행사하는 것'이라고 하였다. 이들은 과거 전통적 리더십 이론에서 강조되는 리더와 구성원 간의 수직적 관계를 탈피하고 수동적인 직무수행을 넘어 자발적이고 능동적인 행동을 촉구하도록 영향력을 행사하는 것이 리더십이라고 보았다.

C. O'Donnell(오도넬)은 '공동 목표 달성을 향해 따라오도록 영향력을 행사하는 과정'이라고 리더십을 정의하였다. 이는 followship에 초점을 맞춘 것으

로 리더는 모범적인 행동과 태도를 통해 조직구성원들이 리더에게 지녀야 할 바람직한 행동과 특성을 의미한다.

R. M. Stogdill(스톡딜)은 리더십에 대해 '특정 상황에서 목표 달성을 위해 구성원에게 영향력을 주는 과정'이라고 주장하였다. 스톡딜은 상황적인 관점에 초점을 두었는데, 상황적인 요소에 따라 리더의 판단과 행동은 유연하게 적용되어야 하며 상황적 특성에 따라 다른 리더십을 형성해야 함을 강조한 것이다.

K. Davis(데이비스)는 '정해진 목표를 추구하도록 타인을 설득하는 과정'이라고 리더십을 설명하였다. 리더십은 인간관계 속에서 존재하기 때문에 파트너십의 관계 안에서 공동의 목표를 실현하기 위해 구성원들의 적극적인 참여와 긍정적인 직무수행을 독려하도록 소통해야 하는 것이다. 리더는 구성원들 간의 인격적인 관계를 형성하고 소통의 과정을 통해 구성원들이 자신의 직무를 수행해야 하는 목적과 이유를 분명히 인식하도록 영향력을 행사해야 하는데, 충분한 공감을 이끌어 내는 설득력이 매우 중요하다고 볼 수 있다.

J. M. Pififfner(피프너)는 '목표 달성을 위해 개인이나 집단을 조정하고 동작시키는 기술'이라고 정의하였다. 피프너가 정의한 리더십은 구성원의 행동변화에 초점을 맞추는 행동학적 관점의 리더십이라고 볼 수 있다. 리더는 조직과 구성원을 실제 움직이게 하도록 영향력을 발휘하는 기술을 리더십으로 보고 있다.

K. F. Janda(잰다)는 '독특한 형태의 권력관계로서 집단의 한 구성원이 자신의 행동 패턴을 다른 구성원에게 규정할 수 있는 힘'이라고 정의하였다. 잰다가 주장하는 리더십은 힘과 권력이다. 실제 사람에게 영향을 미치고 행동의 변화를 촉구하는 것은 리더의 권력으로부터 나온다는 것을 강조하는 표현이라고 할 수 있다.

Richards & Engle(리차드와 앤글)의 리더십 정의는 '비전을 명확히 하고 가치를 구체화시키며, 그 안에서 일이 달성될 수 있도록 환경을 창조하는 것'이라고 하였다. 리차드와 앤글은 후원환경을 조성하는 것이 리더십의 중요한 역할과 본질이라고 보았다. 신경언어프로그래밍(Neuro-Linguistic Programming,

NLP)의 모델 중 신경논리적 단계라는 개념이 있다. 인간의 의식성장과 학습 및 변화에는 다양한 단계가 필요하며 각각의 단계들은 서로 유기적으로 연결되어 있고 체계적으로 영향을 주고 받는다. 신경논리적 단계의 가장 하단은 환경이며 그 위로는 행동, 능력, 믿음 · 가치, 정체성, 영성으로 구성된다.

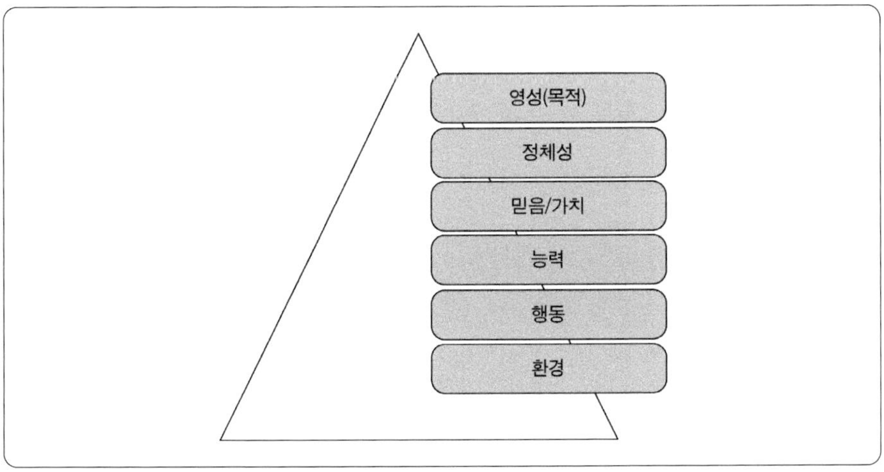

신경논리적 단계

각 단계들 간의 상호작용 가운데 하위단계는 상위단계에 영향을 준다는 것이다. 즉 환경은 그 위의 단계인 행동에 영향을 미친다는 것이다. 실제로 우리가 살아가는 공간의 환경상태나 분위기는 우리의 의식과 행동에 영향을 미치는 경험을 하게 된다. 가령 역동적인 야구경기장에서의 행동과 도서관에서의 행동은 전혀 다른 행동을 만들어 내는 것이다. 이처럼 환경적 요소는 행동변화에 영향을 미치는 주요인자이다. 구성원들의 행동을 변화시키고 촉진시키기 위해선 실제 직무가 수행되는 환경을 재창조하는 것이 중요하다고 볼 수 있으며, 그러한 환경적 요소를 창조하는 것을 리더십이라고 정의하는 것이다.

House et al.(하우스 등)은 '개인이 타인에게 영향을 미치고 동기를 부여하며 타인이 조직의 효과성과 성공을 위해 공헌할 수 있도록 하는 개인의 능력'이라고 정의하였다. 하우스 등이 말하는 리더십은 리더의 개인적 탁월성에 초점을 두고 있다. 리더는 구성원에게 긍정적인 영향을 미치고 직무를 수행하는 행위에 대한 동기를 강화할 수 있어야 한다고 주장하면서 리더 개인의 탁월성으로 목표에 대한 조직의 효과성과 성공에 기여할 수 있어야 한다고 주장하고 있다.

Marion & Uhi-Bien(마리온과 울비엔)은 '조직의 인적 자본과 사회적 자본의 증진을 통해서 집단 지능을 향상시켜 조직의 적응력을 극대화하는 행위'라고 정의하였다. 마리온과 울비엔은 리더십에 대하여 '조직운영'에 초점을 두고 있다. 리더는 경영을 위한 각종 자본을 활용 · 증진시키고 조직의 효율적인 운영을 이끌어 내야 하며, 그러한 능력과 기술을 리더십으로 보고 있다.

학자별 리더십의 정의

학자	리더십 정의	초점
Kats & Kahn	조직의 일상적인 지시에 기계적으로 순응하는 것을 넘어서도록 영향력을 행사하는 것	행동학적
C. O'Donnell	공동 목표 달성을 향해 따라오도록 영향력을 행사하는 과정'	followship
R. M. Stogdill	특정 상황에서 목표 달성을 위해 구성원에게 영향력을 주는 과정	상황적 관점
K. Davis	정해진 목표를 추구하도록 타인을 설득하는 과정	설득력
J. M. Pififfner	목표 달성을 위해 개인이나 집단을 조정하고 동작시키는 기술	행동학적
K. F. Janda	독특한 형태의 권력관계로서 집단의 한 구성원이 자신의 행동 패턴을 다른 구성원에게 규정할 수 있는 힘	힘과 권한
Richards & Engle	비전을 명확히 하고 가치를 구체화시키며, 그 안에서 일이 달성될 수 있도록 환경을 창조하는 것	후원환경 조성
House et al.	개인이 타인에게 영향을 미치고 동기를 부여하며 타인이 조직의 효과성과 성공을 위해 공헌할 수 있도록 하는 개인의 능력	개인적 탁월성
Marion & Uhi-Bien	조직의 인적 자본과 사회적 자본의 증진을 통해서 집단 지능을 향상시켜 조직의 적응력을 극대화하는 행위	조직운영
Hall	지도자의 개인적 자질에 근거하여 광범위한 문제에서 추종자의 자발적 동의를 이끌어 내는 능력	개인적 탁월성

출처 : 리더십(박보식, 2023, p.29) 수정 · 보완

Hall(홀)은 '지도자의 개인적 자질에 근거하여 광범위한 문제에서 추종자의 자발적 동의를 이끌어 내는 능력'이라고 정의하였다. 홀도 하우스 등의 리더십 정의와 같은 맥락에서 리더십을 이해하고 있다. 리더의 개인적 자질 또는 탁월성에 초점을 두고 정의하고 있다. 조직에서 발생하는 다양한 문제를 다루는 것과 부하직원의 동의를 이끌어 내는 과정에서 리더의 탁월한 능력이 강조되고 있음을 볼 수 있다.

종합해 보면, 리더십은 조직구성원들의 의식과 행동변화를 촉진시키고 조직의 목표를 달성하는데 영향력을 발휘하는 과정으로 설명할 수 있다. 리더십이라는 단어 속에는 '권한과 힘'이 내포되어 있다. 그러나 리더십은 신분을 획득하는 것도 아니며, 권력을 움켜쥐는 것도 아니다. 더 나은 공동체적 조직을 위해 기꺼이 자기 책임을 다하며 용기와 도전을 통해 변화를 이끌어 내려는 과정이라고 할 수 있으며 사사로운 목적을 뛰어넘는 담대한 자기결단적 삶은 사람들의 의식과 행동에 영향을 미치는 강력한 힘을 발휘하게 된다.

9.2 리더십의 속성

리더십은 신분이나 권력이 아닌, 사람들에게 영향력을 미칠 수 있는 특별한 능력과 권한을 행사하며 공동의 목적을 달성하고자 사람들의 행동변화를 이끌어 내는 것이다. 그러므로 리더십은 명령과 지시, 통제를 일삼는 권력행사가 아니며 조직의 목표와 비전을 향해 나아가도록 영향력을 발휘하는 것으로 이해할 수 있을 것이다. 과거 전통적인 리더십 연구에서는 리더 개인의 선천적인 특성이 리더십을 이해하는 프레임으로 설명해 왔다. 그러나 리더십의 전체를 설명해 주지 못하는 한계를 나타냈으며, 그 후 조직구성원들 간의 관계나 경영현장에서 발생하는 다양한 상황적 요소에 따라 전혀 다른 리더십이 나올 수 있다는 측면을 고려한 연구가 시작된 것이다. 이에 리더십을 온전히 이해하기 위해선 세 가지의 구성요소가 존재하는데 리더, 구성원, 상황이라는 각 요소들은 서로 영향을 주고 받으며, 잘 어우러질 때 리더십이 극대화된다. 또한 리더십이 사람들에게 발휘되는 독특한 특성을 이해하고, 리더십의 세 가지 구성요소가 어떻게 한데 어우러져 시너지를 만들어 낼 수 있는지 고찰해 볼 필요가 있다.

리더십의 속성은 다음과 같다.

첫째, 리더십은 사람들 간의 상호작용이 있는 모든 곳에 존재한다. 리더십은 사람의 의식과 행동을 변화시킬 수 있는 영향력을 행사하기 때문에 리더와 구성원이라는 관계 속에서 형성된다. 따라서 리더십은 사람들 간의 상호작용이 있는 모든 곳에 존재할 수 있고 발휘될 수 있다.

둘째, 리더십은 불확실한 상황에서 뚜렷하게 나타난다. 안정적인 상황에서보단, 어려운 상황이나 위기를 맞이할 때 리더십의 가치가 드러나게 된다. 조선시대 벌어졌던 임진왜란의 위기를 극복했던 것은 이순신이라는 장군의 리더십이 있었기 때문이며, 오늘날까지도 리더십을 학습하는 이들에게 귀감이 되고 있는 것이다. 이처럼 리더십은 불확실하고 위기의 상황에서 더욱 발휘되는 것이다.

셋째, 리더십은 리더와 구성원 간의 이루어지는 가치거래적 교환의 과정이다. 리더와 구성원 간의 관계는 유·무형의 가치적 거래가 상호 교환되는 활동이라고 할 수 있다. 리더는 구성원들에게 추구하는 가치를 제공하고 동기를 부여하는 동시에 구성원들의 조직을 위한 행동과 헌신을 기대하게 된다. 반면에 구성원들은 자신들의 노력의 대가 보다 많은 것을 요구하고 기대한다. 이에 리더십은 거래적인 교환의 속성을 가진다고 볼 수 있다.

넷째, 리더십은 리더와 구성원 간의 상호 동태적인 과정이다. 조직에서 리더는 구성원들에게 영향을 미치게 된다. 그러나 한 방향으로만 영향을 주는 고정된 역학관계가 아니라, 구성원들이 리더에게 영향을 줄 수 있으며 서로 간의 상호작용의 결과로 리더십이 발휘될 수 있다.

다섯째, 리더십은 리더의 개성적인 특성이 갖추어졌을 때 영향력이 발휘된다. 흔히 다양한 자질과 능력을 고루 갖추어야 좋은 인재가 될 것이라 생각하지만, 리더십은 존재의 독특한 개성이 강렬하게 실현될 때 강력한 리더십으로 작용되어 영향력을 발휘할 수 있다.

여섯째, 리더십은 가치중립적이다. 리더 자신의 독특한 능력과 자질을 지혜롭게 활용하고 실현하면 긍정적인 영향력을 주게 되지만, 상대적으로 자신이 가진 능력보다 낮은 수준의 구성원들에게 공정하지 못한 판단으로 폄하하거나 비판하게 되면 리더십의 장애가 되는 것이다.

핵심내용 정리하기

1. 경영학적인 관점에서 리더십은 무엇이라고 할 수 있는가?

2. 학자들의 의한 '리더십 정의'는 어떤 공통점이 있는가?

3. 리더십의 속성은 무엇인지 설명하라.

제 10 장

리더십 이론

리더십 이론은 경영학에 뿌리를 두고 있으며, 경영 또는 관리(management)는 영역 속에서 조직을 성장시키고 운영하는데 리더십은 매우 중요한 개념이라고 볼 수 있다. 앞 서 9장에서 살펴 본 바와 같이 리더십은 경영활동에 필요한 지휘활동으로서 구성원들에게 영향을 미치고 조직 전체를 움직이는 원동력이 되기 때문에 경영학 부문에서 심도 깊게 다루어지는 분야이자 이론이 되고 있다. 따라서 리더십 이론은 경영학 이론의 발전과 더불어 그 맥락을 같이했으며, 시대적 배경과 상황에 따라 리더십 이론도 발 맞추어 연구되었다.

9장에서 소개한 고대 이집트의 피라미드 건축과 중국의 만리장성 축조는 단순한 작업으로 수행되지 않았을 것이라 학계는 보고 있다. 경영관리활동이라는 현대 용어로 명명하진 않았지만, 분명 수많은 인적, 물적 자원이 투입되었을 것이며 거대한 조직구성원들을 체계적으로 움직이는 상위 리더가 존재 했을 것이라 보고 있다. 렌(Daniel wren) 교수는 기원전 5000년 경에 고대 수메르인들의 정보조직과 상업활동에 대한 '관리'를 기록한 문헌이 있음을 설명하였다.

그 후 경영학 역사에서 한 획을 긋는 두 가지 사건이 발생하였는데, 첫째는 스미스의 '분업'이라는 개념이고, 둘째는 영국에서 발생한 산업혁명이다. 특히 산업혁명은 사회 · 경제 시스템을 360° 바꾸게 된 계기가 되었다. 대량생산방식의 시스템으로 전환되면서 보다 체계적이고 구체적인 경영학 이론의 필요성이 요구되었다. 그러면서 거대해 지는 조직을 관리하는 리더의 역할론이 강조되었으며 구성원을 이끌고 조직을 효율적으로 운영하기 위한 리더십연구가 활발해진 것이다.

리더십 이론의 시작은 1900년대 초 리더십에 대한 특성을 연구하는 것이었다. 무엇, 또는 어떠한 요인이 위대한 리더가 되게 만들었는가를 탐색하는데 중점을 두었다. 이 후 리더의 행동에 초점을 맞춘 리더십 행동이론이 주창되었다. 당시 행동주의 심리학의 발전과 막대한 영향력은 경영학 부문에도 영향을 주었고 실제 관찰되는 리더의 행동유형이 구성원의 태도와 직무에 미치는 영향 등에 대한 연구에 중점을 두게 되었다.

리더십 이론의 전개과정

문제제기	접근방식	리더십 이론
어떤 사람이 리더십이 있을까?	훌륭한 리더들의 공통적인 특성 파악	특성이론 Trait theory
리더가 어떻게 행동할 때, 리더십이 발휘될까?	훌륭한 리더들의 행동양식 파악	행동이론 Behavior theory
어떤 상황에서 리더의 행동이 리더십을 발휘할까?	조직이 처한 상황과 리더의 행동양식을 연계	상황이론 Contingency theory

출처 : 생활속의 경영학, 장영광·정기만, 2022, p.275

이후 1970년대에 상황에 따라 적절한 대응과 행동이 필요하다는 호기심으로 시작된 상황이론이 주창되었다. 이렇게 시대적 흐름에 따라 특성이론에서 행동이론, 상황이론 까지 리더십 이론은 점차 발전 · 계승되었다고 볼 수 있다. 그리고 특성이론부터 상황이론까지를 학계에선 '전통적 리더십 이론'이라고 명명하였다.

1970년대 두 번의 석유파동은 세계경제를 큰 혼란에 빠트렸으며, 기업들마다 경영악화로 이어졌다. 또한 1980년대 이후 정보화 시대가 본격적으로 열리게 되면서 세계화는 가속화 되었고 사회 · 경제는 커다란 변화를 맞이하였다. 사회구조는 더욱 복잡해졌고 다양한 변화를 요구하게 되었다. 이러한 경영환경의 급속한 변화는 기업들마다 새로운 변화를 모색하게 되었고 조직운영을 효율적으로 운영할 수 있는 새로운 리더십이 요구되었다. 이에 1980년대 이후 등장한 새로운 리더십 이론들은 '현대적 리더십 이론'이라고 한다. 대표적으로 변혁적 리더십, 슈퍼리더십, 카리스마적 리더십, 윤리적 리더십, 감성적 리더십, 서번트 리더십, 코칭리더십 등의 새로운 리더십 이론들이 있다.

리더십 이론의 발전과정

기간	리더십 이론	핵심 연구 주제
1930~1950	특성이론 (trait theory)	리더는 지능, 성격 신체적 특성 등 타고난 선천적 기질을 가지고 있으며, 이러한 개인적 특성과 구성원의 특성을 연구
1950~1960	행동이론 (behavioral theory)	리더의 행동에 초점을 맞춘 이론으로서, 리더의 행동유형이 구성원의 태도와 직무에 미치는 영향 등, 리더십 효과성에 대한 연구
1970	상황이론 (situational theory)	리더십의 결정요인이 조직적 상황에 있다는 이론이며, 상황에 따라 적절한 리더십 행동에 관한 연구
1980 이후	새로운 리더십 이론 (new leadership theory)	급변하는 경영환경의 변화를 주도하고 이끌어 가는데 초점을 맞춘 리더십 연구

출처 : 양진영(2021)

10.1 전통적 리더십 이론

10.1.1 리더십 특성이론

특성이론은 리더십 연구 중에서 가장 초기에 진행된 연구이다. 당시 연구자들은 "어떤 사람이 리더십이 있는가?" 초점을 모으고 뛰어난 리더는 어떤 사람인지, 또는 어떤 특성을 지닌 사람이 우수한 리더인가를 연구하게 되었다. 이에 우수한 리더들의 특성, 즉 능력과 자질 등을 추출하여 규명하고자 하였으며 능력 있는 리더들의 공통적인 특성을 파악한 뒤, 그러한 특성을 지닌 사람을 찾아 리더의 역할을 부여하는 것을 모색하였다. 특성이론의 접근방식은 성격이나 동기, 가치, 기술, 지능, 심지어 나이와 신체적 조건까지도 성공적인 리더의 특성으로 논의 되었다. 이러한 접근방식은 리더가 선천적으로 지닌 자질을 강조하였기에 특성이론을 '자질론'이라고도 하였으며, "영웅들은 특별한 자질을 가지고 있다"라는 영웅주의적 패러다임은 자질론에서 비롯된다.

R. M. Stogdill(스톡딜)은 1904년부터 1948년 까지 124번의 리더십 연구를 통해 리더가 될 수 있는 자격 요인으로 성취감, 능력, 책임감, 참여성, 지휘 등을 나열하였다. 이러한 연구를 기반으로 이후 1970년 까지 방대한 자료를 근거로 163개의 리더십 특성을 정리하여 1974년에 발표하였다. 스톡딜의 리더십 특성요인을 요약하면 다음과 같다.

리더의 주요한 특성 분류

No.	구분	내용
1	신체적 특성	연령, 체중, 키, 외모
2	사회적 배경	교육정도, 기동성, 사회적 지위, 가정 배경
3	지적 능력	능력, 판단력, 결단력, 설득력
4	성격	독립심, 지배력, 자신감, 적극성
5	괴업 수행 특성	성취욕구, 책임욕구, 과업지향성, 내구심
6	사회적 특성	감독능력, 통합력, 협동성, 대인관계

출처 : 인간관계 성공학, 이길헌 · 김종훈, 두남, 2021, p.176

E. Locke(로케)는 성공적인 리더의 개인적인 특성을 8 가지로 구분하고 다음과 같이 설명하였다.

E. Locke(로케)가 제시한 리더의 특성

특성	핵심 내용
추진력	리더는 정열적이고 주도권을 쥐어야 하며, 끈기가 있어야 함
자신감	자신을 믿고 자신의 능력을 믿을 것
창조성	창조적이고 독창적일 것
인지능력	정보를 통합하고 해석할 수 있는 지능을 가질 것
경영지식	자신의 기업이 속한 산업전반 및 그 산업의 기술적 토대에 대하여 알고 있을 것
동기부여	공동의 목표를 달성할 수 있도록 조직구성원들에게 영향력을 미칠 수 있을 것
유연성	부하직원의 요구나 상황의 변화를 수용할 수 있을 것
정직과 청렴	정직하고 예측가능하며 도덕적일 것

출처 : 생활속의 경영학, 장영광·정기만, 2022, p.276

1) 특성이론의 공헌

특성이론의 연구는 첫째, 직관적으로 흥미를 끌고 있다. "리더는 보통 사람들과는 차별되는 우수한 특성이 있을 것이다."라는 사람들의 보편적인 생각과 잘 조화되기 때문이다.

둘째, 특성이론은 리더십 연구에서 가장 오래된 이론으로서 풍부하고 광대한 연구가 이루어졌다. 이에 따라 리더에게 요구되는 특성이나 리더의 선발 및 평가기준, 리더십개발의 방법과 방향성 등을 설정하는데 중요한 기준점이 되고 있다.

셋째, 특성이론은 리더십의 3대 구성요소인 리더, 구성원, 상황 가운데 오직 리더에 초점을 맞춘 연구이다. 이는 리더의 역할과 자질에 대해 중요한 통찰을 가져 다 주었으며 올바른 리더십 발휘를 위한 개발에 동기를 부여하였다.

넷째, 특성이론은 경영환경의 변화와 시대적 흐름에 따라 요구되는 리더의 자질에 대해 방향을 제시해 주고 있다.

2) 특성이론의 한계점

첫째, 우수한 리더들의 특성을 뚜렷하게 집약하지 못했다는 점이다. 연구 방법론적인 한계 뿐만 아니라 리더십의 대상과 상황이 복잡 · 다양하기 때문에 명확하게 집약하지 못했을 것이다.

둘째, 리더의 특성과 리더십의 효과성 간의 상관관계만을 제시했을 뿐, 그 과정을 설명하지 못했다. 동일한 특성의 리더들이 리더십의 효과성에 차이를 보인 경우이다. 이는 자질을 갖추었어도 각각의 상황에 맞게 특성과 자질이 잘 발휘되었는가에 대한 부분이 결여 되었다.

셋째, 학자들이 제시하는 리더의 특성 가운데 성격이나 가치관 같은 개념은 내면적 속성을 가지고 있기 때문에 외적인 언행을 통해 추정은 가능하지만, 내면적 실체를 정확하게 확인하긴 어렵다.

넷째, 리더의 특성은 유전적인 부분 또는 선천적인 부분에 초점을 두었지만 사람은 자신의 고유한 경험에 의해 후천적으로 개발되거나 형성되기도 한다. 그러나 특성이론의 연구자들은 리더의 특성을 고정된 것으로 간주하는 경향이 있다.

다섯째, 리더의 특성이 선천적으로 형성되는 탁월성으로 보기 때문에 후천적으로 개발하는 리더십에 대해 부정하거나 정당하지 못한 것으로 인식하고 있다.

10.1.2 리더십 행동이론

리더십 특성이론의 다양한 한계점은 리더에 대해 다른 관점으로 조명되기 시작하였다. 리더십의 효과성은 리더 개인의 특성에 좌우되는 것이 아니라 리더의 행동에 있다는 것이다. 즉, 리더의 행동양식을 관찰하는 것으로서 '효과적인 리더는 어떻게 행동하는가'에 초점을 두게 되었다.

또한 당시 사회는 행동주의 심리학이 막대한 영향을 미치고 있었다. 경영학 부문에서도 파블로프의 고전적 조건형성과 스키너의 조작적 조건형성 등의 행동주의 이론들을 현장에 도입하여 조직구성원들의 긍정적인 행동변화를 촉구하였다. 이처럼 행동관찰에 주목하여 연구하는 리더십 행동이론은 기본적으로 두 가지 유형의 행동으로 구분할 수 있다. 첫째는 성과를 중시하고 조직을 우선시하는 과업지향행동이고 둘째는 구성원들을 중시하고 배려하는 관계지향행동이다.

과업지향적 행동은 조직과 집단의 공동목표를 달성하기 위한 목표와 관련되어 있다. 과업지향적 행동에는 구체적으로 계획수립, 역할 및 목표의 명확화, 실행에 대한 피드백이 있다. 한편 관계지향적 행동에는 상호 신뢰성 증진, 협력적 관계, 직무 만족 등을 최우선으로 한다. 관계지향적 행동은 구체적으로 지원, 개발, 인정을 꼽을 수 있다. 지원은 배려, 수용 등의 구성원들의 욕구나 감정에 대해 관심을 보여 주는 행동으로 설명되며 개발은 개인 능력 증진뿐만 아니라 직무에 대한 적응력과 경력개발을 촉진할 수 있는 행동을 말한다. 대표적인 행동으로는 코칭, 멘토링, 상담 등을 들 수 있는데, 1980년대 이후 등장한 현대적 리더십 이론의 리더십개념들은 관계지향을 기초로 확장되었다고 볼 수 있다. 인정은 리더가 구성원의 공헌과 기여 그리고 성취에 대해서 승진과 같은 보상으로 반영시키는 행동을 의미한다.

리더의 두 가지 행동에 관한 비교

유형	과업지향적 행동	관계지향적 행동
행동 특성	효율성 증진을 위한 계획 세움	지원과 격려를 해줌
	직무를 집단이나 개인에게 효율석으로 할당	공헌과 기여, 성취를 인정하고 모범적인 행동모델
	역할기대와 과제목표의 명료화	코치와 후견인 역할을 하며 갈등해결을 위해 도움을 줌
	규칙, 방침, 표준 운영절차 설명	도전적인 목표를 달성할 수 있다는 자신감을 심어 줌
	집단의 활동상황을 점검하고 지휘하고 조정	관계를 구축하기 위해 사람들과 친목도모
	효율성, 생산성, 품질의 중요성을 강조	사람에게 영향을 미칠 행동에 대해 정보를 제공
	집단수행의 높은 수준을 설정	팀 상징, 의식, 행사 등을 통해 팀 정체성 구축

출처 : 리더십론, 강정애 등, 시그마프레스, 2011, p 52~56

리더십 행동이론의 초기 연구는 인간을 중시하는 관계지향적 리더가 과업중심의 리더보다 좋은 성과를 나타내고 바람직한 리더인 것으로 주장하였으나 이후에는 과업뿐만 아니라 인간(구성원) 모두에게 관심을 갖는 리더가 우수한 리더라고 주장하였다.

1) 오하이오대학교의 행동론

오하이오대학교의 리더행동유형 연구는 자질보다는 리더의 업적과 행태를 탐색하고 측정하는 것으로서 리더십 활동에 중점을 두었다. 리더의 행동을 분석하기 위해 리더행동기술 설문지를 개발하였는데 리더의 행동을 기술한 1800개의 문항은 150개 문항으로 축소하였고 요인분석을 통해 최종적으로 구조주도(initiating structure)와 배려(considration) 두 가지 유형으로 집약하였다.

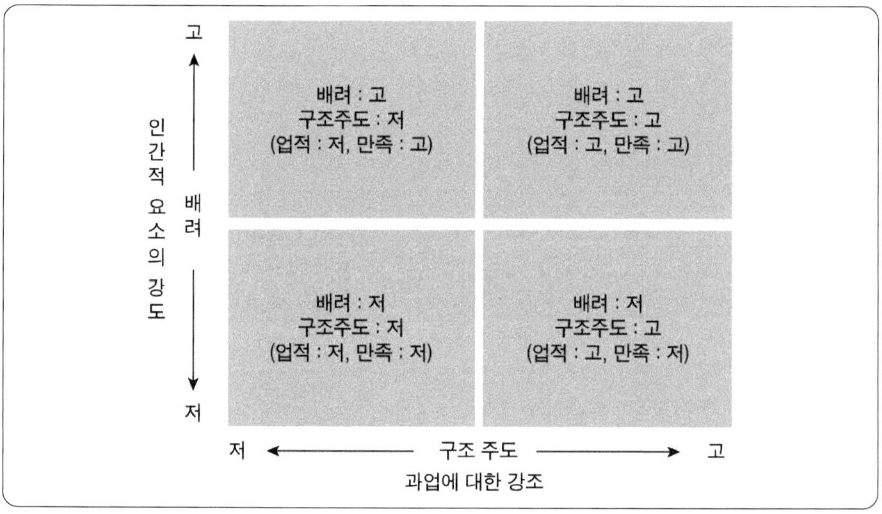

출처 : 리더십, 박보식, 대영문화사, 2023, p. 90

오하이오대학교의 리더 행동 유형

구조주도란 리더와 구성원 간의 관계를 명확히 정의하고, 특정 과업의 할당, 절차의 구체화, 작업계획 등을 구조화하는 행동을 말한다. 리더의 행동이 과제중심적이고 목표를 달성하기 위해 구성원들에게 업무를 수직적으로 지시하는 행동이 포함된다. 배려는 우호적인 조직 분위기 형성, 상호 신뢰, 존경, 복지 등에 비중을 두고 원만한 인간관계 형성에 초점을 두는 행동을 말한다. 리더가 구성원들에게 따뜻하고 협조적이며 구성원을 적극 지지하는 태도를 보이게 된다.

2) 블레이크와 모톤의 리더십 격자이론

블레이크(R. Blake)와 모튼(J. Mouton)의 격자이론은 오하이오대학교의 행동이론처럼 생산에 대한 관심과 사람에 대한 관심이라는 리더행동에 관한 두 가지 유형을 전제로 연구한 이론이다. 리더십 유형을 각각 9등급으로 세분화하고 리더십의 종류를 81개로 나누고 그에 대한 특징을 설명하였다.

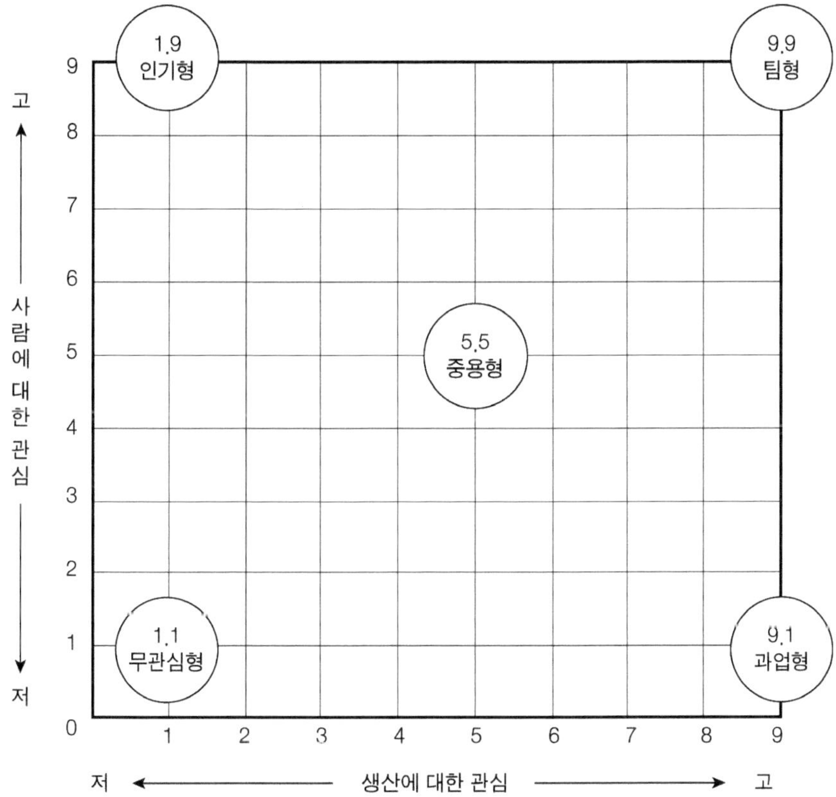

출처 : 생활속의 경영학, 장영광·정기만, 2022, p.278

리더십 격자이론

(1) 무관심형 리더

구성원에 대한 관심과 직무에 대한 관심 둘 다 낮은 유형에 속한다. 과업달성에 최소한의 노력만 할 뿐, 과업과 대인관계 어느 쪽에도 에너지를 기울이지 않는 것이 특징이다. 문제해결이나 직무에 대해 소극적이고 오히려 한걸음 물러나 있는 행동특성을 보인다.

(2) 인기형 리더

리더십 격자이론에서 인기형 리더를 'country club management'라고 명명하였다. 이는 컨트리클럽에서 골프를 치면서 직무(일)에는 관심 없고 인간관계를 도모하는 사람을 비유적으로 표현한 것이다. 인기형 리더는 생산성에 관심이 없지만 사람들의 태도나 감정에 대해 관심이 높고 구성원들의 욕구와 만족도 충족에 힘을 기울인다. 조직문화를 대체로 편안하고 화기애애한 분위기로 조성하는 행동유형이라고 볼 수 있다.

(3) 과업형 리더

과업형 리더는 성과지향적 업무 스타일을 고수하며, 작업과 높은 생산성에 대해 집중하는 유형이다. 주로 구성원 간의 수직적 관계를 형성하며 명령-지시-통제 시스템을 구축하여 조직을 이끌어 가는 유형이라고 할 수 있다.

(4) 중용형 리더

사람과 생산에 대해 적절한 수준의 관심을 가지는 유형이다. 중용형 리더는 높은 과업과 직원의 만족도 간의 타협을 추구하고 성과와 만족도 사이에 균형을 이루게 된다. 갈등을 최대한 피하고 적당한 정도의 과업활동과 대인관계를 유지하는 행동을 취하는 것이 특징이다.

(5) 팀형 리더

생산과 사람 모두에 대해 관심이 높은 유형의 리더이다. 직무에 대한 구성원의 적극적인 참여를 유도하고 의사결정 구조가 수평적이기 때문에 팀워크를 바탕으로 조직을 이끌어 가는 행동을 보인다. 블레이크와 모튼은 관리자 개발 프로그램을 개발하면서 팀형 리더십이 조직에서 가장 최적인 것으로 설명하였다.

10.1.3 리더십 상황이론

리더십 행동이론을 통해 리더십에 대한 연구가 한층 진전되었지만 여전히 한계가 있음을 보여 주었다. 이에 1970년대 이후 리더십 연구자들은 리더의 행동만을 검토할 것이 아니라 리더의 행동과 조직의 상황을 연결시켜 특정상황에서 효과적인 리더십에 대해 간구하게 되었다. 상황이론은 상황적 요인을 중시하는 것으로서, 특정한 상황에서 리더의 어떤 행동이 리더십을 발휘할까? 에 중점을 두고 있다. 효과적인 리더십은 상황에 따라 다르게 발휘되어야 하며 성공적인 리더십은 리더, 구성원, 상황이 조화를 잘 이루어야 가능하다고 볼 수 있다.

1) 피들러의 상황이론

피들러(F. Fiedler)는 리더십 상황이론을 본격적으로 다룬 대표적인 연구자이다. 리더가 효과적으로 리더십을 발휘하기 위해선 리더와 구성원 간의 관계, 과업의 구조화 정도, 리더의 지위력, 세 가지 상황적 요인에 대해 적합한 관계지향적 리더십과 과업지향적 리더십에 의해 결정된다고 설명하였다. 피들러는 리더의 고유한 행동이 리더십의 효과를 결정하는 것이 아니라 세 가지 상황적 요인의 결합에 대해 우호적인가의 정도(통제 가능성)에 따라 리더십의 효력이 드러난다고 하였다.

(1) 리더–구성원 간의 관계

구성원이 속한 집단이 리더에 대한 신뢰의 정도, 충성도, 조직 분위기 등 얼마나 협력적인가로 평가한다. 협력 정도에 따라 리더와 구성원 간의 관계는 좋거나 나쁜 것의 두 가지로 표현하며 상호 관계가 좋은 리더는 효과적인 리더십을 발휘할 수 있다.

(2) 과업의 구조화

과업의 목표, 절차, 가이드라인이 얼마나 명확하게 구조화 되었는가를 가지고 평가한다. 구조화 정도에 따라 구조적 또는 비구조적의 두 가지로 표현하며 과업구조가 높을수록 좋은 리더십을 발휘할 수 있다.

(3) 리더의 지위력

리더가 구성원들을 통솔하는 권한을 얼마나 가지고 있는가에 대한 평가이다. 권한은 구성원에 대해 어느 정도로 보상과 처벌을 할 수 있는가 하는 정도로 분석할 수 있으며 리더의 지위력(권한)은 강함과 약함으로 표현할 수 있다.

> **※ LPC 척도**
>
> LPC(Least Preferred Co-worker Score) 척도는 리더의 행동특성을 평가하는 도구로서 지금까지 함께 일했던 동료들 중에서 가장 일하고 싶지 않은 사람을 떠올리고 그 동료에 대해서 평가하는 설문도구이다. 피들러는 LPC 점수를 활용하여 리더십 유형을 과업지향적 리더십과 관계지향적 리더십으로 구분하였다. LPC 점수가 높을수록(64점 이상) 관계지향적 리더 유형이고 낮을수록(57점 이하)이면 과업지향적 리더 유형으로 해석된다.

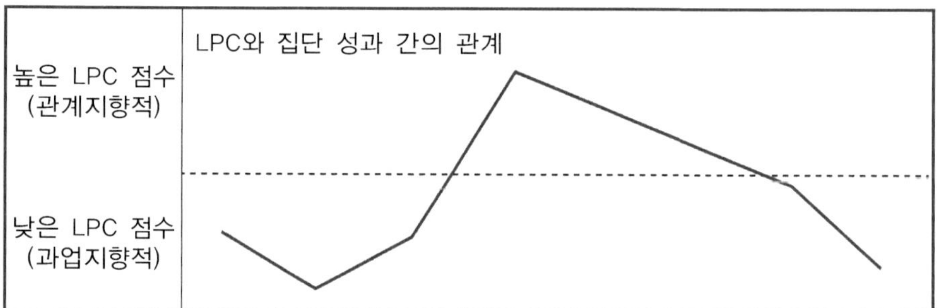

단계	1	2	3	4	5	6	7	8
상황								
리더·구성원 관계	좋음	좋음	좋음	좋음	나쁨	나쁨	나쁨	나쁨
과업 구조화	구조적	구조적	비구조적	비구조적	구조적	구조적	비구조적	비구조적
리더의 지위력	강	약	강	약	강	약	강	약

출처 : 리더십, 박보식, 대영문화사, 2023, p. 99

리더십 유형과 상황 간의 관계

그림에서 볼 수 있듯이, LPC 점수가 낮은 과업지향적 리더는 1~3, 7~8의 상황에서 리더십 발휘에 대한 조직성과를 기대할 수 있고, LPC 점수가 높은 관계지향적 리더는 4~6 상황에서 효과적인 리더십을 기대할 수 있을 것이다.

10.2 현대적 리더십 이론

1980년대 이후 급변하는 사회 · 경제적 환경에 리더십의 역할이 강조되었고 선동적 리더십 이론들의 한계와 문제점을 보완하기 위한 새로운 리더십 연구들이 활발하게 진행되었다. 조직에서 구성원에게 영향을 미치는 전통적인 리더십의 스타일은 Top-down 형태로서, 상위계층에서 하위계층으로 직무에 대한 구조적 특성이 제공되는 시스템이었다. 이러한 시스템에서는 명령-지시-통제 형태의 리더십이 발휘되며 직무를 수행하는 구성원들의 매우 수동적이고 소극적인 행동을 보이게 된다. 그러나 급변하는 경영환경에서 기업들은 심화된 경쟁 속에서 빠르게 대응하고 구성원들의 동기부여 증진과 직무만족의 향상을 통해 자발적인 직무수행을 요구하게 되었다. 따라서 1980년대 이후의 리더십은 전통적인 리더십과는 달리 Bottom-up 형태의 구조적 특성이 제공되는 시스템 속에서 구성원들의 역량을 개발하고 보다 자발적인 직무를 수행하도록 돕는 수평적 관계의 리더십 이론들이 대두되기 시작하였다.

10.2.1 변혁적 리더십

변혁적 리더십은 1973년 J. V. Downton(다운튼)이 처음 사용했으며 미국의 정치사회학자 J. M. Burns(번스)가 1978년 자신의 저서 '변혁적 리더십'이라는 책이 출간되면서 리더십에 대한 새로운 접근법으로 대두 되었다. 이후 Bass(1985)가 조직적 상황에 맞게 변혁적 리더십을 이론으로 정립하였다.

배스는 구성원들에게 개인적인 성취욕구를 고취시키고, 영감을 불어 넣어주거나, 문제를 직면하여 해결하도록 새로운 방법을 제시하고, 구성원들이 개인적 노력을 할 수 있도록 기운을 북돋는 것이라고 설명하였다. 이후 Bennis & Nanus (1985), Tichy & Devanna(1986), Avolio & Bass(1988), Kouzes & Posner(1993),

Bass(1998) 등에 의해 점차 발전하게 되었다(이상문, 2019).

변혁적 리더십은 조직의 효과적인 목표달성을 위해 구성원들의 동기를 자극하고 구성원들의 잠재력을 최대한 개발하는데 초점을 두고 있다. 배스에 의하면 변혁적 리더십은 구성원들의 욕구에 관심을 기울이고 기대 이상의 성장과 성과를 달성하도록 장려하고, 구성원들이 직무수행 결과에 대해 중요성을 인식하여 조직구성원 자신이 가지고 있는 욕구보다 높은 수준의 욕구가 충족되도록 영향력을 행사하는 리더십이라고 주장하였다. 또한 변혁적 리더의 지지와 격려로 구성원들이 변화되면 리더는 많은 것을 그들에게 위임하여 구성원의 자발적인 학습조직 및 자기개발의 활성을 유도한다. 이러한 변혁적 리더십은 급변하는 시기 또는 위기상황에 힘을 발휘할 가능성이 높고, 기계적 조직보단 유기적 구조의 조직에서 효과가 발휘될 가능성이 높다고 설명하였다.

변혁적 리더십의 개념 및 정의

저자	개념 및 정의
Burns(1978)	구성원의 흥미를 진작시켜 주고 집단 내 사명감이나 목표를 받아들이고 진작하게 하여 집단의 이익을 추구하게 하는 리더십
Bass(1985b)	구성원에게 영감을 심어 주고 개인의 성취욕구를 고취시켜주며 문제를 해결함에 있어 새로운 방법을 제시하고 개인적인 노력을 고양시키는 리더십
Harter & Bass(1988)	구성원들의 신념, 욕구변화, 도덕적 가치와 높은 이상을 고취시키며 개인의 이익보다는 조직을 먼저 생각하고 권한을 이양하여 구성원들이 책임감을 갖게 만들며 창의력을 발휘할 수 있도록 영향력을 주는 리더십
Paul(2006)	욕구를 더욱 넓히고 구성원의 이익보다 조직의 이익에 더 큰 비중을 가지도록 리더십을 발휘하는 것
Hoption rt al.(2007)	새로운 비전을 세우며 창조성을 추구하고 대처하는 리더십

출처 : 김병윤(2023) 수정 · 보완

배스는 구성원에게 영향력을 행사하기 위한 변혁적 리더십의 구성요소를 다음과 같이 제시하였다.

1) 카리스마(이상적 영향력)

카리스마는 변혁적 리더십의 가장 핵심적인 구성요소이다. '카리스마'라는 용어는 국어사전의 의하면 '많은 사람을 휘어잡거나 심복하게 하는 능력이나 자질, 대중을 따르게 하는 초자연적 또는 초인간적 재능이나 힘'으로 정의된다. 국어사전의 정의는 마치 힘과 권력을 행사하여 사람을 부리는 듯한 강한 이미지를 떠올리게 한다. 그러나 배스가 제시한 변혁적 리더십의 카리스마는 다른 의미를 가지고 있다. 리더가 제시한 비전을 구성원들이 따르도록 하는 특별한 능력으로 설명하면서, 카리스마 리더란 구성원이 자신의 직무에 몰입하고 충성심을 갖도록 만드는 것이라고 하였다. 이에 리더는 조직구성원이 변화에 대한 필요성을 인식하고 변화에 적극 동참하도록 새로운 비전을 제시할 수 있어야 하고, 구성원들에게 사명감을 부여해야 한다. 또한 구성원들과의 정서적 교감을 중시하며 도덕적인 행동기준을 세우는 것 등의 행동은 구성원들로 하여금 신뢰와 존경을 받고 리더와 함께 일하는 것에 대해 자부심을 느끼게 하는 것이다.

2) 영감적 동기부여

영감적 동기부여는 조직의 구성원들이 목표를 달성 하는데 있어서 성공적으로 수행할 수 있도록 열정을 불러일으키고 지지와 격려를 통해 에너지를 북돋워 주는 행동을 의미한다. 이를 통해 구성원들은 자신감을 가지고 자신의 직무에 매진할 수 있게 된다. 배스는 자신의 연구에서 영감적 동기부여는 리더가 기대하는 바를 구성원들에게 정확히 공유하고 조직력과 정신력을 창출하여 구성원 스스로 직무에 대해 열정을 가질 수 있게 하는 것이라고 설명하였다. 이와 같은 영감적 동기부여는 구성원에게 끊임없이 열정을 고무시키고 조직의 이상적 가치실현에 적극 동참하도록 자부심을 갖게 만든다(사윤호, 2019)

3) 개별적 배려

개별적 배려는 구성원에게 갖는 세심한 관심과 돌봄을 의미한다. 리더는 구성원들이 가지고 있는 개별적인 욕구를 파악할 수 있어야 하고, 욕구를 넘어 좀 더 도전적인 행동을 촉진시키는 역할을 하게 된다. 또한 구성원들 간의 우호적인 관계를 유지하며 양방향의 의사소통을 통해 구성원들의 동기수준을 강화하고 리더와의 신뢰를 두텁게 형성해 나아간다. 이러한 변혁적 리더십의 개별적 배려는 코치나 멘토의 기능과 매우 흡사하다고 볼 수 있다. 변혁적 리더십의 개별적 배려는 단순히 격려하고 돌보는 역할이 아니다. 리더는 구성원들과의 소통과 교감을 통해 그들의 욕구와 열정을 파악하고 개별적 욕구와 능력을 조직의 사명과 연결시켜 개인과 조직 사이에서 조화를 이룰 수 있게 한다.

4) 지적 자극

지적 자극의 핵심은 창의성과 혁신성을 촉진시키고 새로운 관점으로 문제를 해결하도록 돕는 것이다. 변혁적 리더는 구성원들이 가지고 있는 과거 습관이나 사고방식에서 탈피하고 새로운 관점으로 문제를 해결하도록 지원하게 된다. 이러한 지적 자극은 구성원으로 하여금 생각을 자극하게 하고 새로운 통찰과 함께 가치관이나 신념의 변화까지 이끌어 낼 수 있으며, 조직의 목표달성을 위한 새로운 행동을 추구하도록 돕게 된다. 특히 오래된 조직일수록 관행적으로 직무를 수행하거나 문제를 해결하게 되는데, 변혁적 리더십의 지적 자극을 통해 새로운 변화를 촉구하고 새로운 시각과 창의적인 아이디어를 창출할 수 있는 것이다.

10.2.2 감성적 리더십

미국의 16대 대통령 링컨은 리더십에 대해 다음과 같이 이야기 하였다.

> 리더십은 테크닉이 아니라 마음이다.
> 리더십은 부하의 마음을 아는 데서 출발한다.

하버드대학교 교수이며 행동심리학자인 골먼 박사는 감성지수(EQ)를 마음의 지능지수라고 했으며, 인간의 총명함은 IQ가 아니라 EQ가 결정한다고 하였다. Goleman(1998)의 연구에 의하면 업무수행의 성공요인으로 IQ는 20%인데 비해서 EQ는 80%로 나타났다.

Nef, Citrin, & Brown(1999)은 미국에서 성공적인 최고 경영자 50인을 대상으로 성공한 리더들의 공통적인 자질 15가지를 지적 · 기술적 능력 측면과 감성적 측면 두 가지로 구분하여 분석하였다. 연구결과에 따르면 지적 · 기술적 능력은 단 3가지 일뿐, 성공적인 리더의 자질은 감성적 능력이 더욱 중요한 것으로 나타났다.

성공한 리더들의 공통적인 자질

구분	지적 · 기술적 측면	감성적 측면
자질	- 지적 능력 - 명료한 사고 - 폭 넓고 해박한 사업 지식	- 열정, 넘치는 에너지 - 커뮤니케이션 기술, 설득력 - 강한 유대감, 동기부여 - 성실성, 도덕성 - 자만심의 견제 - 경험의 적절한 활용 - 내적평화, 긍정적 태도 - 올바른 일을 올바르게 처리하려는 의지

출처 : 강경석·김철구(2007), p.4 재인용.

자신의 마음이나 감정을 이해하는 것을 비롯하여 타인의 감정을 이해하고 공감하는 능력, 그리고 긍정적인 방향으로 감정을 통제할 수 있는 능력을 감성지능이라고 한다. 감성지능에 대한 연구는 심리학 교수인 Salivey & Mayer에 의해 시작되었고, Goleman(1995)은 자신의 저서 '감성의 리더십'을 출간하면서 감성지능과 리더십을 연계하여 현대적 리더십 이론의 새로운 모델을 열게 하였다. 그는 리더에게 감성지능은 매우 중요하다고 주장했는데, 구성원들의 동기부여뿐만 아니라 어려운 시기에 변화할 수 있는 의기고취, 타인과의 관계를 잘 형성할 수 있는 능력의 기본이 된다고 하였다. 또한 Goleman et al.(2002)는 감성리더십에 대해 감성역량을 기초로 리더가 자신의 내면을 이해하고, 조직구성원의 감성상태를 파악하여 그들과의 관계를 원만하게 형성하여 조직의 감성역량을 향상시키는 능력이라고 하였다.

감성지능 기반의 리더십 모델은 개인의 감정이 주위의 타인에게 전달되는 '감정의 확산'을 기반으로 한다. Goleman et al.(2002)은 리더의 직책이 그 자체로 권위가 따르기 때문에 구성원들은 리더를 통해 자극제가 될 뿐만 아니라 자신들의 행동을 동기화하고 조율하는 역할모델이 된다고 주장하였다. 이에 리더의 감정이나 무드 및 감성의 긍정여부에 따라 조직구성원들에게 결정적인 영향을 미치며 결과적으로 조직성과에도 영향을 주게 되는 것이다.

감성지능 및 감성적 리더십의 주요 개념

연구자	주요 개념
Salovey & Mayor(1990)	- 자신과 타인의 감성에 대한 평가를 효과적으로 표현할 수 있는 능력 - 자신과 타인의 감성을 효과적으로 억제하고 조절할 수 있는 능력 - 자신의 삶을 계획하고 성취하기 위해 감성을 잘 활용할수 있는 능력
Salovey & Mayor(1997)	- 감성을 정확하게 인지하고, 평가하고, 표현하는 능력 - 감성과 감성적 지식을 이해하는 능력 - 감성을 이용해서 사고를 촉진시키는 능력 - 감성을 일으키는 능력 - 감성의 성장과 지적인 성장을 향상시키기 위해 감성을 조절하는 능력
Wong & Law(2002)	- 자신의 감성을 정확하게 이해하고 표현하는 능력 - 주변의 다른 사람들의 감성을 인식하고 이해하는 능력 - 자신의 감성정보를 개인의 성과와 건설적인 활동에 활용할 수 있는 능력 - 개인의 감성을 주어진 상황에 따라 적합한 행동으로 나타내는 능력
Goleman et al. (2002)	1) 개인적 차원의 역량 - 자신의 감성을 명확하게 이해하는 능력 - 자신의 감성을 효과적으로 관리하는 능력 2) 사회적 차원의 역량 - 다른 사람의 감성을 명확하게 이해하는 능력 - 다른 사람의 감성을 효과적으로 관리하는 능력

출처 : 안치성(2014), p.19

감성지능 기반의 리더십 모델에 대한 연구자들의 개념을 정리하면 감성리더십은 리더가 자신과 조직구성원의 감정을 인식하고 관리하며, 구성원들 간의 긍정적인 관계를 형성하고 구성원들에게 영향력을 발휘하는 행동으로 설명할 수 있다. 또한 Goleman et al.(2002)은 감성적 리더십을 발휘하기 위해서 다음과 같은 구성요소를 제시하고 있다.

1) 자기인식 능력

자기인식 능력은 자신의 감정을 명확하게 인식하는 것을 말한다. 즉 자신이 현재 느끼는 감정에 대해 알아차리는 능력을 의미하며 자기인식의 수준이 높으면 지나치게 비판적이지 않으면서 자기를 이해하고 수용적인 태도를 취하게 된다. 자기인식 능력의 세부 요인은 감성적 자기인식 능력과 정확한 자기평가 능력, 자기확신 능력으로 구분된다. 자기를 온전히 인식한다는 것은 자신의 장점과 약점, 욕구 등을 알아차릴 수 있으며 자신의 한계를 알기 때문에 적절한 대처를 취하게 된다. 무엇보다 자기확신을 통해 자신의 가치와 능력에 대해 긍정적으로 여기고 자신의 직무를 수행하는 데 있어서 능동적인 태도를 취하게 된다.

2) 자기관리 능력

자기관리 능력은 자신의 감정이나 기분을 헤아리며 효과적으로 통제하는 것을 의미한다. 자신이 무엇을 하고자 하는지 분명하게 인식하고, 자신의 감정을 효과적으로 관리하는 능력이다. 세부 요인으로는 감정적 자기제어 능력, 솔직할 수 있는 능력, 적응력, 성취력, 진취성, 낙천성이 있다. 자기제어는 감정적 충동을 스스로 통제하고 침착함을 유지할 수 있는 능력이고, 솔직할 수 있는 능력은 자신의 감정이나 믿음, 행동에 대하여 진솔하게 개방하고 보여 주는 능력을 말한다. 적응력은 갑작스런 상황에 유연하게 대처하고 적응하는 능력이며, 성취력은 자신이 설정한 목표를 달성하기 위해 노력하는 능력을 말한다. 진취성은 주도적으로 먼저 행동할 줄 알고 기회를 포착할 수 있는 능력이며, 낙천성은 모든 사물에 대해 긍정적으로 보는 능력을 말한다.

3) 사회적 인식 능력

사회적 인식 능력은 공감의 능력으로 타인의 감정을 명확히 인식하는 능력을 말하며 감정이입의 능력, 조직적 인식 능력, 서비스 능력으로 세분화 한다.

감성적 리더십의 구성요인

구분	구성요소	정의	내용	
개인적 능력	자기인식 능력	자신의 감정을 명확하게 인식하는 능력	감성적 자기인식 능력	자신의 감정을 읽고 영향력을 깨닫는 것, 결정을 내리는데 본능적인 감각을 활용한다.
			정확한 자기평가 능력	자신의 장점과 한계를 아는 것
			자기확신 능력	자신의 가치와 능력에 대하여 긍정적으로 생각하는 것
	자기관리 능력	자신의 감정을 헤아리며 자신이 무엇을 분명히 알고 자기 자신의 감정을 효과적으로 관리하는 능력	감정적 자기제어 능력	파괴적인 감정과 충동을 통제하는 것
			솔직할 수 있는 능력	솔직히 있는 그대로를 보여 줌 진실함
			적응력	상황의 변화에 적응하고 장애를 극복하기 위한 유연성
			성취력	자신이 설정한 목표를 달성하기 위해 노력할 수 있는 능력
			진취성	주도적으로 먼저 나서고 기회를 포착하는 능력
			낙천성	모든 사물을 긍정적으로 보는 능력
사회적 능력	사회적 인식 능력	감정이입의 능력으로서 다른 사람의 감정을 명확하게 인식하는 능력	감정이입의 능력	다른 사람의 감정과 시각, 생각에 적극적인 관심을 표명할 줄 아는 능력
			조직적 인식 능력	조직 단위에서의 효율성과 의사결정구조, 경영방식 등을 읽어내는 능력
			서비스 능력	부하직원과 고객의 요구를 알아차리고 부응하는 능력
	관계 관리 능력	다른 사람과의 사회적 관계를 효과적으로 관리하는 능력	감화력	확고한 전망으로 사람들을 이끌고 동기를 부여하는 능력
			영향력	다양한 설득기술을 구사할 줄 아는 능력
			타인을 이끌어 주는 능력	적절한 피드백과 지도로 다른 사람의 능력을 지지해 주는 능력
			변화 촉진 능력	새로운 방향을 제안하고 관리하며, 사람들을 그곳으로 이끄는 능력
			갈등관리 능력	이해관계자간의 갈등을 파악하고 이를 효과적으로 관리하는 능력
			팀워크와 협력	팀을 구성하고 협력 체제를 조성하는 능력

출처 : Goleman, Boyatzis, & McKee(2002: 253–256), 조정대(2016)

사회적 인식 능력의 핵심은 타인에 대한 애정과 배려를 가지고 적극적인 관심을 표현하는 것이다. 타인의 감정을 헤아리고 그들의 입장에서 생각하고 관심을 표명할 수 있어야 한다. 또한 조직적 인식 능력은 조직단위에서의 효율성이나 의사결정 구조, 경영방식 등을 읽어 내는 능력을 의미하고 서비스 능력은 구성원들과 고객의 요구를 알아차리고 적절히 반응하는 능력을 말한다.

4) 관계관리 능력

Goleman et al.(2002)에 의하면 관계관리 능력은 타인의 감정을 효율적으로 다루는 능력을 말한다. 개인적 능력 차원에서는 자기 자신의 감정을 이해하고 관리하는 능력이라면, 관계관리는 타인의 감정을 이해하고 관리하는 능력이라고 볼 수 있다. 세부 요인으로는 영감을 불어 넣어주는 능력(감화력), 영향력, 타인을 이끌어 주는 능력, 변화 촉진 능력, 갈등관리 능력, 팀워크와 협력이 있다. 리더는 확고한 전망으로 구성원을 이끌고 동기를 강화할 수 있어야 하며, 설득력과 매력을 지녀야 한다. 또한 건설적인 조언과 지도를 통해 구성원의 잠재력을 개발하도록 지원해야 하고, 새로운 관점과 행동을 촉구하도록 이끌 수 있어야 한다. 또한 공동의 이상을 위해 갈등을 파악하고 효과적으로 관리할 수 있어야 하고 조직의 집단적 노력에 열정적으로 헌신하고 협력하도록 조성해야 한다.

10.2.3 서번트 리더십

전통적인 리더십의 특징을 꼽는다면, '명령-지시-통제'의 시스템 속에서 리더는 권력을 행사하고 구성원 간의 수직적인 관계를 형성한다는 것이다. 그러나 1980년대 이후 급변하는 경영환경에 빠르게 대처하고 효율적인 리더십이 필요함에 따라 새로운 리더십 이론들이 등장하게 되었는데, 그 중 전통적 리더십 이론과 가장 큰 차이를 보이는 리더십 이론은 서번트리더십 일 것이다.

서번트(servant)라는 용어는 '하인' 또는 '종'으로 번역되며, 동사형으론 'serve' 시중을 들다, 봉사하다, 제공하다의 의미를 가지고 있다. 서번트(servant)는 라틴어 'servire'에서 파생되었으며, 그 의미는 노예가 되다, 하인이 되다, 봉사하다, 헌신하다 등으로 해석한다.

용어에서 알 수 있듯이, 서번트리더십은 전통적인 리더십의 특성과 정반대의 특성을 가지고 있는 리더십이라고 볼 수 있다. 부하직원을 하인으로 여기고 명령과 지시를 일삼고 통제하는 리더십이 아닌, 오히려 구성원들을 섬기고 봉사하는 솔선수범의 리더십이라고 할 수 있다. 서번트리더십은 구성원에 대한 존중과 사랑을 기반으로 그들의 잠재력과 창의성을 이끌어내고 조직과 구성원이 동반 성장하는 진정한 공동체를 실현하고자 하는 이론이다. 이에 리더는 겸손함으로 솔선수범하여 봉사와 헌신을 통해 구성원들로부터 신뢰를 얻고 상호 수평적인 관계 속에서 구성원들의 목표지향적 행동을 촉진시키게 된다.

서번트리더십의 가장 큰 특징은 리더의 행동이다. 구성원들의 목표지향적 행동을 촉진시키기 위해 리더는 섬김과 배려, 존중을 강조하게 된다. 현대적 리더십 이론의 다양한 이론들에서도 구성원의 목표지향적 행동을 촉진하기 위해 리더는 리더십을 발휘하지만, 서번트리더십에서 나타나는 리더의 행동과는 성격이 다르다고 볼 수 있다. 이를 테면, 변혁적리더십에서는 카리스마를 보이고, 영감적 동기부여를 제공하며 지적 자극을 통해 구성원들의 행동을 유도하게 된다. 또한 감성적 리더십은 자신의 감정을 관리함과 동시에 구성원의 감정과 욕구를 이해하고 공감하는 태도를 통해 직무에 몰입하도록 하게 한다. 반면에 서번트리더십은 보다 더 적극적인 행동으로 구성원들의 변화를 이끌어 내고 있다. 동기를 부여하는 것이나 지적 자극을 주는 것, 그리고 상대의 마음을 이해하고 헤아리는 것 이외의 자신의 몸을 낮춰 진실한 섬김으로 구성원들을 돕고 지원하는 것이다. 그러한 섬김과 희생을 통해 구성원 간의 신뢰가 형성되고 강력한 동기부여를 주게 되는 것이다.

리더십 이론들 간의 리더 행동양식 비교

리더십 type	변혁적 리더십	감성적 리더십	서번트 리더십
구성원의 변화촉진을 위한 리더의 행동 양식	• 카리스마 • 지적 자극	• 감정과 욕구 이해 • 공감적 태도	• 섬김과 희생 • 솔선수범

이처럼 서번트리더십은 다른 리더십 이론에서 보이는 리더십의 역할과 행동에는 큰 차이를 보이고 있다. 이러한 섬김의 리더십이 정립하는 데에는 1970년대 Greenleaf의 통찰로부터 시작하였다. 세계 최대 규모의 통신기업인 미국의 AT&T의 경영교육 담당 부사장을 역임한 그는 자신의 저서 'The servant as Leader'에서 타인을 섬기는 서번트리더가 위대한 리더가 될 수 있다고 주장하였다.

그는 헤르만헤세의 작품 'Journcy to east(동방으로의 기행)'에서 레오라는 인물을 통해 영감을 얻게 되었다.

> 레오는 순례자들이 원하는 허드레 일과 식사 준비를 묵묵히 맡아서 했고, 밤에는 지친 순례자들을 위해 악기를 연주하는 일을 도맡았다. 순례자들에게 레오는 필요한 것을 항상 제공하였으며, 더 필요한 것이 무엇인지 찾아 그들의 정신적 · 육체적으로 지치지 않게 배려하였다. 그러던 어느 날 레오가 사라져 버렸다. 레오가 사라지고 나서 사람들은 당황했고 피곤에 지친 순례자들이 자주 싸우기 시작하였다. 비로소 순례자들은 레오의 소중함을 알게 되었고 그가 이곳에서 진정한 리더였음을 깨닫게 되었다. 그 후, 순례단의 일원이었던 한 사람이 몇 년 간의 방황 끝에 레오를 다시 만났고 그의 정체를 알게 되었다. 레오는 단순히 허드레 일을 하는 하인이 아니라 순례단을 후원하는 교단의 책임자이었고 정신적 리더였던 것이다.

서번트리더십은 도덕적인 리더로서 자신이 먼저 구성원을 섬기고 몸소 실천함으로서 구성원들에게 감동과 신뢰를 만들어가게 된다. Greenleaf는 헤르만헤세의 작품을 통해 서번트리더십에 관한 이론을 개념화 하였다. 그 후 1979년 Greenleaf는 서번트리더십에 대해서 '다른 사람을 위한 봉사를 중요시하며 구성원과 고객, 커뮤니티를 우선시 하고 구성원들의 욕구를 충족시키기 위해 헌신하는 리더십'이라고 정의하였다(이후석, 2021).

Greenleaf의 서번트리더십에 관한 개념은 보다 실증적이며 경험적인 접근이 부족하다는 공통된 의견 속에서 다양한 분야에서 서번트리더십의 원칙을 적용하여 조직의 발전과 향상을 목적으로 연구가 시작되었다. 그리고 연구자들은 자신의 삶과 근무환경에서 서번트리더십의 개념들을 정의하고, 실천하는 리더의 행동에 초점을 두고 다양한 구성요소와 특질을 분류하였다(Boyer, 1999; Spears, 2002; Liden at al., 2008).

Greenleaf 이후에 많은 학자들에 의해 이론적으로 정립되고 있지만 그 중 가장 영향력 있는 연구자는 Larry Spears(스피어스)이다. Spears(1995)의 연구에서 "위대한 리더는 먼저 다른 사람에게 봉사해야 한다고 주장하였으며, 이 단순한 사실이 위대함의 핵심이다."라고 이야기 하면서 서번트리더십의 중요성을 강조하였다. 그리고 서번트리더십에 대한 10 가지 구성요소를 제시하였다.

Heifetz(1994)는 서번트리더십에 대해 신뢰와 배려 및 지원, 그리고 공감대를 구성원들이 경험할 수 있도록 환경을 제공해야 하며, 구성원들의 변화와 성장을 위해 노력할 수 있는 리더십이라고 정의하였다.

Senge(1995)는 구성원 개인의 존엄성과 가치에 대한 믿음과 함께 리더의 권력은 구성원들로부터 발현된다는 민주적인 원칙에 입각한 리더십이라고 하였으며, Boyer(1999)의 연구에서는 서번트리더십에 대해 경청하며 구성원의 발전을 지원하며 권한 부여를 중시하는 리더라고 정의하였다. Daft(2008)는 서번트리더십을 개인의 이익을 앞세우기 보다는 타인의 욕구를 충족시키는데 중점을 두고, 구성원들의 성장을 지원하고, 정서적 측면에서 혜택을 제공하는 리더십으로 정의하였다. Liden at al.(2014)은 리더가 먼저 자신의 욕구충족을 최소화하고 구성원들의 욕구충족을 최우선시하며, 구성원들을 동기부여 할 수 있는 리더십으로 정의하였다.

서번트리더십에 대한 연구자별 정의

연구자	정의 및 개념
Greenleaf(1977)	다른 사람을 위한 봉사를 중요시하며 구성원과 고객, 커뮤니티를 우선시 하고 구성원들의 욕구를 충족시키기 위해 헌신하는 리더십
Heifetz(1994)	신뢰와 배려 및 지원, 그리고 공감대를 구성원들이 경험할 수 있도록 환경을 제공해야 하며, 구성원들의 변화와 성장을 위해 노력할 수 있는 리더십
Senge(1995)	구성원 개인의 존엄성과 가치에 대한 믿음과 함께 리더의 권력은 구성원들로부터 발현된다는 민주적인 원칙에 입각한 리더십
Boyer(1999)	경청하며 구성원의 발전을 지원하며 권한 부여를 중시하는 리더십
Daft(2008)	개인의 이익을 앞세우기 보다는 타인의 욕구를 충족시키는데 중점을 두고, 구성원들의 성장을 지원하고, 정서적 측면에서 혜택을 제공하는 리더십
Liden at al.(2014)	리더가 먼저 자신의 욕구충족을 최소화하고 구성원들의 욕구충족을 최우선시하며, 구성원들을 동기부여 할 수 있는 리더십

출처 : 선행연구를 토대로 수정·보완

1) 서번트리더십의 구성요소

Greenleaf(1977)에 의한 서번트리더십의 개념과 철학적 기초는 많은 연구자들에 의해 이론적으로 정립되었고, 조직현장에 적용하게 되었다. 그러나 Liden et al,(2014)에 의하면 서번트리더십의 명료한 개념과 측정도구의 개발은 성공단계에 이르지 못했다고 주장하고 있다. 따라서 서번트리더십에 대한 개념과 철학을 구현할 수 있는 하위 구성요소의 식별과 각각의 요소들이 조직에 온전히 적용될 수 있는지에 대한 논의가 중요하다고 볼 수 있다.

본 서에서는 서번트리더십 연구자들이 제시한 구성요소들을 살펴보고, Spears(1995)가 제시한 10 가지 구성요소에 대해 구체적으로 무엇을 의미하는지 살펴보도록 한다.

연구자별 서번트리더십의 구성요소

연구자	구성요소
Spears (1995, 1998)	• 경청, 공감, 치유, 인식, 설득 • 비전제시 및 개념화, 통찰, 스튜어드십, • 구성원의 성장 지원 • 공동체 구축
Boyer(1999)	• 질문하고 이해하려고 노력하는 사람 • 격려하고 편안한 분위기를 조성하는 사람 • 부하를 존중하는 사람 • 도덕성을 갖춘 사람 • 권한을 위임하고 학습을 장려하는 사람 • 관계와 공동체를 형성하는 사람 • 부하의 가능성을 신뢰하는 사람
Laub(1999)	• 사람에 대한 존중, 성장 • 도덕성, 공동체 구축 • 리더십 발휘, 리더십 공유
Russell & Stone (2002)	• 비전, 정직, 진실성, 신뢰 • 섬김, 모델링, 개척자 • 타인에 대한 감사, 임파워먼트
Liden et al. (2008)	• 정서적 치유, 공동체를 위한 가치창출 • 부하들의 성장과 성공지원 • 개념적기술, 부하들을 우선함 • 윤리적 행동, 임파워링
Sendjaya et al. (2008)	• 자발적복종, 진정성 있는 자아, 언약적 관계 • 책임감 있는 도덕성 • 초월적 영성, 변혁적 영향력
van Dierendonck & Nuijten(2011)	• 임파워먼트, 책임감, 물러서기, 겸손 • 진정성, 용기, 대인관계 수용성 • 스튜어드십

출처 : 이후석(2021)

2) Spears(1995)의 서번트리더십 구성요소

(1) 경청(Listening)

경청은 타인의 이야기를 듣는 것을 넘어 타인에 대한 존중과 배려를 나타내는 중요한 기술이다(Greenleaf, 1977; Russell & Stone 2002). 경청은 말하는 사람의 의도, 욕구, 감정, 의식, 신념 등을 이해하려는 상대중심적 대화기술이다. 따라서 리더의 지속적인 경청은 상대에 대한 진정성이 강화되어 신뢰관계를 구축하게 된다.

길햄(D. J. Gillham)에 의하면, 경청의 자세는 서번트리더십의 질을 결정하는 핵심요소로서 진정성 있는 경청이 되지 않으면 구성원에게 감정이입이 불가할 뿐만 아니라 그들을 설득하고 훈련시키는 것 조차 불가능하다고 하였다. 또한 진정성 있는 리더의 경청은 구성원들의 의견 차이를 조절하고 갈등을 해결할 수 있는 창의적인 행동으로 귀결된다고 하였다(Halal, 1998).

(2) 공감(Empathy)

서번트리더에 있어서 공감은 구성원들과의 관계에서 형성되는 중요한 구성요소이자 특질이다(Horsman, 2001; Jennings, 2002; Taylor, 2002). 서번트리더는 상대의 입장에서 생각하고 느끼는 것을 전제로 진심으로 마음을 함께하려고 노력한다. 그로 인해 서번트리더는 구성원과의 깊은 교감을 나누게 되고 존재와 존재가 연결되는 동일시를 경험하게 되며 긍정적인 신뢰관계가 형성된다.

(3) 치유(Healing)

'Healing'이란 용어는 게르만어와 고대 그리스어의 어원을 두고 있다.

게르만어의 'hailjan'이란 단어는 수리하다, 고치다, 치료하다 라는 의미를 가지고 있으며 고대 그리스어 'holos'는 신성하다, 온전한, 전체, 본 바탕 그대로 라는 의미를 가지고 있다. 이 둘의 용어가 오늘날의 healing의 본질적인 의미라고 할 수 있는데, healing은 단순히 질병을 치료하는 개념이 아니다. 즉, 몸의 세포가 재생되고 수리되는 과정인 신체적 치유와 문제를 다루는 심리적 과정인 정신적인 치유까지 포함하는 것이 'healing'의 진정한 의미이다.

서번트리더십의 창시자 Greenleaf는 치유는 사람들이 마음의 상처로부터 받은 고통이 나아지는 과정으로 설명하였다. 따라서 서번트리더의 치유는 정신적, 정서적으로 치유하는 과정에 영향을 줄 수 있는 기회를 만들 수 있고 많은 사람들이 정신적, 정서적으로 고통을 겪고 있다는 인식으로부터 시작된다.

즉 서번트리더의 진정성 있는 공감과 관심, 배려, 사랑의 마음이 구성원들의 내면에서 잠재적인 치유의 기회가 부여되고 그 관계 안에서 치유와 회복이 일어나게 되는 것이다.

(4) 인식(Awareness)

서번트리더는 무작정 섬기지 않는다는 점에서 노예와는 다르다고 볼 수 있다. 리더는 상황에 대한 분명한 자기인식을 기반으로 지속적인 탐색과 타당한 대안을 제시하고 올바른 행동을 하게 된다. 그리고 자기를 온전히 인식하는 과정에서 서번트리더십이 더욱 강화된다. 자기를 온전히 인식한다는 것은 자기 자신이 서번트라는 인식에서 출발한다. 즉, 자신의 정체성을 온전히 확립하는 것이며 서번트라는 정체성은 실제 서번트의 행동으로 연결되는 것이다. 또한 자기인식과 함께 타인을 인식하고 주변상황에 대해서도 명확히 파악하여 조직을 효율적으로 운영할 수 있게 된다.

(5) 설득(Persuasion)

서번트리더십이 전통적인 리더십과 구별되는 점이 '설득'이다. 전통적인 리더십은 수직적 관계를 형성하여 자신의 생각과 뜻을 구성원에게 일방적으로 관철시키고 권력을 행사한다. 그러나 서번트리더십은 명령이나 지시보다는 양방향의 소통을 하며 설득의 과정을 하게 된다.

설득은 상대를 중심에 두는 대화를 하는 과정에서 상호 존중과 이해를 전제로 구성원들 간의 합의를 이루게 된다. 서번트리더가 조직에서 의사결정을 내리는 경우엔 권위나 지시보다는 설득을 통해 결정되며 복종을 강요하기보단, 구성원들에게 행위에 대한 확신을 주고자 진솔하게 설명하는 과정을 거치게 된다. 이러한 설득의 과정에서 발휘되는 리더십은 구성원 스스로의 확신으로 연결되어 능동적인 행동으로 변화하는데 의미가 있다.

(6) 비전제시 및 개념화(Conceptualization)

비전을 제시하는 것은 눈앞에 보이는 단기적은 목표나 작은 성과에 치우치지 않고 궁극적으로 조직이 나아가야 할 방향성을 보여 주는 것이다. 서번트리더는 조직의 비전을 효율적이고 바람직한 상태로 나아갈 수 있도록 비전을 구체적으로 정립해야 하는데, 그러한 능력을 서번트리더십의 구성요소인 '개념화'라고 할 수 있다. 개념화를 통해 조직의 비전은 현실화 되는 것이다. 개념화라고 번역된 'Conceptualization'은 conceptual 이라는 단어와 동작이나 과정, 상태를 나타내는 명사를 만들 때 사용되는 어원요소 'ization'이 합쳐진 단어이다. 'conceptual'는 라틴어 'conceptus(모아서 생각하기)'라는 단어에서 파생되었으며, 물리적 의미보다는 정신적인 개념에서 사용되었다. 그러므로 'Conceptualization', 즉 개념화한다는 것은 추상적인 조직의 비전과 방향성을 정신적인 과정을 수반하여 구체화 시키는 것을 의미한다. 서번트리더는 개념화 역량을 통해 구체화된 조직의 비전이 구성원들의 직무를 수행하는 과정에서 현실화 되는 것이다.

(7) 통찰력(Foresight)

통찰력이라는 용어는 'foresight'라는 단어와 'insight'라는 단어로 번역된다. 그러나 두 단어는 본질적으로 의미하는 바가 조금은 다르다. 먼저 'insight'는 ~안에, 내부를 뜻하는 접두사 'in-'과 '보다'를 뜻하는 'sight'의 합성어로 내부(안)을 들여 다 봄, 또는 이해력, 통찰력이라는 말로 번역된다. 따라서 insight라는 용어는 겉으로 드러나는 형상 이면의 본질적인(안) 것을 꿰뚫어 보는 것을 의미한다.

'foresight'는 접두사 'fore-'는 앞쪽에, 앞에 라는 뜻이며 'sight'와 합쳐져서 예지력, 선견지명, 통찰력이라고 번역된다. 서번트리더십에서 사용된 단어는 'foresight'이다. 리더는 과거와 현재를 토대로 미래를 바라보고 예측할 수 있어야 한다. 이에 (Spears, 1998)는 서번트리더십의 통찰력은 과거 경험에 의한 교훈과 현재 상황, 미래를 위한 결정에서 발생 가능한 결과에 대해 고려해서 이해하고 생각하는 것이라고 정의하였다.

(8) 스튜어드십(Stewardship)

관리라고 번역된 'Steward'는 '다른 사람의 가정이나 재산의 일을 돌보는 자'

에서 유래하였다. 이 단어는 'stig+weard'의 합쳐진 것으로 'stig'는 돼지를 키우는 울타리, 집의 일부를 뜻하고, 'weard'는 게르만어 'wardaz'에서 파생된 단어로서 수호자란 의미를 가진다. 따라서 'Steward'는 단순히 관리하고 감독하는 것을 넘어 가정이나 집단과 같은 조직을 수호하는 의미를 내포하고 있다. 여기서 주목해야 할 점은 'stig'이다. 돼지나 소와 같은 가축의 울타리를 의미하는데, 보통 지저분하고 비위생적인 공간으로 여겨지는 곳이다. 이러한 공간은 어느 누구도 관리하고 싶지 않을 것이며 책임지고 싶지 않을 것이다. 이러한 비위생적인 공간조차도 수호하는 역할과 책임을 'Stewardship'이라고 하는 것이다.

따라서, 서번트리더십의 철학적 가치를 담고 있는 매우 중요한 구성요소라고 할 수 있다. 앞서 소개했던 헤르만 헤세의 작품 '동방으로의 기행'에서 레오가 보여준 섬김과 배려는 바로 서번트리더십의 'Stewardship'의 특질을 그대로 보여주고 있다.

조직을 관리하고 이끌어 간다는 것은, 겸손과 헌신의 자세로 구성원들을 섬기고 허드렛일(stig) 까지도 기꺼이 감당하는 사랑과 봉사의 삶에서 완성된다고 할 수 있다.

(9) 구성원의 성장 지원

전통적 리더십 이론과 현대적 리더십 이론의 가장 큰 인식의 변화를 꼽는다면, 구성원들의 능동적인 참여일 것이다. 전통적인 리더십은 리더 중심의 시스템 속에서 리더십의 중요성만을 강조하였다면, 현대적 리더십 이론의 특징은 구성원들의 적극적이고 능동적인 참여이다. 급변하는 경영환경에 빠르게 대응하기 위해 리더십 이외의 구성원들의 역량을 강화하고 그들의 자발적이고 창의적인 직무수행을 강조하게 된 것이다.

이 시기(1980년 이후)에 학자들은 조직구성원들의 역량을 강화하고 주도적인 직무수행을 위해 다양한 개념을 경영현장에 도입하게 되었는데, 대표적인 것이 임파워먼트와 직무재설계, 직무재창조와 같은 개념이다. 이러한 연구와 관심은 결국 구성원의 성장을 촉진하고 잠재력을 개발하여 조직의 목적을 달성하는데 기여하기 위함이다.

서번트리더십의 개념과 철학에서 볼 수 있는 일관된 관심사는 '구성원'이다. 서번트리더는 구성원들을 돕고 섬기는 행동뿐만 아니라 진심으로 그들의 성장과 발전에 기여하게 된다. 구성원들이 능동적으로 직무를 수행하도록 지원하고, 잠재력을 개발하는데 노력을 기울인다. 또한 구성원들의 자발성을 촉진하고 자신감 있게 역량을 발휘할 수 있는 환경을 조성하고 격려하는 것을 중요한 가치로 보고 있다.

(10) 공동체 구축(community Building)

'community'는 공동체 또는 공동체의식이라는 말로 번역된다. 어원으로는 라틴어 'communis'에서 유래되었고 그 의미는 '모든 사람이나 다수가 공유하는 것'으로 해석한다. 당시 사람들은 개인이 만들기 어려운 도로나 광장, 우물 등의 큰 시설을 공유하기 위해 모여 살았고 같은 관심사나 생각, 또는 기술을 공유하는 집단이 형성되어 이 단어가 유래되었다. 종합해 보면, 'community'란 시설 등과 같은 환경뿐만 아니라 관심, 생각, 이념 등을 공유하는 사회집단으로 설명할 수 있다.

서번트리더십은 이러한 'community'를 강조하고 있다. 조직의 목표달성과 성장을 위해선 구성원들이 한 마음으로 협력해야 하는 것이다. 같은 공간에 모여 있는 것만을 공동체라고 하지 않는다. 'community'의 어원에서 알 수 있듯이 관심사나 생각을 공유하는 것이 내포되어 있다. 따라서 서번트리더는 구성원들에게 조직의 비전과 목표를 함께 공유하고 한 방향으로 나아가도록 지원하는 것이 중요하다. 공동체는 나만의 목표를 달성하는 것이 아니라, 공동의 목표를 추구하고 함께 발 맞추어 수행해야 하는 것이다.

핵심내용 정리하기

1. 전통적 리더십 이론과 현대적 리더십 이론의 차이를 설명하라.

2. 전통적 리더십 이론을 대표하는 3 가지 이론을 설명하라.

3. 현대적 리더십 이론이 형성하게 된 사회배경은 무엇인가?

4. 변혁적 리더십 이론의 구성요소는 무엇인지 설명하라.

5. 감성지능이 현대사회에서 중요한 이유는 무엇이라 생각하는가?

6. 서번트리더십의 리더의 행동특성은 무엇인가?

제 11 장

코칭리더십

11.1 코칭리더십의 개념

앞 서 10장에서 언급했듯이, 급변하는 경영환경에 따라 기업들은 새로운 변화를 추구하게 되었고 이전보다 혁신적인 리더십이 강조되었다. 이에 기존의 전통적 방식의 리더십행동을 보완할 수 있는 새로운 리더십 이론이 부각되었는데, 이를 현대적 리더십 이론이라고 한다. 현대적 리더십 이론들은 학자들의 관점에 따라 다양한 이론들이 연구되고 경영현장에 적용되고 있다. 대표적인 이론으로는 앞서 다룬 변혁적리더십, 감성적리더십, 서번트리더십, 수퍼리더십, 윤리적리더십, 셀프리더십, 임파워링리더십, 전략적리더십 등이 있다.

새롭게 등장한 리더십 이론들은 과거 '명령-지시-통제'라는 리더의 주도적인 관리와 수직적 관계에 의한 일방적인 지시가 아닌 구성원과의 수평적인 관계 안에서 서로 상호작용하고 구성원들의 수행능력을 향상시키기 위해 영향력을 행상하는 리더십이라고 할 수 있다. 이처럼 현대적 리더십 이론은 상황에 따라 빠르게 대처하고 자율적이면서 혁신적인 특성을 보이고 있으며 조직을 효율적으로 운영하여 지속적인 성장에 긍정적인 역할을 한다고 볼 수 있는 것이다.

또한 실제 경영현장에서 보다 활용 가능한 실천적 리더십이 요구되었고, 리더의 역할과 함께 구성원들의 역할에도 많은 관심을 가지기 시작하였다. 리더와 구성원 간의 관계가 수평적으로 바뀌기 시작하면서 조직의 구조 역시 수직적 구조에서 수평적 구조로 변화하였으며, 물적 자원 중심의 경영방식은 인적 자원개발 중심으로 바뀌기 시작하였다(조경주, 2019). 이러한 변화의 물결은 리더십만 강조하여 조직을 움직이는 한계를 극복하고자 하는 새로운 자각에서 출발하였고 구성원들의 자발적이고 능동적인 직무수행을 촉진하고자 하였다. 이에 구성원들의 잠재력과 역량개발, 동기부여, 가치실현 등을 통해 직무수행 능력을 향상시키는데 초점을 두게 되었으며 이러한 요구에 맞춰 코칭이 경영현장에 적극적으로 도입되기 시작하였다.

조직의 리더는 리더십을 통하여 조직구성원을 성장시키고 역량개발을 도모하고 자발적으로 문제를 해결할 수 있도록 지원하는 행동양식을 취하게 되는데, 이것을 '코칭리더십'이라고 한다(양진영, 2021) 코칭에 대한 개념은 본 서 1부에서 다루었듯이, 사람들의 성장과 발전 그리고 새로운 인식을 통해 변화를 이끌어 내는 대화프로세스이다. 즉 성장과 발전에 초점이 맞춰진 코칭은 경영성과 창출에 적극 활용된 것이며 구성원들의 역량을 개발하고 자발성을 촉진시켜 긍정적인 직무수행을 촉진시키는 도구로 활용되었다. 따라서 코칭리더십은 코칭적 요소와 리더십 요소가 더해진 새로운 리더십 이론으로서 리더와 구성원 간의 수평적 관계를 형성하고 구성원들의 변화 가능성에 관한 신뢰를 바탕으로 조직의 목표달성을 위하여 역량을 개발하도록 돕고 동기부여 하는 리더십이라고 할 수 있다(Whitmore, 2010). 박보식(2023)은 코칭리더십에 대해 '구성원이 조직이 요구하는 역할 수행을 하는데 장애가 되는 요인을 구성원 스스로 해결하도록 지원함으로서 조직 전체의 역량을 증대시킬 뿐만 아니라, 동시에 구성원의 잠재적 역량을 개발하고 육성함으로서 구성원 각자의 개인적 발전과 성장을 도와주는 것을 목적으로 하는 과정'이라고 설명하였다. 이희경(2005)은 코칭리더십이 구성원의 잠재력을 발견하고 개발하여 조직성과와 연결시키는 중요한 역할이라고 강조하면서 오늘날 인력개발과 핵심인재의 확보는 조직의 성패를 결정하는 주요한 요인이며, 그것이 코칭리더십의 역할이라고 언급하고 있다.

이러한 배경 속에서 도입된 코칭리더십은 학계의 많은 연구를 통해 다양한 개념으로 제시되었으며 대표적인 개념으로는 '코칭행동', '코칭역량'이 있다. 이들의 개념도 '코칭리더십'과 함께 주로 팀리더의 코칭스킬과 태도를 통해 구성원의 변화를 촉진하고 수평적인 관계를 형성하여 구성원 스스로 성장할 수 있도록 동기부여하고 지원한다는데 공통점을 가지고 있다.

양수진(2017)의 연구에 의하면 코칭리더십은 리더십 발휘라는 관점에서 코칭적 행동이나 코칭스킬의 활용을 넘어 성과관리, 조직운영 등의 조직전체를 움직이는 조직적 맥락에서 '코칭행동', '코칭역량'에 비해 포괄적인 개념으로 이해할 수 있다. 따라서 코칭리더십은 경영부문을 중심으로 그 개념이 연구되어 왔으며, 이론적으로 정립되고 있다. 또한 코칭에 대한 다 학제적인 관심과 활용이 증가함에 따라 교육부문과 의료부문, 사회복지부문 등 타 영역에서의 코칭리더십의 개념이 확산되고 활용되고 있다.

11.2 코칭리더십의 근거 학문

1) 인본주의 심리학

인본주의 심리학은 20세기 중반 로저스에 의해 주창되었고, 인간의 자유의지와 자기실현에 중점을 두는 이론이다. 인본주의 심리학은 결정론적인 정신분석 이론과 기계론적 입장의 행동주의의 결점에 대한 새로운 시각으로의 인간 이해를 바탕으로 태동하게 되었다. 대표적인 학자로는 로저스(Carl Rogers, 1902~1987)와 매슬로우(Abraham, H. Maslow, 1908~1970)가 있다. 로저스의 인간중심적 인간관은 코칭리더십의 개념을 형성하는데 매우 결정적인 영향을 주고 있다. 로저스의 이론 중에서 '유기체'라는 것이 있다. 유기체란 생명활동을 하는 모든 조직체라고 할 수 있으며, 로저스는 유기체에 대해 '한 개인의 행동이나 사상, 존재 모두를 포함하는 전체로서의 개인을 말한다고 주장하였다. 또한 로저스는 인간의 주관적인 경험을 중요하게 생각하였으며 인간의 모든 경험은 유기체에서 이루어진다고 하였다. 로저스가 말하는 유기체로서의 인간은 자신의 잠재력을 실현하려는 경향을 가지고 있다고 하였으며, 인간행동의 가장 중요한 동기로 작용한다고 하였다. 이것은 코칭리더십의 가장 중요한 맥락이라고 볼 수 있다. 리더가 구성원들을 바라보는 관점은 잠재력을 지닌 존재로 인식하며 잠재력을 실현하려는 경향성을 가지고 있는 존재로 보기 때문에 자신의 직무를 수행하는 과정에서 자기실현을 하도록 지원하는 것이다. 코칭철학에서는 인간은 무한한 가능성이 있는 존재로 보고 있다. 따라서 리더는 구성원들의 무한한 가능성에 초점을 두고 그들이 자신의 직무를 수행할 때에 가능성이 열리고 자기를 실현하여 그것을 통해 건설적으로 발달시킬 수 있어야 하는 것이다. 또한 로저스는 인간에 대해 미래지향적 존재로 보고 있다. 삶의 모든 순간에 집중하며 자신의 존재의미를 발견해 가면서 현실에 대해 능동적으로 수용하고 지속적인 변화와 발전을 추구하게 된다. 그러면서 자신의 경험에 대한 신뢰를 바탕으로 자신에게 가장 만족스러운 방향으로 나아간다는 것이다. 코칭은 현실에 발을 딛고 미래를 보게 하는 것이다. 리더는 구성원들로 하여금 조직의 목표달성을 위한 미래비전을 공유하고 앞으로 전진하도록 지원하게 된다. 구성원들이 자신의 현장에서 매 순간 최선을 다하는 조직문화를 형성하고 지속적인 변화와 발전을 추구하여 자발성 있는 행동으로 나아가도록 지원해야 한다.

매슬로우(Abraham, H. Maslow, 1908~1970)는 정신분석과 행동주의의 반동으로 욕구위계이론을 정립하였다. 매슬로우는 자아실현을 강조하였으며 자신의 실존적인 경험, 즉 환경에 의해 결정된다고 주장하였다. 또한 인간행동을 동기화시키는 5 가지 욕구를 제시하면서 욕구는 위계적으로 조직되어 있고, 하위단계의 욕구가 충족되면 상위단계의 욕구가 발현된다고 주장하였다.

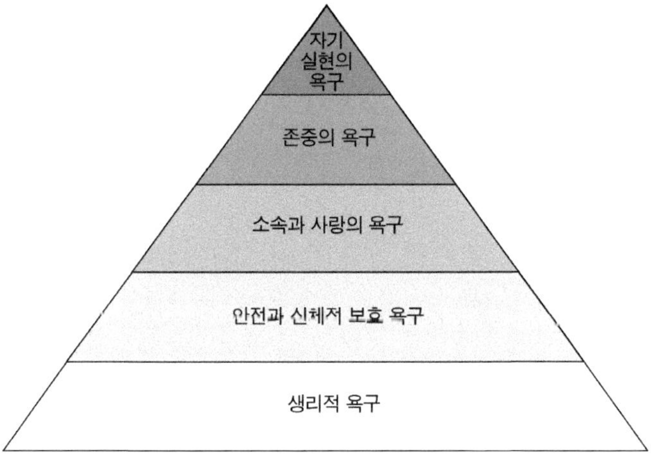

매슬로우의 욕구위계론

매슬로우는 '자기실현(self-actualization)'이라는 개념을 통해 인간의 잠재력 연구에 집중하였다. 그리고 인간의 잠재력이 어떻게 발현될 수 있는지를 탐색하였다. 매슬로우에 의하면 인류의 1% 사람만이 자기실현을 성취한다고 보았으며 자기 본성에 진실하고 자신이 하고자 하는 욕구를 가장 상위단계의 욕구로 설명하였다. 또한 자기실현은 자신의 잠재력이나 재능을 충분히 발휘하기 위한 노력을 의미한다고 하였다.

따라서 리더는 구성원들 각 사람이 가지고 있는 독특한 개성과 잠재력이 무엇인지 발견하도록 돕고 개발할 수 있도록 지원해야 한다. 매슬로우는 인간행동이 개인의 삶을 의미 있게 만드는 목표를 지속적으로 추구하려는 경향을 가진다고 하였기 때문에 구성원들의 직무수행을 통해 자신의 삶의 의미를 발견하고 직업을 통한 자기실현을 할 수 있도록 지원해야 한다. 욕구위계론은 하위단계의 욕구가 충족되면 상위단계의 욕구를 실현하려는 의식이 발생한다고 하였고, 그 욕구를 충족시키기 위해 동기부여가 일어난다고 하였다. 따라서 리더는 구성원들의 하위단계의 욕구가 충족되도록 지원해야 하는데, 이를 테면 존중의 욕구로서는 상대를 중심에 두는 대화를 하며 구성원의 행동에 지지와 격려를 통해 타인에 대한 존중이 인식되도록 인격적인 관계를 형성해야 한다. 그리고 그러한 리더십을 코칭리더십이라고 하는 것이다.

2) 경영학 부문과 코칭리더십

리더십 이론은 경영학 부문에서 핵심이론 중 하나이다. 조직을 효율적으로 운영하고 관리하는 리더의 역할론에 관한 이론으로서 20세기 초반부터 현재까지 약 100년 정도의 역사를 가지고 발전해왔다. 그러면서 경영학 부문에 코칭이 활용되기 시작하였고, 새로운 리더십 이론들이 등장하면서 코칭적 요소와 리더십이 융합된 '코칭리더십'이 정립되었다. 경영학 부문에서 코칭을 활용했던 주요한 요인은 새로운 변화를 추구하면서 성장과 발전을 이루기 위함이었다. 코칭은 앞서 살펴보았듯이, 성장과 발전에 목적을 두고 새로운 변화를 이끌어 내는 기술이자 도구라고 할 수 있다. 따라서 경영학 부문에서 진정 원하는 니즈가 코칭의 특성과 정확히 일치했기 때문에 코칭이 적극 도입된 것으로 이해할 수 있다.

그러한 관점에서 코칭리더십은 경영현장에서 활용할 수 있는 중요한 개념이자 이론이라고 할 수 있다. 또한 경영학 부문에서 코칭이 적극적으로 활용되어 지속적으로 함께 성장한 요인을 찾아보면 코칭의 본질과 경영학은 매우 닮아있다는 것을 알 수 있다. 이를 테면 경영활동의 관리순환(계획-실행-평가 및 피드백)은 코칭의 속성(목표설정-계획 수립-실행-실행에 대한 점검-피드백)과 똑같다고 볼 수 있다. 이러한 경영과 코칭의 속성은 동일한 맥락으로 볼 수 있고 목표달성 혹은 성장이라는 하나의 공통된 목적을 위한 활동이라는 것도 동일한 속성을 지니고 있다. 이러한 관점에서 경영과 코칭은 함께 공존하면서 성장했다고 볼 수 있으며 코칭리더십의 발전은 경영학의 발전과 연관이 있음을 알 수 있다.

(1) 경영의 개념과 코칭

경영이란 '조직의 목표를 달성하기 위한 제반활동을 의미하며, 목표달성을 위한 과정 또는 수단'으로 정의할 수 있다. 경영의 정의는 코칭의 정의와 매우 똑같고, 본질적으로 닮아 있다. 코칭의 목적은 고객의 목표를 달성하도록 하는 활동이다. 따라서 경영과 코칭은 행위에 대한 목적이 동일하다고 볼 수 있다. 따라서 위에서 제시한 경영에 관한 정의를 '코칭'이라는 용어로 바꾸어 작성해 보면 다음과 같다.

> 코칭은 고객의 목표를 달성하기 위한 제반활동을 의미하며, 목표달성을 위한 과정 또는 수단으로 정의할 수 있다.

경영에서 목표달성을 위해 다양한 자원을 모으고 활용하는 활동이라고 한다면, 코칭도 역시 고객의 목표달성을 위해 다양한 자원을 발견하게 하고 개발하도록 지원하는 활동이다. 경영에서 활용하는 자원이라면 인적자원, 물적 자원, 정보 등을 말하며, 코칭에서는 내부자원과 외부자원을 탐색하고 활용하도록 지원하게 된다. 코치는 강력한 질문을 통하여 고객의 생각을 자극하고 자신의 강점이나, 가치, 재능 등을 발견하도록 지원하여 고객 내부의 자원 곧 잠재력을 극대화할 수 있도록 지원한다. 또한 환경적 요소나 목표달성을 위한 조력자를 탐색하게 하여 외부자원을 활용하도록 한다.

경영활동의 특성은 '목표지향적'이라고 할 수 있으며, 코칭의 활동 역시 '목표지향적'인 특징을 가지고 있다. 코칭의 어원이었던 'coach'는 고객의 목적지까지 데려다 준다는 의미에서 파생했듯이 코칭은 고객의 원하는 지점, 곧 목표가 명확히 설정되고 그 목표를 달성하기 위해 앞으로 전진하도록 돕는 대화가 코칭이다. 따라서 코칭과 경영은 미래에 초점을 맞추고 목표를 향해 전진한다는 맥락에서 닮아 있다고 볼 수 있다.

경영과 코칭을 '목표달성을 위한 과정이나 수단'으로 표현하였다. 구체적으로 목표달성을 위한 과정이란 무엇을 의미하는가? 경영에서 조직의 목표(목적)를 달성하기 위한 과정 또는 활동은 일련의 연속적인 과정으로 이루어진다. 이른 바 'PDS 사이클'이라고 부른다.

첫째, 계획을 세우는 것(Plan)
둘째, 계획에 대한 실행(Do)
셋째, 실행 결과에 대한 평가(See), 다시 계획에 반영하기 위한 피드백

이와 같은 3단계의 연속적인 과정을 관리의 순환과정 또는 경영의 순환과정이라고 한다. 경영활동은 조직의 목표달성을 위해 올바른 방향으로 연속적인 순환시스템으로 이루어진다.

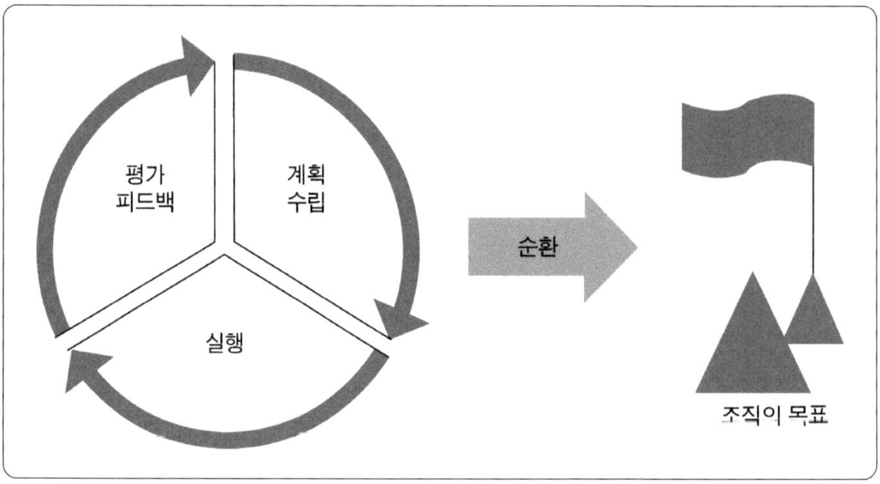

출처 : 생활속의 경영학, 장영광 · 정기만, 2022, 신영사.

경영의 순환과정(PDS 사이클)

코칭도 마찬가지로 PDS 사이클과 동일한 패턴의 구조를 가지고 있다. 고객의 목표달성을 위해 계획을 수립하고, 구체적인 행동계획을 세우게 된다. 그리고 그에 대한 실행(실천), 실행한 결과를 고객 스스로 점검하고 평가하는 구조적인 대화로 진행된다. 그리고 코칭도 경영과 마찬가지로 1회성으로 끝나는 것이 아니라 고객과의 협의 하에 여러 회기(순환)를 진행하게 된다.

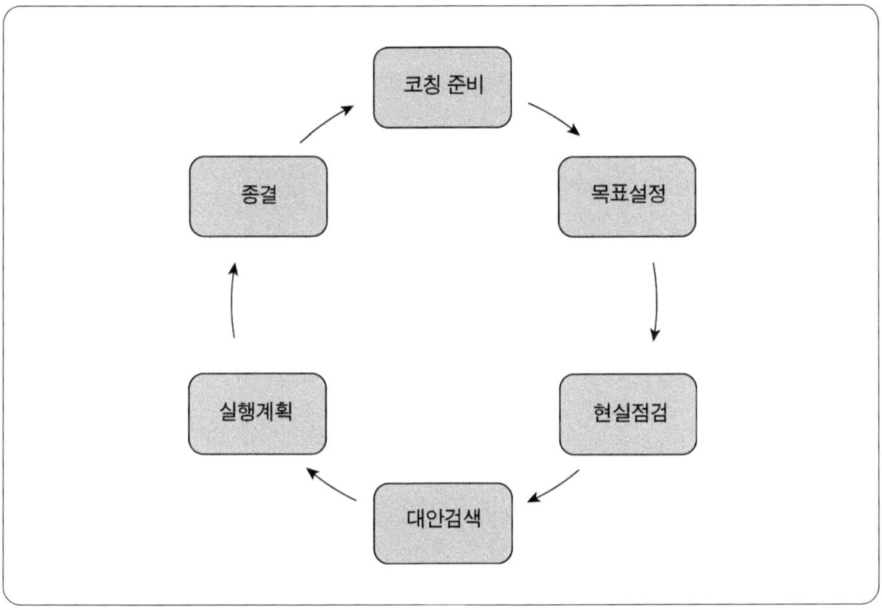

코칭의 순환과정

- 코칭준비: 코칭윤리 준수, 라포형성, 신뢰감 있는 분위기 형성

▼

- 목표설정: 주제 선정, 고객의 목표 확인

▼

- 현실점검: 현재상황 파악, 장애물 확인

▼

- 대안탐색: 목표달성을 위한 대안탐색, 아이디어

▼

- 실행계획: 도출된 대안에 대한 구체적인 계획, 세부사항 도출
  수립된 계획에 대한 실행방법, 실행확인 및 책임

▼

- 종 결: 코칭대화에서 최종 합의된 내용에 대한 확인, 칭찬과 격려

11.3 코칭리더십의 정의

코칭리더십에 대한 학문적인 접근은 경영학자 겸 경영자인 S. J. Stowell(스토웰) 박사에 의해 시작되었다. Stowell(1986)은 조직행동론 차원에서 코칭리더십에 대하여 '코칭은 구체적인 기능이나 행동을 포함하는 프로세스로서, 리더가 토의나 대화로 개입 또는 중재하는 것이다.'라고 정의하였으며, 코칭리더십의 네 가지 구성요소를 제시하였다. 이후 후속연구에서는 '조직의 목표달성을 위해 리더가 조직구성원의 성장과 학습을 촉진하는 행동'(Stowell, 1988)으로 정의하였다.

Haberleitner(2002)은 '구성원이 자기 스스로 가능성을 인식하고 능력과 의욕을 높일 수 있게 하는 방식으로, 구성원 스스로 직무를 수행하고 문제를 해결할 수 있도록 학습능력을 향상시켜 주는 리더십'이라고 정의하였으며, Greene and Grant(2003)는 '조직구성원 스스로가 능력을 성장시켜 성과를 얻어낼 수 있도록 하고, 리더의 결과 지향적 행동방식'이라고 정의하였다. Luecke(2004)는 '조직의 관리자나 감독자가 구성원의 가능성을 개발하도록 조력하고 성과와 목표달성을 이루어 내는 상호작용의 과정'이라고 정의하고 있으며, Hackman and Wageman(2005)의 연구에서는 '구성원들의 역량을 개발시키고 구성원들이 조직에 더욱 기여를 할 수 있도록 하는데 있어서 중요한 역할을 하는 행동'으로 정의하고 있다.

경영부문에 코칭을 적용하여 저변확장에 기여가 큰 학자를 꼽는다면, 존 휘트모어(John Whitmore)이다. 휘트모어는 이너게임(inner game)의 창시자 티모시 골웨이(Timoty Gallwey)로부터 코칭교육을 받은 뒤, 영국으로 돌아가 '이너게임'을 설립하였다. 그리고 코칭을 비즈니스에 적용하면서 경영부문에 코칭을 확산시킨 계기가 된 것이다. Whitmore(2009)는 코칭리더십에 대하여 '리더가 구성원에 대한 가능성을 믿고 그들이 무엇을 학습해야 하는지 알게 해주고, 동기부여를 통해 잠재력을 개발하고 향상시킬 수 있도록 하는 행위'라고 정의하고 있다. 휘트모어는 개인의 숨겨진 잠재력에 관심을 가지고 있었으며,

코칭을 통해 내면에 숨겨진 잠재력을 최대한 이끌어내야 함을 강조하였다. 특히 사람을 평가할 때 드러난 성과가 아닌, 잠재능력의 측면에서 평가해야 한다고 하였다. 그리고 코칭리더 또는 관리자는 구성원들에 대한 믿음을 매우 강조하였는데, Whitmore(2009)의 연구에서 알 수 있듯이 '구성원에 대한 가능성을 믿고'라고 표현한 것은 그들이 잠재력을 보유하고 있다는 믿음을 의미한다. 만일 구성원들에게 가능성에 대한 믿음을 갖지 못한다면, 그들의 잠재력을 발휘하도록 도울 수 없을 것이라고 주장하였다.

코칭리더십에 대한 정의

연구자	정의	초점
Stowell(1986)	코칭은 구체적인 기능이나 행동을 포함하는 프로세스로서, 리더가 토의나 대화로 개입 또는 중재하는 것이다.	대화
Stowell(1988)	조직의 목표달성을 위해 리더가 조직구성원의 학습과 성장을 촉진하는 행동	학습과 성장
Haberleitner (2002)	구성원이 자기 스스로 가능성을 인식하고 능력과 의욕을 높일 수 있게 하는 방식으로, 구성원 스스로 직무를 수행하고 문제를 해결할 수 있도록 학습능력을 향상시켜 주는 리더십	자발성, 문제해결 능력
Greene and Grant(2003)	조직구성원 스스로가 능력을 성장시켜 성과를 얻어낼 수 있도록 하고, 리더의 결과 지향적 행동방식	능력 향상 성과창출
Lucke(2004)	조직의 관리자나 감독자가 구성원의 가능성을 개발하도록 조력하고 성과와 목표달성을 이루어 내는 상호작용의 과정	가능성 개발
Hackman and Wageman(2005)	구성원들의 역량을 개발시키고 구성원들이 조직에 더욱 기여 할 수 있도록 하는데 있어서 중요한 역할을 하는 행동	역량개발
Whitmore(2009)	리더가 구성원에 대한 가능성을 믿고 그들이 무엇을 학습해야 하는지 알게 해주고, 동기부여를 통해 잠재력을 개발하고 향상시킬 수 있도록 하는 행위	잠재력 개발과 향상
탁진국 · 조은현 (2011)	조직구성원의 직무수행과정에서 자신의 강점을 발견하고 발전하도록 하여 조직과 개인의 성과를 스스로 성취하도록 촉진하고 지원하는 리더십	강점발견과 발전

출처 : 선행연구를 토대로 수정·보완

11.4 코칭리더십의 구성요소

구성요소라는 용어는 '어떤 사물을 짜임새 있게 이루고 있는 꼭 필요한 성분'으로 해석한다. 어떠한 주체를 이루고 있는 하나하나의 여러 요소들의 집합이라고 할 수 있으며, 주체를 이루는 요소는 주체의 본질을 구현하는 특성이라고 설명할 수 있다. 예를 들면, 건물의 구성요소는 바닥, 벽, 천장, 지붕으로 구분할 수 있다. 건물이라는 주체를 바닥, 벽, 천장, 지붕이라는 각각의 개별요소의 합이며 이 중 어느 것 하나라도 빠지게 되면 건물의 본질이 훼손 될 것이다. 따라서 구성요소는 주체의 본질과 속성을 온전히 드러내는 중요한 개념이자 핵심요소라고 할 수 있다.

그렇다면, 코칭리더십의 구성요소는 무엇을 의미하는가?

코칭리더십이라는 개념, 그리고 본질을 온전히 구현할 수 있는 개별요소라고 할 수 있다. 코칭리더십의 본질을 담아낼 수 있는 요소들을 구성하기 위해선 코칭리더십이 무엇인가에 대한 정체성(정의)이 반드시 필요하며, 코칭리더십에 대한 정의를 온전히 구현할 수 있는 요소들이 모여서 코칭리더십을 구현하는 것이다.

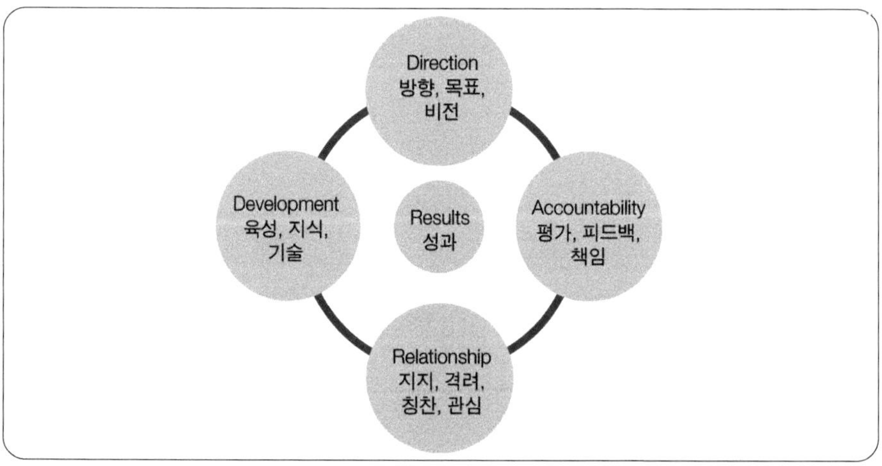

출처: CMOE(2003). Coaching Skills Program, Sandy, UT; 이은정(2017), 재인용.

Stowell(1986)의 코칭리더십 구성요소

코칭리더십의 연구자들은 코칭리더십에 대해 자신들의 관점에 따라 조작적 정의를 내리고, 코칭리더십을 개념화하는 과정에서 그 본질을 구현할 수 있는 요소들을 구성하였다.

Stowell(1986)은 코칭리더십에 대해 대화를 통한 리더와 구성원 간의 상호작용의 관점에서 네 가지 구성요소 방향제시, 역량개발, 수행평가, 관계로 구분하였다.

(1) 방향제시(Direction) : 방향, 비전, 목표

리더는 조직의 목표를 달성하기 위한 비전을 구성원들에게 공유하고 직무에 대한 바람직한 방향에 대해 올바른 설정을 하도록 지원하는 것을 의미한다. 특히 조직의 비전이나 목표를 명확히 공유(제시)하고 구성원들과의 원만한 소통을 통해 그들이 조직의 목표달성을 위해 능동적으로 행동하도록 이끌어야 한다.

(2) 역량개발(Development) : 지식, 기술, 성장

코칭은 인간에 대해 무한한 가능성이 있는 존재로 보고 있다. 이에 코치로서의 리더는 구성원의 잠재력에 초점을 두고 가능성이 있는 존재로 인식하는 것이 중요하다. 그러한 관점으로 구성원들의 역량을 개발하는 것은 코칭리더십을 발휘하는 매우 중요한 구성요소가 되는 것이다. 리더는 구성원의 역량을 개발하도록 지원하여 역량과 재능, 기술, 지식의 성장을 이룰 수 있도록 해야 한다. 구성원들의 향상된 역량은 조직성과를 높이는데 기여할 수 있다.

(3) 수행평가(Accountability) : 평가, 피드백, 책임

수행평가는 직무를 수행한 후, 결과에 대한 합리적인 평가와 리더와의 피드백 과정을 의미한다. 구성원 자신이 수행한 직무에 대해 합리적인 평가를 통해 자신의 행동에 대한 책임의식을 고취하고 보다 발전적인 행동으로 나아가도록 촉진하는 과정이라고 볼 수 있다. 또한 리더는 구성원과의 피드백을 통해 과업에 대한 전반적인 의견을 나누고 개선점 및 보완점 등의 발전적인 행동을 추구하도록 지원해야 한다.

(4) 관계(Relationship) : 지지, 격려, 관심, 칭찬

리더와 구성원 간의 수평적인 관계를 형성하며, 신뢰감 있는 관계를 유지할 수 있어야 한다. 리더는 구성원에 대해 지지, 격려, 칭찬, 그리고 관심을 가지고 그들의 성장에 함께 해야 한다.

Ellinger(1997)는 코칭리더십을 동기부여와 권한위임의 관점에서 연구하였는데, 커뮤니케이션을 통한 협력적 업무와 목표설정, 문제해결, 피드백 제공, 관점전환, 사례학습, 학습환경 형성 및 촉진, 참여지원, 단계별 인식전환을 구성요소로 구분하였다.

Talarico(2002)는 연구에서는 이슈분석, 독려와 격려, 관계형성, 타인에 대한 경청을 제시하였으며 Ellinger et al.(2003)은 학습 및 개발에 초점을 두고 리더의 코칭행동이 구성원의 직무만족도와 성과 간의 연관성을 연구하였으며 코칭행동은 직무만족도와 성과에 긍정적인 영향이 있음을 검증하였다. 이들의 상관성 연구에서 제시한 구성요소는 효과적인 의사전달, 학습촉진, 정보제공, 질문제시, 목표설정 대화, 피드백 제공 및 요청, 역할 연기에 관한 시연이다.

McLean et al.(2005)의 연구에서는 팀 차원적인 접근, 열린 대화, 인간적 배려, 모호함의 수용, 네 가지를 구성요소로 보았다.

Heslin et al.(2005)은 안내, 촉진, 영감 세 가지를 제시하였는데, '안내'는 구성원들의 행동변화에 대하여 소통하는 표현과 결과에 대한 피드백 제공을 의미하고, '촉진'은 구성원 스스로의 문제해결과 성과향상을 위한 방법을 모색하는 것, '영감'은 구성원 자신에게 잠재가능성에 대한 믿음이 발휘되도록 동기부여하고 격려하는 것을 의미한다.

국내에서도 코칭리더십의 척도 개발을 목적으로 연구가 수행되었다. 조은현 · 탁진국(2011)의 연구에서는 문헌연구, 포커스그룹 인터뷰, 전문가 인터뷰 및 직장인을 대상으로 설문조사를 시행하여 분석한 결과 존중, 목표제시와 피드백, 관점변화, 부하의 성장과 발전에 대한 믿음 4개 요인을 최종 도출하였다.

코칭리더십의 구성요소

연구자	구성요소
Stowell(1986)	방향제시, 역량개발, 수행평가, 관계
Ellinger(1997)	커뮤니케이션을 통한 협력적 업무와 목표설정, 문제해결, 피드백 제공, 관점전환, 사례학습, 학습환경 형성 및 촉진, 참여지원, 단계별 인식전환
Talarico(2002)	이슈분석, 독려와 격려, 관계형성, 타인에 대한 경청
Ellinger et al. (2003)	효과적인 의사전달, 학습촉진, 정보제공, 질문제시, 목표설정 대화, 피드백 제공 및 요청, 역할 연기에 관한 시연
McLean et al. (2005)	팀 차원적인 접근, 열린 대화, 인간적 배려, 모호함의 수용
Heslin et al. (2005)	안내, 촉진, 영감
조은현 · 탁진국 (2011)	존중, 목표제시와 피드백, 관점변화, 부하의 성장과 발전에 대한 믿음

출처 : 선행연구를 토대로 수정·보완

11.5 코칭리더십의 실제

코칭산업의 성장에는 비즈니스의 발전과 깊은 연관이 있다. 비즈니스의 하위 영역인 경영, 조직개발, 경영 컨설팅, 직업훈련, 리더십 개발, 경력개발, 인적자원관리 등 다양한 영역에서 새로운 패러다임의 접근법을 요구하게 되었다. 근대 경영학의 시작은 19세기 후반 펜실베니아대학 소속의 와튼스쿨에서 최초의 경영대학원이 설립되면서 본격화 되었고 20세기 전반에 걸쳐 경영과 리더십은 '통제-지시-처방'이라는 패러다임의 특징을 보여주었다. 이후 20세기 후반 경영환경의 큰 변화는 기존의 경영방식과 리더십의 한계가 있음을 깨닫게 되었고, 새로운 변화를 추구하게 되었다.

이에 구성원들의 능동적인 참여와 의사결정, 권한위임 등의 변화가 시도되었고 리더십 발휘에도 큰 변화가 일어났다. 구성원들의 학습을 촉진시키고, 수평적인 관계형성, 관심과 존중, 역량개발, 동기부여 등의 인적자원개발 중심의 패러다임으로 변화되었다. 이른 바 '통제-지시-처방'이라는 패러다임에서 '인식-창조-권한 부여'의 패러다임으로 바뀌게 된 것이다.

결론적으로 코칭리더십은 비즈니스 영역에서 새로운 패러다임 속에서 요구되는 새로운 리더십으로서 구성원들의 역량개발과 학습촉진, 강력한 동기부여 등을 통한 행동변화에 초점을 두게 된다. 이에 코칭리더십 발휘를 위한 구체적인 코칭모델과 도구들이 제공되었으며, 이러한 코칭의 도구와 기술들은 구성원들의 성장과 변화에 도움을 주며 비즈니스 영역에 확산되었다.

따라서, 본 11장에서는 비즈니스 부문의 핵심을 구성하고 조직 안에서 발전하게 된 행동주의 코칭모델을 살펴보고자 한다.

1) 행동주의 코칭모델(GROW 모델)

행동주의 코칭은 20세기 초, 중반의 대세를 이루었던 행동주의 심리학을 기반으로 인간의 학습과 성장을 촉진하고 실행 능력의 향상에 초점을 두어 비즈니스 분야의 핵심을 구성하였다. 행동주의 코칭의 가장 보편적인 모델은 'GROW 코칭모델'이다. 1974년 티모시 골웨이의 '이너 게임'은 스포츠 부문의 코칭법을 처음으로 제시하였고 코칭 발전에 긍정적인 영향을 주게 되었다. 그리고 휘트모어와 알렉산더는 골웨이의 '이너 게임'에 대한 교육을 받고, 1981년 이너 게임에 기반한 코칭을 영국에 보급하게 된다. 스포츠 코칭에 접목할 뿐만 아니라, 이후 기업을 대상으로 활발한 코칭을 이어가게 된다. 그리고 1985년 알렉산더는 'GROW 코칭모델'을 개발하였다.

GROW 모델은 4단계로 구성된 대화모델이며 코치의 질문을 통해 4 가지의 활동중심 단계로 나아가도록 지원한다.

(1) G : Goal(목표 설정)

GROW의 첫 번째는 목표를 명확히 하는 것이다. 고객이 진정 원하는 목표를 발견하고 설정하는 것이다. 목표가 설정되지 않으면 행동계획을 수립할 수도 없고, 대안을 탐색할 수도 없다. 따라서 코치는 고객이 진정 원하는 바가 무엇인지, 무엇을 성취하고 싶은지에 대한 목표를 명확히 하는 것으로 출발한다. 목표설정은 행동변화에 대한 강력한 동기부여를 제공한다. 해야 하기 때문에 하는 것이 아니라, 원하기 때문에 하는 것이라고 인식하면 더 잘할 수 있기 때문이다.

목표를 설정할 때는 다음과 같은 조건을 갖추어야 한다. 이른 바 SMART 기법에 맞추어 고려해야 한다.

> S : 구체성(Specific)
> M : 측정가능성(Measurable)
> A : 합의된(Areed)
> R : 현실성(Realistic)
> T : 시간이 정해진(Time phased)

목표를 설정할 때에는 구체적이고 명료하게 설정하도록 지원해야 한다. 예를 들면, 고객의 원하는 바가 '건강 증진'이라고 하면 고객이 생각하는 건강의 상태가 무엇인지 명확히 인식하도록 해야 하고 구체적으로 건강증진을 위해 어떤 상태 또는 어떤 수준이 되어야 하는지 세부적으로 결정해야 한다.

목표는 측정 가능해야 한다. 목표는 추상적인 허상이 아닌, 실제적이고 관찰 가능한 것이어야 한다. '건강 증진'에 대해 구체적인 목표를 10kg 감량이라고 설정했다고 하면, 현재 체중을 파악해서 목표치의 체중이 결정되는 것이다. 이처럼 목표는 실제 측정 가능해야 하는 것이다.

목표는 합의된 내용으로 설정되어야 한다. 고객과 코치는 목표달성을 위해 함께 나아가는 동반자 이자 협력자이다. 코치와 고객 간의 관계에서 명확히 공동의 목표를 합의하지 않으면 효과적인 코칭대화가 이루어질 수 없는 것이다.

목표는 현실성 있게 설정되어야 한다. 체중 감량이 목표가 될 때에 무리하게 30kg 감량을 하겠다고 하면 목표를 성공적으로 달성하기 어려울 뿐만 아니라, 무리한 행동계획을 세우게 된다. 이는 실천 가능하지 못한 계획이 수립될 뿐만 아니라 실패를 경험하여 코칭의 효과성을 떨어트리는 요인이 된다. 따라서 코치는 고객의 목표가 실제 현실로 이루어질 수 있는 현실 가능한 목표가 되도록 해야 한다.

목표 달성에 대한 시간이 정해져야 한다. 10kg 체중감량을 언제까지 할 것인지를 명확히 해야 하는 것이다. 기간을 정하지 않으면 자신의 삶에서 최선을 다하지 않을 가능성이 크고, 현실과 쉽게 타협하게 된다.

(2) R : Reality(현실 점검)

목표가 설정되면, 고객의 현실상태 즉 현재의 상황을 파악할 수 있도록 지원하게 된다. 현재 자신의 상태를 탐색하면서 설정된 목표가 실현 가능한지, 또는 장애물은 없는지에 대해 꼼꼼히 점검하는 단계이다.

아무리 좋은 목표가 설정되었다 하더라도 목표를 달성하지 못하도록 나를 끌어 내리는 장애물이 존재할 수도 있다. 따라서 미래의 목표가 실제 실현되기 위해선 자신의 현재상태를 체크하고, 만약 장애물이 있다면 그것을 걷어 내는 방안을 마련하도록 해야 한다. 현재 상황을 파악할 때에는 객관적인 기준을 가지고 가능한 왜곡 없이 분별하는 것이 좋다.

(3) O : Option(대안 탐색)

현재상황을 파악하고 장애물을 제거했다면, 목표달성을 위해 구체적인 대안을 탐색하는 단계로 연결된다. 대안탐색은 다른 단어로 표현하면 '아이디어'이다. 구체적인 행동계획을 수립하기 위해 새로운 대안이나 아이디어를 탐색하도록 지원하게 된다. 코치는 강력한 질문을 통해 고객의 생각을 자극하게 하고 새로운 대안을 찾을 수 있도록 해야 하는 것이다. 대안은 가급적 충분히 찾을 수 있어야 하고, 실현 가능한 행동인지 분별해야 하며, 되도록 성공하기 쉬운 대안부터 실행에 옮기는 것을 유지한다.

(4) W : When_언제, Whom_누구에 의해, What_무엇을 행하는가, Will_실행의지 확인

목표를 위한 대안(아이디어)이 설정되면, 그것을 구체적으로 언제 시행할 것인가? 또는 누구와 함께 할 것인지, 또는 누구의 도움을 받을 수 있을 건지에 대한 구체적인 행동계획을 수립하도록 지원한다. 그리고 행동에 대한 구체적인 실행을 점검하고 계획하는 단계라고 할 수 있다. 또한 효과적인 행동을 위해 고객의 책임의식을 고취시키거나 실행의지를 확인하는 것, 그리고 행동에 대

한 점검 및 평가는 어떻게 진행할지를 명확히 설정하는 것이 중요하다.

GROW 코칭모델의 활용 가능한 질문의 예시

단계	활용 가능한 질문
G : Goal (목표 설정)	무엇을 성취하기 원하는가?
	이 만남을 통해 무엇을 얻기 원하는가?
	무엇을 알기 원하는가?
R : Reality (현실 점검)	무엇이 일어났는가?
	이것이 왜 문제인가?
	그것이 당신에게 의미하는 것은 무엇인가?
	현재 목표달성을 방해하는 것이 있다면 무엇인가?
	실천하기 어려울 것 같은 상황은 무엇이 있는가?
O : Option (대안 탐색)	다른 대안이 있다면 무엇인가?
	무엇을 시도할 수 있는가?
	그것의 장점과 단점은 무엇인가?
	또 다른 대안을 찾아본다면 어떤 것이 있는가?
W : Will (실행의지 확인)	앞으로 무엇을 언제 할 것인가?
	당신이 생각하는 장애물과 목표는 무엇인가?
	그것을 어떻게 극복할 것인가?
	누가 도와줄 수 있는가?
	어떤 자원이 필요한가?
	언제 그 과정들을 검토할 수 있는가?

출처 : 코칭심리학, 스티븐 팔머·앨리슨 와이브로, 코쿱북스, 2016, p.137

행동주의 심리학 기반의 GROW 코칭모델은 일반적인 사람들과 리더에 의해 구성된 조직체계 안에서 유용하게 활용될 수 있다. GROW 코칭모델에서 목표설정은 계획을 촉진하고, 성과 목표를 성취하며 지속적인 성장을 추구하기 위한 동력을 지원하게 된다. 개인적인 목표뿐만 아니라 폭넓은 사업의 확장 및 조직의 목표, 전략에 통합될 수 있다.

핵심내용 정리하기

1. 코칭리더십의 개념을 설명하라.

2. 코칭리더십이 경영(비즈니스) 부문에 활용될 수 있는 근거는 무엇인가

3. 코칭리더십의 구성요소를 설명하라.

4. GROW 코칭모델에 대하여 설명하라.

제12장

코칭리더십의 연구동향과 효과성

문헌에 의하면, 코칭에 영향을 주었던 이론과 도구들은 1930년대부터 존재해왔으며 사회경제적인 환경변화와 자기개발 운동의 영향으로 독자적인 분야로 발돋움 하게 되었다. 또한 1세기 동안 코칭의 성장과 확장된 역사를 살펴보면 다음과 같은 패턴을 찾아볼 수 있다.

코칭의 창시자라고 할 수 있는 초기 선구자들은 다양한 분야의 전문가들이었다. 심리학, 비즈니스, 스포츠, 동기부여 등의 전문가들이었으며 심리학의 기초한 이론과 심리도구들을 활용하여 자신들의 분야에서 코칭을 실행하였다. 이후 코칭의 도구와 모델을 좀 더 체계적으로 정립하고 프로그램화 하여 전문적인 코칭을 수행했던 코치들을 코칭의 '전달자'라고 할 수 있다. 이들은 창시자들의 코칭 도구와 모델을 활용하면서 보다 정교하고 다양한 코칭모델을 구축하게 되었다. 또한 코칭의 대중화를 이끌어 가면서 코칭문화를 조성하는 한편, 저변확대를 이루었다. 다양한 분야에 코칭이 적용되었고 전문코치를 양성하는 기관, 전문협회, 교육기관 등이 지속적으로 설립되었다.

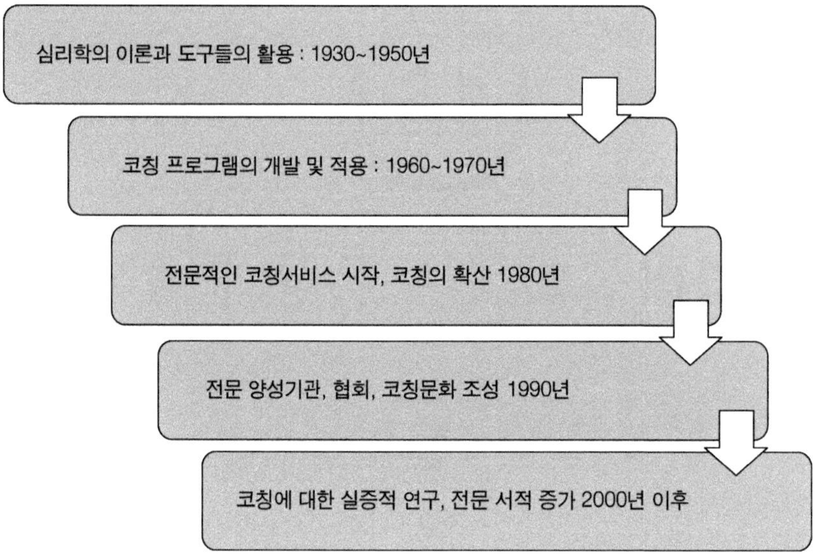

코칭의 출현과 성장

이후 코칭은 더욱 확장되는데, 학자들에 의한 실증적인 연구가 급격히 증가하게 되고 코칭관련 서적이 매우 증가하는 특징을 보이게 된다.

이러한 코칭의 출현부터 확장성을 동반한 성장과정의 패턴은 현재 우리나라에서도 동일한 패턴구조를 보이고 있다.

2000년대 초반 미국에서 코칭을 배우고 한국에 들어와 코칭을 보급한 코치들을 '1세대' 코치라고 할 수 있다. 이들은 미국에서 다양한 코칭에 대한 이론과 도구, 프로그램을 교육받고 한국에 보급한 전달자 역할이었다. 이들은 코칭을 보급한 동시에 활발한 교육활동을 하게 된다. 이에 1세대 코치들로부터 코칭을 접하게 된 코치들을 '2세대' 코치라고 할 수 있다. 2세대 코치는 코칭모델과 프로그램을 더욱 확장시키고 개발하게 된다. 또한 국내 기업들의 리더십 프로그램, 경영자코칭 등을 수행하면서 코칭의 확산에 기여하게 된다.

그리고 1세대 코치와 2세대 코치들의 노력으로 국내에서도 각종 코치 양성기관과 협회, 교육기관(대학)이 설립되어 전문적인 코칭교육이 시작되었다. 이러한 과정에서 코칭을 교육받은 코치들을 '3세대'코치라고 할 수 있다. 그리고 현재 국내에서도 코칭문화의 조성을 위해 협회와 코치들의 많은 노력이 이루어지고 있으며, 다양한 분야에서 코칭에 대한 실증적인 연구가 활발하게 이루어지고 있다. 뿐만 아니라 코칭 관련 서적도 지속적으로 증가하고 있다.

이러한 코칭확장에 대한 패턴을 살펴볼 때, 코칭 또는 코칭리더십에 대한 실증적인 연구를 학습하는 것은 매우 중요하다. 코칭의 확장은 다양한 분야에서 이루어지고 있으며, 코칭의 효과성 연구가 활발하게 수행되고 있는 이 시점에 코칭과 어떤 변인 간의 관계에서 유의미한 영향을 주는지 면밀히 검토하는 것이 필요하다고 볼 수 있다.

이는 코칭리더십에 대한 효과성을 확인하는 것뿐만 아니라 앞으로 미래를 향해 나아가야 할 방향성과 가치를 탐구하는데 큰 도움을 줄 것이다.

1) 코칭리더십의 연구동향

코칭리더십에 관한 연구동향은 기존 연구자들이 다양한 통계기술을 통해 분석되어졌다. 연구자들의 자료를 검토해 보면, 코칭리더십에 대한 연구는 2010년 이후에 꾸준히 증가 추세로 확인되며, 주로 양적 연구(실증분석)가 수행된 것을 알 수 있다. 강면주 · 정면숙(2019)의 연구에서는 연구동향, 연구대상, 연구방법, 연구결과를 분석하였고, 강지운 · 이효섭(2020)의 연구에서는 토픽모델링과 키워드 네트워크 분석을 활용하여 코칭리더십의 키워드를 통해 연구동향을 면밀히 분석하였다. 류수영 · 제나리(2020)의 연구에서는 연구대상과 측정도구 분석, 연구모형을 분석하여 코칭리더십에 대한 실증적 연구의 동향을 분석하였다.

(1) 강면주 · 정면숙(2019)의 연구

이들의 연구에서는 '코칭리더십'을 키워드로 2008~2018년 까지의 학술지논문과 학위논문을 중심으로 연구조사를 수행하였고, 기준에 부합하지 않는 논문과 중복된 논문을 제외한 총 118편의 논문을 분석대상으로 선정하였다.

먼저 연도별 연구동향을 살펴보면, 다음과 같다.

코칭리더십 연도별 연구동향

구분＼연도	08	09	10	11	12	13	14	15	16	17	18	계
학술지	0	0	0	3	5	5	1	13	7	7	18	59
박사학위	0	0	1	3	0	0	0	2	0	1	3	10
석사학위	0	2	3	5	1	5	2	7	10	8	6	49
계	0	2	4	11	6	10	3	22	17	16	27	118

출처 : 강면주 · 정면숙(2019), 코칭리더십에 관한 국내 연구동향 분석

2008년부터 연구가 시작된 코칭리더십에 관한 실증연구는 점차 증가되는 경향을 보이고 있다. 특히 2015년부터는 연구실적이 기존 연도에 비해 큰 증가폭을 보이고 있다. 2015년부터 2018년까지 4년 동안의 연구는 118편 중 82편(69.5%)으로 급격히 증가한 것을 확인할 수 있다.

다음은 코칭리더십의 연구유형에 관한 동향분석이다. 이는 '코칭리더십'이라는 키워드가 연구모형에서 결과변수에 대해 직접적인 효과를 규명하는 연구로 쓰여 졌는지, 선행변수(독립변수)와 결과변수와의 관계를 규명할 때 매개효과나 조절효과로 쓰였는지를 분석한 결과이다.

코칭리더십 연구유형 분석

연구유형		논문 편수	%
직접효과	코칭리더십 → 결과변수	101	85.6
조절효과	코칭리더십(조절변수)	14	11.9
매개효과	코칭리더십(매개변수)	1	0.8
선행요인 효과	선행변수 → 코칭리더십	2	1.7

출처 : 강면주 · 정면숙(2019), 코칭리더십에 관한 국내 연구동향 분석

대부분의 연구가(85.6%) '코칭리더십'의 개념을 독립변수로 하여 결과변수에 직접적으로 미치는 영향관계를 실증적으로 검증하는 연구가 수행되었다. 직접효과의 연구는 다음과 같은 관계를 말한다.

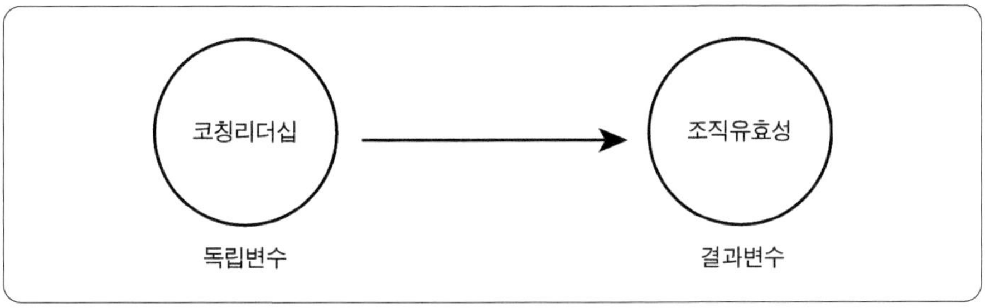

독립변수와 결과변수 간의 관계

위의 그림을 해석하면, 코칭리더십이라는 개념이 조직유효성에 어떠한 영향이 있는지 규명하는 것을 의미한다. 즉, 코칭리더십은 조직유효성에 미치는 영향이 긍정적인지, 혹은 부정적인지 두 개념 간의 관계를 검증하는 것이 직접효과이다. 강면주 · 정면숙(2019)의 연구결과에 따르면, 코칭리더십에 대한 대부분의 연구는 위와 같은 직접효과의 연구가 대다수인 것을 확인할 수 있다.

다음 표는 독립변수인 코칭리더십과 결과변수 간의 관계에서 결과변수로 사용된 개념들이다.

코칭리더십에 대한 직접효과 관련 변인

분류		결과변수(빈도수)
조직 수준	122(67.4%)	조직몰입(35) 직무만족(28) 이직의도(16) 직무성과(12) 조직시민행동(9) 이직의향(4) 직무자율성(4) 직무열의(3) 직무몰입(2) 서비스품질(1) 정보품질(1) 조직사회화(1) 조직태도(1) 조직헌신성(1) 직무수행(1) 직무소진(1) 직무탈진(1) 직무특성(1)
팀 수준	14(7.7%)	대인관계(3) 임파워먼트(2) 상사신뢰(2) 팀효과성(1) 학습조직(1) 라포형성(1) 상호작용(1) 관계갈등(1) 집단효능감(1) 팀원 간 교환관계(1)
개인 수준	45(24.9%)	혁신행동(7) 자기효능감(4) 교사효능감(3) 창의적 행동(3) 문제해결능력(3) 경력계획(2) 경력몰입(2) 맥락수행(2) 기본적심리욕구(2) 동기부여적 자아개념(2) 고객지향성(1) 긍정심리자본(1) 심리적안녕감(1) 셀프리더십(1) 개인성과(1) 여가몰입(1)

출처 : 강면주·정면숙(2019), 코칭리더십에 관한 국내 연구동향 분석

위의 표에서 볼 수 있듯이, 코칭리더십을 독립변수로 지정했을 때, 연구자들에게 가장 관심 있는 변수는 '조직유효성'에 대한 개념들이다. 연구결과에서 보면 결과변수의 빈도수가 높은 변수는 조직몰입(35), 직무만족(28), 이직의도(16), 직무성과(12), 조직시민행동(9) 등으로 확인할 수 있다. 이 변수들은 조직유효성이라는 개념의 하위 구성요소로 정립된 개념들이다. 조직유효성이란 조직이 얼마나 효율성 있게 잘 운영되고 있는지에 대한 개념으로 이해할 수 있으며, 조직몰입이나 직무만족, 직무성과, 조직시민행동 등의 개념이 측정요인으로 선택되어 연구되고 있다.

즉, 조직몰입이나 직무만족이 높은 결과로 나온다면 조직의 운영이 잘 되고 있다고 평가할 수 있는 것이다. 이러한 개념들은 '경영부문'에서 주로 다루어지는 개념들이고 경영학에서 매우 중요하게 연구되고 있는 주제이기도 하다. 앞서 코칭의 출현과 성장배경에는 경영부문의 성장과 연관이 있다고 설명한 바 있다. 그리고 이와 같은 연구동향은 코칭리더십과 경영부문 간의 관계가 매우 연관성이 있다는 것을 보여주고 있다. 또한 코칭리더십이라는 개념은 조직의 성과를 지표하는 조직유효성에 긍정적인 영향을 주는 것으로 대부분 검증되었다는 사실이다. 따라서 코칭리더십은 조직을 효율적으로 운영하는데 기여할 수 있으며, 조직의 목표를 달성하는데 중요한 요인이라고 볼 수 있다.

(2) 류수영 · 제나리(2020)의 연구

이들의 연구는 '코칭리더십'을 키워드로 학술정보서비스(RISS)와 한국학술지인용색인(KCI)에서 탐색한 논문들 중에서 국내 학술지 등재지 이상의 논문들을 최종 81편의 논문을 선택하여 분석하였다.

연구 분야에 따른 분석 결과를 살펴보면 다음과 같다.

류수영 · 제나리(2020)의 연구에서 알 수 있듯이, 코칭리더십은 사회과학 분야에서 활발하게 연구되고 있다. 특히 경영학 부문에서 가장 많은 연구가 되어지고 있으며, 코칭은 교육학에서도 꾸준한 연구가 되고 있음을 알 수 있다.

연구 분야에 따른 분석 결과

대분류	중분류	빈도	합계	백분율
사회과학	경영학	17	48	59.26
	교육학	15		
	관광학	6		
	심리과학	4		
	사회복지학	2		
	행정학	2		
	기타사회과학	1		
	사회과학	1		
복합학	감성과학	8	17	20.99
	학제간 연구	6		
	과학기술학	3		
예술체육학	기타체육	5	12	14.81
	체육	4		
	무도학	1		
	디자인	1		
	미용	1		
공학	기타공학일반	1	2	2.47
	공학교육	1		
의약학	예방의학/직업환경의학	2	2	2.47

출처 : 류수영 · 제나리(2020), 코칭리더십 연구 동향 분석

연구동향에 선정된 논문들을 살펴보면 교육기관 장의 코칭리더십을 독립변수로 하고, 리더의 부하인 보육교사에게 미치는 영향관계를 검증한 연구들이다. 코칭리더십은 구성원과 수평적 관계를 형성하고 자발성을 촉진하고 역량을 개발하도록 지원하는 특성을 가지고 있기 때문에 자기주도학습과 평생교육의 관점에서 코칭리더십을 중요한 개념으로 인식하고 있는 것이다. 또한 연구 분야의 대분류 속성에서 '사회과학'분야가 59.26%으로 압도적으로 코칭리더십에 관한 연구가 활발하게 진행된 것을 볼 수 있다. 이는 사회과학이 인간과 사

회에 초점을 두고 인간의 활동이나 인간활동에 의한 작동 양상, 그리고 변화에 대해 연구하는 속성을 가지고 있기 때문에 팀리더와 구성원 간의 수평적 관계를 형성하며 행동변화를 촉진시키는 코칭리더십이 관심 있는 연구주제가 될 수 있는 것이다.

(3) 강지운 · 이효섭(2020)의 연구

이들의 연구는 토픽모델링과 키워드 네트워크 분석을 활용하였다는 점에서 기존의 연구방법과 대조를 이룬다. 2009년 10월부터 2020년 10월 까지 국내 학술등재지(KCI)에 등재된 '코칭리더십'에 대한 학술논문 총 131편을 선정하여 분석하였다. 분석도구를 통해 코칭리더십과 관련된 연결 중심성이 높은 키워드들을 도출하였다. 이는 코칭리더십이라는 개념이 구체적으로 어떠한 변수에 긍정적인 영향을 미치는지, 혹은 상호작용하는지를 면밀히 볼 수 있으며 코칭리더십과 관련된 연구들의 동향을 살펴보는데 유의미하다.

코칭리더십 연구의 키워드 출현 빈도에 관한 결과는 다음과 같다.

출처 : 강지운 · 이효섭(2020), 토픽모델링과 키워드 네트워크 분석을 활용한 관리자 코칭리더십의 국내 연구 동향

키워드 논문 출현 빈도(워드클라우드)

키워드 논문 출현 빈도

순위	키워드	빈도	순위	키워드	빈도
1	매개효과	128	11	이직의도	37
2	조직몰입	74	12	회복탄력성	34
3	프로그램	63	13	조직시민행동	31
4	자기효능감	62	14	직무만족	28
5	혁신행동	59	15	직무만족도	27
6	역량	57	16	팀	26
7	보육교사	57	17	영향력	25
8	조절효과	53	18	긍정심리자본	25
9	교사	49	19	직무자율성	23
10	직무성과	39	20	창의적 자기효능감	21

출처 : 강지운 · 이효섭(2020), 토픽모델링과 키워드 네트워크 분석을 활용한 관리자 코칭리더십의 국내 연구 동향

키워드 논문 출현 빈도에서 국내 코칭리더십 연구의 전체적인 동향을 확인할 수 있다. 먼저 코칭리더십 연구와 관련해서 주로 사용된 키워드는 1순위 매개효과, 2순위 조직몰입, 3순위 프로그램, 4순위 자기효능감, 5순위 혁신행동, 6순위 역량, 7순위 보육교사, 8순위, 조절효과, 9순위, 교사, 10순위 직무성과로 나타났다. 이는 코칭리더십과 관련된 연구는 다양한 변수를 매개로 결과변수에 영향을 검증하려는 구조적 관계 연구가 활발하게 진행되었다고 볼 수 있다. 두 번째 코칭리더십과 함께 주로 사용된 변수로는 조직몰입, 자기효능감, 혁신행동, 역량 등이 있다. 조직몰입이라는 개념은 경영학 부문에서 중요하게 다루어지는 개념으로서 구성원이 자신이 속한 조직에 대한 심리적 애착으로 충성심이나 애착심과 같은 반응을 의미한다. 또한 선행연구에 의하면 조직몰입의 유형은 정서적, 유지적, 규범적 몰입으로 구분한다. 정서적 몰입은 조직과 직무에 대한 긍정적인 경험으로부터 비롯되며, 긍정적인 경험은 특히 상사와의 관계에서 오는 만족감을 포함한다. 그리고 자신의 직무에 대해 도전의식이나 자기효능감, 원활한 의사소통에 의해 정서적 몰입이 향상되는 것으로 보고 있다.

코칭리더십의 특징은 구성원과의 수평적 관계를 형성하며 원만한 소통에 있다. 리더의 코칭적 행동은 구성원과의 원만한 소통과 관계를 형성하고 자신의 직무가 왜 중요한지, 어떻게 수행해야 바람직한지에 대해 스스로 결정하고 행동하도록 지원하게 된다. 또한 리더는 구성원의 역량을 개발하고 직무수행에 대해 피드백을 하는 과정에서 직무에 대한 도전의식이나 성취감, 해낼 수 있을 것이라는 믿음이 상승하는 효과를 가져오게 한다. 따라서 코칭리더십은 조직몰입에 유의미한 영향을 주는 것으로 가정할 수 있으며, 이러한 이유가 코칭리더십과 관련된 조직몰입의 인과관계를 검증하려는 시도가 많았던 것이다.

코칭리더십과 관련한 변수로 자기효능감도 출현 빈도가 매우 높게 관찰되었다. '자기효능감'은 심리학자 앨버트 반두라(Albert Bandura)가 제시한 개념으로서 어떤 상황에서 적절한 행동을 할 수 있다는 자신에 대한 믿음과 신념으로 이해할 수 있다. 코칭은 인간에 대해 가능성이 있는 존재로 인식하고 무한한 잠재력을 가지고 있다는 철학 안에서 인간의 성장을 촉진시킨다. 또한 코치는 고객의 자기발견, 성장, 진전에 대해 축하하고 격려한다. 이러한 코칭철학 및 태도는 고객으로 하여금 자신감과 도전의식을 불러일으키게 되고 앞으로 전진하도록 지원하게 된다.

결국 조직에서 코칭리더십을 통해 구성원들은 자신의 직무를 수행하는 과정에서 할 수 있다는 믿음과 자신감을 갖게 되며, 자발성과 적극적인 태도로 임하게 된다. 그리고 코칭리더십의 영향력은 구성원의 자기효능감을 매개하여 조직유효성에 긍정적인 영향을 미치게 하는 것이다.

다음으로 코칭리더십 연구에서 함께 사용된 변수 중 '혁신행동'이라는 키워드이다. 혁신행동은 최신 경영학이론에서 다루어지는 개념으로서 구성원들의 새로운 아이디어를 창조하고 자신의 직무에 적용하여 성과를 창출할 수 있는 행동으로 정의할 수 있다. 혁신행동의 핵심키워드는 '새로운 아이디어'이다. 즉, 기존의 관습적 행동이나 타성에 젖어 습관적으로 수행하는 것을 타파하고 새로운 관점과 인식을 통해 새로운 아이디어를 창조하는 것이다. 그렇다면 이러한 혁신행동의 개념과 코칭리더십과의 연관성은 무엇인가?

코칭은 강력한(열린) 질문을 통해 고객의 생각을 자극하고, 한번 도 생각해 보지 못한 생각을 하게 하며, 한번 도 해보지 못한 행동을 하게 하는 것이다. 코칭은 고객의 잠재력을 발견하도록 지원하고 자신의 자원을 개발하도록 이끌게 된다. 이것이 코칭리더십의 구성요소 중 하나인 '역량개발'인 것이다. 코칭리더십은 구성원의 잠재능력을 발견하도록 돕고, 그것을 개발하여 자신의 직무를 수행하는데 활용하도록 지원하는 것이다. 이러한 코칭리더십은 구성원들의 생각을 자극하고 새로운 관점과 아이디어를 창조 및 개발하도록 촉진시키고 자신의 직무에 적용하여 성과를 창출하도록 지원하게 된다. 따라서 코칭리더십은 구성원의 혁신행동에 유의미한 영향을 주게 되는 것이다.

핵심내용 정리하기

1. 코칭리더십의 연구동향 분석 결과 결과변수로 사용된 개념은 무엇인가?

2. 코칭리더십의 다양한 연구분야 중 가장 활발하게 수행된 분야는 무엇인가?

3. 코칭리더십과 경영부문 및 교육부문에 대한 연관성을 설명하라.

4. 코칭리더십과 관련해서 사용된 변수들은 무엇이며, 코칭리더십과의 연관성을 설명하라.

찾아보기

◎ 저자 약력

■ **양 진 영**

- 숭실대학교 일반대학원 경영학 박사(코칭심리 전공)
- 현) 로고스코칭센터 대표
- 현) 백석문화대학교 겸임교수
- 현) 의료기관 채용면접관
- 전) 숭실대학교 겸임교수

■ **김 종 훈**

- 현) 서경대학교 경영학부 교수로 재직
- 서울지방노동위원회 공익위원으로 활동
- 서경대학교 부설 사회과학연구소장 역임
- 저서로는 인간관계 성공학 등이 있음

■ **박 선 미**

- 현) 서울장신대학교 자연치유선교대학원 전임교수
- 현) 한국자연치유교육학회 이사
- 현) 박선미 자연치유연구소 대표
- 현) 조산협회 법제위원

인적자원개발을 위한 코칭리더십

초 판 1쇄 인쇄 ── 2024년 9월 5일
초 판 1쇄 발행 ── 2024년 9월 10일

지은이 ── 양 진 영·김 종 훈·박 선 미
펴낸이 ── 전 두 표
펴낸곳 ── 도서출판 두남
서울시 강동구 성내로 6길 34-16 두남빌딩
신 고 : 제25100-1988-9호
TEL : 02) 478-2066, 2067
FAX : 02) 478-2068
E-mail : dnbooks@dunam.co.kr
http://www.dunam.co.kr

정가 18,000원

ISBN 978-89-6414-166-3 93320